내러티브가 詩가 되다

장애인문학 비평

내러티브가 詩가 되다

방귀희 지음

초판 인쇄 2026년 04월 20일
초판 발행 2026년 04월 25일

지은이 방귀희
펴낸이 신현운
펴낸곳 연인M&B
기 획 여인화
디자인 이희정
마케팅 박한동
홍 보 정연순
등 록 2000년 3월 7일 제2-3037호
주 소 05056 서울특별시 광진구 자양로 73(자양동 628-25) 동원빌딩 5층 601호
전 화 (02)455-3987 팩스 02)3437-5975
홈주소 www.yeoninmb.co.kr
이메일 yeonin7@hanmail.net

값 25,000원

ⓒ 방귀희 2026 Printed in Korea

ISBN 978-89-6253-623-2 93300

내러티브가 詩가 되다

방귀희 지음

연인M&B

| 책을 내며 |

장애인문학은 진주이다

19세기 초에 활동했던 시인 엘리자베스 브라우닝(Elixabeth Barret Browning)은 15세 때 말에서 떨어져 척추장애를 갖게 되었는데 무명시인 로버트 브라우닝(Robert Browning)이 그녀를 사랑하여 그녀에게 시를 보내면서 계속 구애를 하였다. 엘리자베스 브라우닝은 'If Thou Must Love Me'라는 시로 화답한다. 바로 다음의 시구가 시의 위력을 보여 주었다.

-당신이 나를 사랑해야 한다면/오직 사랑만을 위해 사랑해 주세요-

이 시는 지금까지도 많은 사랑을 받고 있는데 그 이유는 사랑의 본질을 너무나도 선명하게 표현했기 때문이다. 사랑에는 그 어떤 조건도 필요 없고 오직 사랑만을 위해 사랑해 달라고 한 것은 오늘의 우리에게 주는 메시지가 자못 크다. 엘리자베스 브라우닝은 장애라는 남다른 조건을 갖고 있었기 때문에 그런 조건으로 본질이 왜곡되는 것을 경계하였을 것이다. 그들은 사랑의 본질에 충실했기에 오직 사랑으로 부부가 되었다.

문학은 인간의 본질을 찾는 작업이다. 그래서 문학작품을 감상하면서 사람들은 자기의 참 모습 즉 본질을 발견하게 된다. 나 역시 그랬다. 돌 떡을 담궈 놓고 소아마비로 오른쪽 손의 기능만 40% 정도 남아 있는 중증의 장애 속에서 올해로 70년을 맞이하였으니 정말 긴 세월을 장애 속에서 살면서 장애가 사회적 장벽으로 작용할 때마다 차별과 배제라는 현상에 대하여 곱씹어 생각하였다. 그러면서 깨닫게 된 것이 삶의 본질은 다르지 않다는 사실이었다.

그 깨달음은 문학작품을 통해 느끼며 체득할 수 있었기에 나에게 가장 큰 스승은 문학작품이다. 그래서 나는 1991년 우리나라 최초의 장애인문학지 『솟대문학』을 창간할 수 있었고 힘든 상황 속에서 100호를 발간하며 장애인문학이라는 새로운 지류를 만든 후 2013년 장애인예술로 확장시켜서 지금까지 달려왔다.

그런데 아이러니하게도 장애인예술은 2015년 한국장애인문화예술원이 창립되어 이음센터라는 공간을 확보하면서 다양한 장애인예술지원사업을 실시하고 있고, 2020년에는 「장애예술인지원법」 제정, 2023년 모두예술극장, 이어서 2024년 모두예술공간이 마련되어 장애인예술의 제도적, 공간적 인프라는 모습을 갖추었다.

요즘 장애인미술과 장애인음악 분야는 활동도 많아지고, 장애예술인 취업도 이루어지고 있지만 유독 장애인문학 분야는 취업도 안 되고 다른 분야에 비해 상내석으로 사업이 적다. 이것이 나의 아픈 상처가 되고 있다. 어떻게 해야 할까? 예술의 본질은 문학인데 장애인문학은 왜 인정을 받지 못하는 것일까? 이런 의문을 풀기 위해 장애인문학 비평이라는 과제를 꺼냈다. 비평은 좋고 나쁨을 가리는 것이 아니라 독자에게 문학을 소개하며 안내하는 것이기 때문이다.

하여 평론 공부를 제대로 하지도 않았고, 평론가로 정식 데뷔도 못한 실

력으로 장애인문학에 대해 열심히 썼던 원고들이 모여서 책 한 권 분량이
되었다. 이것이 아마도 나의 마지막 작품이 될 것이기에 나로서는 70년 살
이 기념이라는 라벨을 붙여 세상에 내놓기로 하였다.

평론가는 작가와 동행하는 사람이라고 한다. 작가를 앞서가지도 뒤따라
가지도 않는 사이에서 상상력을 발휘하여 작품 속에 숨겨진 본질을 꺼내
놓는 것이다. 그런데 작가와 독자 사이도 마찬가지이다. 너무 멀리 있지도
너무 가까이 있지도 않은 거리에서 상상력을 발휘하여 작품을 감상한다.
그 상상력에 작품에 대한 비평이 윤활유가 되어 준다.

장애인문학이 이토록 냉대를 받는 것은 함께 걸어가 주는 평론가가 없기
때문이라는 생각에 나라도 나서서 장애인문학을 독자들에게 안내해 드려
야 하겠다는 책임감이 생겨서 나에게 주어진 시간 동안은 장애인문학의 안
내자 역할을 할 생각이다.

필자가 가장 자신 있어 하는 분야는 바로 사람의 내러티브이다. 31년 동
안 방송작가 일을 하며 많은 사람들을 만나 그들의 내러티브를 취재하여
글로 쓰면서 혼자서 얼마나 웃고, 울었는지 모른다.

앤드류 델방코(Andrew Delbanco)는 문화예술 내러티브의 두 가지 목표는 첫
째, 소망을 주어야 하고, 둘째, 사회를 응집시켜야 한다고 하였는데 이 두

가지 역할을 가장 잘할 수 있는 예술이 바로 장애인문학이다. 문인 자체가 남다른 내러티브를 갖고 있고, 장애 속에서 무엇인가를 했을 때 사람들에게 소망을 주면서 사회를 변화시킬 수 있기 때문이다. 이렇듯 장애문인은 독특한 창조적 자산을 갖고 있다.

 영국 시인인 하우스먼(A. E. Housman) 런던대학교 교수는 시를 쓰는 작업을 진주에 비유하였는데 이 책을 준비하며 장애문인들의 작품을 다시 읽어 보니 고급지게 빛나는 진주라는 것을 확인할 수 있었다. 이토록 아름다운 진주들을 외면하는 일이 없기를 간절히 바란다.

2026년, 미래를 생각하며

방 귀 희

| 차례 |

1부

내러티브가 詩가 되는 장애인문학

한승완과 설미희의 사랑시 이중주[1]

시(詩)에 대한 편견이 있다면 그것은 바로 시는 어려워서 도무지 무슨 뜻인지 알 수 없다는 것이다. 그래서 시는 시를 아는 심지어 시 공부를 한 사람들의 전유물이 되어 시를 멀리하였다. 대중적인 시를 쓰는 시인은 곧잘 문단에서 이단자가 되곤 하는데 시는 누구나 공감할 수 있을 때 아름다운 공명이 일어난다.

2021년 구상솟대문학상 수상자 한승완 시인은 2020년 첫 시집 〈그대 마음을 주워다 이불 한 채를 지었습니다〉(지식과 감정)를 출간하였는데 시인 자신이 연애시집이라고 스스로 규정하였다.

그다음 해인 2022년 구상솟대문학상을 수상한 설미희 시인은 자기 이름으로 내놓은 책 한 권 없이 시인이라고 하기가 부끄럽지만 누구보다 열심히 시를 쓰고 있다는 수상 소감을 접한 연인M&B 신현운 대표 지원으로 2024년 1월 설미희 첫 시집 〈내 마음 여기에…〉가 세상 밖으로 나왔다. 그녀의 시는 삶을 노래하고 있지만 그 바탕은 사랑이다. 그래서 독자들이 쉽게 읽고 공감해 주길 바라면서 두 시인의 사랑시를 서로 비교하여 소개하고자 한다.

---

1) 이 내용은 한국장애예술인협회에서 2024년 발간한 『솟대평론』 VOL. 14에 게재된 방귀희의 글이다.

1. 사랑하는 법

그대 마음을 훔쳐서

한승완

그대 마음을 훔쳐서 땅에 심었습니다
내 목숨을 아낌없이 거름으로 주었습니다
그대를 사랑하는 욕심이었습니다
그대라는 나무를 매일 볼 수 있고
그대 마음이라는 꽃을 계절마다 볼 수 있을 줄 알았습니다

그대 마음을 훔친 죄로
그대라는 나무는 백 년에 한 번 꽃을 피우게 되었습니다
백 년을 기다렸다 딱 한 계절 그대 마음을 만납니다

욕심을 부려서는 안 되는 일이었습니다
누군가의 마음을 송두리째 갖고 싶은 마음이 그것입니다
그대를 사랑하지만
가끔은 그대 마음이 쉴 수 있도록
숨 쉴 수 있도록 해야 합니다
진정 사랑한다면 그대를 구속하는 것이 아니라
그대 마음에서 잠시 잊히는 외로움도 견딜 수 있어야 합니다

두 눈으로 마주 보며

설미희

당신의 두 눈이 그립습니다
당신의 까만 눈동자 안에
내 모습이 새겨져
내 눈에 감사의 눈물이 일렁입니다

말하지 않아도
다 안다는 듯
그런 당신과 눈이 마주치면
가슴이 아려 옵니다

그리고
당신을 향한 내 마음을
어떻게 표현해야 할지 몰라
그저 눈을 감습니다

어쩌지요
당신의 두 눈이
너무도 보고 싶습니다

날 좋아하는지
당신의 눈 속에 그려진
내 모습이 행복한지 알고 싶습니다

한승완의 시 '그대 마음을 훔쳐서'는 그대 마음을 훔쳐서 땅에 심었고, 그대 마음을 훔친 죄로 백 년의 기다림이 운명지어졌다. 시인은 욕심을 부려서는 안 되는 일이었다고 자신을 책망한다. 사랑하는 사람을 얻지 못해 그녀의 마음을 훔쳐서라도 갖고 싶었지만 기다림의 형벌을 받고 있는 외로움을 피를 토하듯 쏟아 내고 있다.

설미희의 시 '두 눈으로 마주 보며'는 매우 서정적이다. 사랑하는 이의 두 눈동자에 자신의 모습이 새겨져 있어서 감사의 눈물이 일렁거리고, 자신의 마음을 어떻게 표현해야 할지 몰라 그저 눈을 감지만, 사랑하는 이의 눈 속에 그려진 자신의 모습이 행복해 보이길 바란다. 자신의 모습이 불행해 보이면 그의 마음이 아플까 봐 염려하는 것이다. 설미희 시인은 자신의 그리움보다 사랑하는 이의 마음이 편안해지길 간절히 원한다.

2. 사랑은 무엇인가

그대가 나의 봄인가 보다

한승완

사람들은 봄이 오면 설렌다는데
나는 그대만 보면 설렌다
그대가 나의 봄인가 보다

사람들이 여름이 와서 덥다는데
나는 그대만 보면 얼굴이 붉어진다
그대가 나의 태양인가 보다

사람들이 가을이 와서 단풍이 아름답다는데
나는 그대 외에는 아름다운 것이 없다
그대가 나의 전부인가 보다

사람들이 겨울이 와서 춥다는데
나는 그대만 보면 마음이 언다
내가 그대를 얼마나 뜨겁게 사랑하는지 모르고
외롭다고만 하는 그대 때문이다

당신은 나의 기쁨입니다

설미희

당신은 나의 기쁨입니다
어디를 가든
어떠한 일을 하든
항상 가슴에서 함께합니다

당신은 나의 기쁨입니다
어둠이 물러가는 새벽
이슬 타고 내려와
여린 잎 적시며 영롱한 빛으로
미래를 꿈꾸게 합니다

당신은 나의 기쁨입니다
아무리 힘든 고난이 닥쳐도
당신만 생각하면 이겨 낼 수 있는
희망이 생깁니다

당신은 나만의 꽃
곱게 피어 환하게 미소 짓게 합니다

한승완은 시 '그대가 나의 봄인가 보다'에서 그대를 사계절에 비유하며 일 년 내내 그대를 생각하는 마음을 표현하였다. 설미희는 시 '당신은 나의 기쁨입니다'에서 당신은 나만의 꽃이어서 자신을 미소 짓게 하기에 당신은 나의 기쁨이라고 하였다. 사랑하는 사람이 자신의 봄이고 기쁨이라고 표현한 것으로 사랑이 얼마나 행복감을 주는가를 잘 말해 주고 있다.

시 제목 '그대가 나의 봄인가 보다'와 '당신은 나의 기쁨입니다'는 하나의 사랑 명제가 되기에 충분하다.

3. 사랑과 이별하기

그대 마음을 지우는 일

한승완

그대 때문에 사랑하는 법을 알았습니다
한 사람을 사랑하고
사랑받는 것이
얼마나 큰 축복인지를 알았습니다

그대 때문에 참는 법을 깨달았습니다
보고 싶은데도
안고 싶은데도
참아야 할 순간이 있음을 깨달았습니다

그대 때문에 잊는 법을 배웠습니다
헤어진 후에
그대로 가득찬 내 마음
아프지만 지우개로 하나씩 지워 나가는 법을 배웠습니다

지우개 찌꺼기가 한 자루가 되었습니다
산이 되고 바다가 되고 하늘이 되었습니다
우주가 될 때까진 다 지워지겠죠

선물 같은 사람아

설미희

세상 앞에 무릎 꿇어야 했고
한없이 작아져야 했을 때
위로가 되어 준 사람

무엇 하나라도 나누며 살고
누구에게나 선뜻 손 내미는
따뜻한 마음으로 다가온 사람

너는 언제나 그곳에서
선물처럼 있는데
가녀린 나는
네게로 가는 길이
왜 이리 가파르고 멀기만 하니

한승완은 시 ‘그대 마음을 지우는 일’에서 이별을 위해 마음을 지우면서 사랑을 통해 사랑하는 법과 참는 법, 잊는 법을 배웠다며 이별의 아픔을 애써 달랜다. 설미희는 시 '선물 같은 사람아'에서 사랑하는 이는 언제나 그곳에서 선물처럼 있는데 자신이 다가가기 힘들어서 바라보고 있는 이별을 암시하고 있다. 그러니까 지우기보다는 선물로 남겨 두는 여운으로 독자들을 안심시킨다.

4. 사랑이 돌아오길

가출

한승완

나의 마음이 없어졌습니다
어느 순간 마음이 텅 비어 버렸습니다
아무리 찾아봐도 없습니다

가출한 나의 마음을 찾습니다
그래도 안심이 되는 건
내 마음이 갈 곳은 그대밖에 없기 때문입니다

가출한 내 마음은 그대를 훔쳐보고 있을 텐데
가출한 내 마음이 몹시 부럽습니다
돌아오지 않아도 뭐라 하지 못하겠습니다

아픈 사랑은 이제 안녕

설미희

사랑은
알 수 없는 이끌림으로 만나고
이슬처럼 적시다가

구름처럼 흩어지는 것

사랑은
깊어질수록 상처도 깊어지고
덧나지 않게 놓아 주는 것

사랑은
아픔도 용서하며 미련 없이
보내 주는 것

한승완은 시 '가출'에서 가출한 나의 마음을 찾는다고 해 놓고 그 가출한 마음이 어디에 있는지 알기에 돌아오지 않아도 야단칠 수 없다면서 가출한 마음이 그녀와 손잡고 오기를 은근히 바라고 있다.

설미희는 시 '아픈 사랑은 이제 안녕'에서 사랑은 아픔도 용서하며 미련 없이 보내 주는 것이라고 하였다. 설미희의 사랑이 아름다운 것은 용서와 미련 조각을 남기지 않는 깔끔한 이별 방법에 있다. 제목이 사랑은 이제 안녕이 아니라 아픈 사랑은 이제 안녕이라고 하여 아프지 않는 성숙한 사랑을 기대하게 한다.

5. 이별 후 남은 것은

이별 영수증

한승완

그대와의 헤어짐을 계산하기 위해
계산대 앞에 우리의 사랑을 올려놓았습니다
영수증에 하나하나 찍힙니다

우리 만남은 분명 인연이었다고 찍힙니다
우리 사랑은 뜨거웠었다고 찍힙니다

우리 사랑의 위기는 욕심이 많아서였다고 찍힙니다
우리 헤어짐은 인정할 수 없다고 찍힙니다
우리 추억은 나만 간직하라고 찍힙니다

영수증은 제가 가져가겠습니다
우리 이별을 환불하고 싶어서…

정(情)

설미희

이젠
사랑도 남지 않았습니다
믿음도 남지 않았습니다
질투도 남지 않았습니다
관심도 남지 않았습니다
미련도 남지 않았습니다
그런데
이 얄궂은 미운 정은
가슴 후비며 퍼런 멍을 만듭니다

한승완의 시 '이별 영수증'은 아주 재미있다. 영수증을 통해 사랑의 크기
와 이별의 원인 등을 진단하는 발상이 흥미롭다. 영수증을 본인이 가져가
는 것은 이별을 물리고 싶은 가느다란 희망 때문이리라.

설미희의 시 '정'은 사랑, 믿음, 질투, 관심, 미련… 이 모든 것들이 남아
있지 않는데 미운 정이 남아 있어서 가슴에 퍼런 멍을 만든다고 하였다. 정
은 세월이 흘러도 없어지지 않고 흔적을 남기는 가장 인간다운 정서인 것
이다.

6. 그리움도 사랑이다

넌 조금 많이 행복했으면 좋겠어

한승완

넌 조금 많이 행복했으면 좋겠어
나같이 부족한 사람 만나 사랑하느라
참 힘들었을 너를 생각하면

넌 조금 많이 행복했으면 좋겠어
너무 많이 행복하면
너의 마음 한구석에 먼지만큼 남아 있는
나에 대한 그리움이 불쌍해서 울까 봐

조금만 많이 행복했으면 좋겠어
나는 티끌이라도 되어
너의 마음 한구석 보이지 않는 곳에 머물고 있을게
그것이 나에게는
너를 기다릴 수 있는 유일한 방법이니까

가을 편지

설미희

기다리는 소식은
언제나 올지
또 하루가 저물고
석양이 짙게 내린 하늘 보며
괜스레 일렁이는 마음

당신 잘 있는지

그리움은

가을 낙조의
가슴 시림을 닮았는지

어느덧
빛바랜 추억으로 남아
그때
다 전하지 못한 마음
한 글자 한 글자
적어 보아요

한승완의 시 '넌 조금 많이 행복했으면 좋겠어'는 그녀가 행복해지기를 바라는 마음을 읊조리면서 조금과 많이 라는 상반된 질량을 동시에 사용해서 더욱 애잔하게 만든다. 그녀가 많이 행복하기를 바라지만 그녀가 너무 많이 행복하면 시인에게 미안해할까 봐 조금만 행복하길 바라는 것이다.

설미희의 시 '가을 편지'에서 그리움은 가을 낙조의 가슴 시림을 닮았다고 하여 맞닿지 않는 사랑의 그리움으로 그때 다 전하지 못한 마음을 가을 편지로 남기고 있다.

7. 사랑을 위하여

소설과 시

한승완

너와의 사랑은
한 편의 장편소설이었다
수많은 상상 속에서
너를 만나고 입맞춤을 하고
한 페이지마다 설렘으로 가득했다

너와의 이별은
한 편의 시였다

영원히 마침표를 찍을 수 없는

그대와 나

설미희

훗날 꽃이 되어
꽃잎 맞대고 같이 있게 하소서
지금은
지금의 삶에 최선 다하여 사랑하며 살다
혼자인 삶이 끝나는 날
그대 만나 작은 터 잡아 나란히 뿌리내리게 하소서

그대와 나
태어나기 전부터 지은 죄로
지금의 이별이 있나 봅니다
먼 훗날
그대와 나
고운 꽃이 되어 함께 피어나게 하소서

한승완은 '소설과 시'에서 사랑은 소설이고, 이별은 시라고 아주 명쾌한 정의를 내렸다. 사랑을 소설이라고 한 것은 수많은 상상을 하며 설레이기 때문이고, 이별을 시라고 한 것은 영원히 마침표를 찍을 수 없기 때문이다.

설미희의 시 '그대와 나'는 사랑 기도문이다. '훗날 꽃이 되어 꽃잎 맞대고 같이 있게 하소서'라고 시작하여, '먼 훗날 그대와 나 고운 꽃이 되어 함께 피어나게 하소서'로 끝을 맺는다. 설미희는 큰 욕심 없이 먼 훗날 꽃잎 맞대고 같이 있을 수 있는 고운 꽃으로 피어나기를 기도한다. 이 기도가 과한 욕심이라고 생각하는 사람은 없을 것이다. 그래서 이 사랑 기도문은 처연한 아름다운 빛과 은은한 향기로 독자들 마음에 스며든다.

📖 **참고자료**

한승완(2020), 시집 〈그대 마음을 주워다 이불 한 채를 지었습니다〉, 지식과감정
설미희(2024), 시집 〈내 마음 여기에…〉, 연인M&B

사랑에 목말랐던 여자 최영자[1]

1. 최영자의 삶

1) 사업가로 성공

최영자는 1945년 부산에서 태어났다. 유복한 생활을 하였으나 아버지의 외도로 아버지를 빼앗기고 외갓집에서 어머니와 함께 살았다. 어머니의 한숨과 눈물 속에서 성장하였지만 어머니는 딸을 위해 헌신하였기에 고등학교까지 잘 마쳤다. 대학에 합격했지만 집안 사정을 뻔히 아는 그녀로서는 돈을 벌어서 자기 힘으로 공부를 하고 싶었다.

그래서 일자리를 찾아 서울로 올라왔는데 한 남자를 알게 되어 결혼을 한다. 어머니는 결혼을 반대했다. 딸이 어머니의 전철을 밟아서는 안 된다는 불안감이 있었다.

신랑은 영화감독을 꿈꾸는 연극인이었다. 그녀는 결혼 후 아들 둘을 낳고 생활 전선에 뛰어들었다. 남편만 믿고 있을 수는 없었다. 그래서 다방을 운영하였는데 장사가 너무 잘 되어 다방 3개, 식당 1개로 사업 규모가 커졌다. 2층 양옥집에서 살면서 자가용도 굴렸다. 그 당시는 자동차가 귀하던 시절이라서 2층집과 자가용이 있으면 큰 부자였다.

돈을 벌어 보란 듯이 살고 싶은 꿈이 이루어진 것이다. 하지만 그 행복은 오래가지 않았다. 다방 앞에 지하철 공사가 시작되면서 통행이 끊기자 손님

---

1) 이 내용은 한국장애예술인협회에서 2024년 발간한 『솟대평론』 VOL. 15에 게재된 방귀희의 글이다.

으로 붐비던 다방이 한산해졌다. 다방 문을 열면 열수록 손해가 났다. 남편도 한눈을 팔기 시작했다. 어머니가 염려하시던 대로 여자 문제가 생겼다. 그 많던 사업장이 하나 둘씩 남의 손에 넘어가고 남편은 가정을 돌보지 않는 최악의 상황에서 최영자는 사형선고나 다름없는 진단을 받았다.

둘째 아들을 낳고 나서 몸이 예전과 다르게 좀 둔한 느낌이 있었는데 사업하랴 집안 일 하랴 일이 워낙 많았기에 피곤한 탓인 줄 알고 병원에 갈 생각을 하지 못했다. 병원에 갈 시간도 없었던 것이다. 사업 실패 후 힘없이 넘어지는 일이 자주 생기고 몸이 무겁게 느껴져서 병원에 갔다. 이런저런 검사 후 통보받은 병명은 근육병이었다.

2) 근육병과 문학

모든 근육 세포가 마비되고 나중에는 내장 세포까지 마비가 진행되어 서서히 죽어 가는 아주 잔인한 불치병이었다. 진단을 받고 나서 그녀는 정신적으로 황폐해져서 우울증까지 생겼다. 그도 그럴 것이 그동안 아이들을 보살펴 주시며 아들보다 며느리를 더 챙겨 주시던 시어머니께서 너무도 매몰차게 그녀를 밀어냈다.

“그 몸으로 어떻게 아이들을 돌보겠니? 환자가 집에 있으면 될 일도 안 된단다. 남편 앞길 막을 작정이 아니면 잠시 요양을 가 있거라.”

최영자가 쫓겨나듯이 요양을 위해 간 곳은 ‘잔디네집’이었다. 기독교 단체에서 운영하는 비인가 장애인생활공동체이다. 그때 그녀의 나이 46세였다.

필자가 최영자 님을 처음 만난 건, KBS 작가 시절 잔디네집을 취재 갔을 때이다.

“우리 집에 글을 잘 쓰시는 자매님이 있어요.”

잔디네집 운영자가 방문을 열자 성숙한 여성미가 풍기는 원생이 앉아 있었다. 그때 최영자 님의 스토리를 접하고 『솟대문학』을 소개해 주었다. 그녀는 잔디네집에 온 후 컴퓨터를 배워서 유일하게 움직일 수 있는 양손 검지손가락으로 키보드를 누르면서 삶의 흔적을 남기기 위해 글을 썼다. 곰두리문학상에 입상하고, 계간 『문학탐구』에서 시 추천을 받았고, 『솟대문학』을 통해 꾸준히 작품을 발표하였다. 하루도 쉬지 않고 시를 써서 시집 〈그대 향기 있기에 행복하여라〉, 〈내 생명의 치료약은 그대 사랑이지요〉, 〈슬픔도 때로는 힘이 되더라〉를 발간하였다.

또한 그녀는 입에 붓을 물고 그림을 그리는 구필화가로 1994년 세계구족화가협회 회원이 되어 매월 장학금을 받아 경제적인 문제를 해결하였다. 이렇게 시인으로 화가로 열심히 노력하였던 것은 남편과 아이들이 있는 집으로 돌아가기 위해서였다. 하지만 잔디네집에 데려다 놓은 남편은 처음에는 어쩌다 잠시 들르기도 하더니 점점 연락이 없었다. 한동안의 시간이 흐른 후 찾아온 남편은 법적인 이혼 절차를 요구했다. 재혼을 하기 위해서였지만 그녀는 이혼을 거부할 힘이 없었다. 남편과 이혼하기 위해 법원에 가는 날 남편에게 예쁘게 보이고 싶어 곱게 화장을 하며 짧은 행복에 잠시 빠져 보았다고 고백하였다.

최영자는 가족들과 함께 살지는 않았어도 호적으로나마 아내이고 엄마이기에 삶의 의욕을 갖고 있었던 모양이다. 그 후 얼마 되지 않아 2004년 그녀는 세상을 떠났다. 혼자서는 앉지도 못하고 자기 손으로 물 한 모금 마시지 못하며 얼굴 근육이 마비되어 실눈으로 사물을 봐야 하고 입술이 다물어지지 않을 정도로 그녀의 몸은 무너져내렸다.

그런 몸으로 그녀는 자립 생활을 하기 위해 지하 월세방에서 혼자 살며 시간제로 돌봄을 받고 있었는데 며칠 후 봉사자가 와 보니 싸늘한 주검 상태였다고 한다. 혼자서 외롭게 한 많은 인생을 접은 것이었다. 그때 최영자 나이 59세였다. 가족과 헤어진 후 13년 동안 살기 위해 발버둥친 덕에 시인과 화가라는 멋진 인생의 훈장을 달 수 있었다.

2. 최영자의 시 세계

최영자 시인의 시집과 『솟대문학』을 통해 발표했던 시 작품 가운데 12편을 대상으로 최영자 시인의 시 세계를 살펴보고자 한다. 최 시인은 건강했던 몸으로 살았던 시절이 있었기에 장애를 갖게 된 후 자신의 정체성을 어떻게 찾았는지, 그리고 장애로 발생한 삶의 고통들을 어떻게 치유하였는

지를 탐색해 보면서 최 시인이 가지고 있었던 작은 소망을 소개하면서 이
제는 세상에 없는 최영자라는 시인을 만나 보자.

1) 정체성 찾기

서리를 맞으며 피는 억새꽃

억새꽃은
현란한 꽃이 아닌 부끄러움에
호젓한 거친 들녘 메마른 산자락에
서리를 맞아 바람 속에 숨어서 피어난다

억새꽃은
푸른 하늘을 향해 흐느껴 울며
갈래갈래 찢겨진 가슴을 열어
마디마다 맺힌 한(恨)을
살풀이춤을 추며 피어난다

억새꽃은
비바람을 견뎌 온 강한 생명력으로
꽃이 되고 싶은 애절한 소망, 깃발처럼 날리며
가을이 좋아 서리를 맞으며 피어난다

시인은 자신을 억새꽃에 비유하였다. 억새꽃은 예쁜 꽃이 아니어서 거친
들녘에 차가운 서리를 맞으며 피어 있는데 한이 많아서 살풀이를 하듯 춤
을 춘다고 하였다. 하지만 모진 비바람을 견디면서 강한 생명력을 갖게 되
었다며 시인 자신도 강하게 살아야 하겠다는 의지를 보여 준다.

민들레

초롱초롱 빛나던

하늘나라의 금빛 별 하나
봄바람 타고 아름다운 세상에
살며시 내려와
노오란 민들레꽃이 되었지요

새하얀 민들레 홀씨마다
작은 은빛 별 되어
봄바람에 나비보다 더 예쁘게 춤추며
하늘나라로 올라가
반짝반짝 빛나는 꿈을 꾸며
긴 은하수 이루었지요

민들레는 사람들의 큰 사랑을 받지 못하지만 노란 민들레는 하늘나라의 금빛 별이 봄 바람을 타고 땅으로 내려온 것이고, 하얀 민들레는 홀씨가 봄바람에 하늘나라로 올라와서 은빛 별이 되어 은하수를 이루었다고 아름답게 표현하였다.

민들레는 여러해살이 풀로 꽃이 관상용은 아니지만 민들레 씨앗은 바람에 날려 먼 곳까지 씨앗이 뿌려져서 꽃이 피는 강한 생명력을 갖고 있다.

민들레 꽃씨가 하늘로 올라가서 은하수를 만든다고 한 것은 민들레의 생명력을 극대화시키기 위해 시인의 상상력이 창조한 멋진 은유이다.

겨울나무

눈발 흩날리는 외딴 골짜기
헐벗은 몸체로 외롭게 서서
무서운 찬바람 속에
기도하는 모습으로 하늘을 향해
뻗어 오른 가지 그것은 내 가없은 손
구원을 갈구하는 손짓이여

순백의 사랑 빛으로
자비롭고 따뜻한 솜옷을 입혀 주는

당신의 하늘 열려
얼어붙은 겨울나무 뿌리 속
흙냄새로 목숨 잇는 이슬방울

무거운 아픔 씻어 내는 맑은 수액
다가올 찬란한 봄을 위해 이슬로 달려서
가지마다 초롱초롱 향기로운
은혜로운 꽃망울 끝끝내 열리리라

시인은 잎이 다 떨어져서 앙상한 가지만 남은 겨울나무를 자신의 육체로
치환하였다. 나뭇가지들이 하늘로 뻗쳐 있는 것은 근육이 빠져서 볼품 없
어진 자신의 손이라고 하였다. 눈으로 뒤덮인 가지는 솜옷을 입은 것에 비
유하여 겨울나무 뿌리를 녹여 준다고 하였다.

이렇게 추운 겨울을 잘 견디어 내면 봄이 와서 꽃망울이 맺힐 것이라면서
자신의 삶이 지금은 어렵지만 자기한테도 봄이 올 것이라는 희망을 갈구
하고 있다.

눈물 꽃

눈물 꽃은
세상 따위 등지고 앉아 고개 떨구고
추억이 영그는 가을을 헤매일 때
내 어기찬 삶의 뒤안길에
이슬처럼 피어나는 꽃

눈물 꽃은
내 가슴속 모두가 떠나간 빈 자리에
멍울지고 한 서린 그림자로만 남아
이슬처럼 피어나는 꽃

눈물 꽃은
저 먼 캄캄한 하늘 끝에서

잃어버린 내 영혼을 찾아
별꽃 밭을 헤매이다 만나는
이슬처럼 피어나는 꽃

시인이 흘린 눈물을 이슬처럼 맺히는 꽃에 은유하였다. 그 눈물 꽃은 세상을 등지고 추억을 쫓아다니다 삶의 뒤안길에 피고, 모두가 떠난 빈자리에 그림자로 남아 피고, 잃어버린 영혼을 찾아 헤매이다 핀다고 하여 고난의 시기에 흘린 눈물이 꽃이란 아름다운 결정체가 될 것이라는 기대를 하고 있다.

2) 치유 과정

파도

당신이 그리울 때면
바람보다 더 빨리 당신께로 달려가 보지만
당신을 만나면
나는 속절없이 절망하고
푸르렀던 그리움도
하얗게 부서지고 마는 것을

끊임없이 달려가도
쉴 새 없이 산산이 부서지고
슬픈 운명을 안고 살아가는
외로운 파도는
육지를 향한 숙명적인 외사랑일 뿐이네

시인은 자신의 사랑은 파도와 같다고 한다. 당신이 보고 싶어서 바람보다 더 빨리 달려가지만 푸르렀던 그리움이 하얗게 부서진다. 그래서 절망하면서도 끊임없이 달려가서 쉴 새 없이 산산히 부서지는 파도처럼 혼자만의 사랑을 하고 있다고 하였다.

장마

가슴속에 끝없이 내리는 장대비
세월의 무게에 눌려 주저앉은 채
나는 흠뻑 비를 맞는다

장대비 멎으면 새벽하늘 열리려나
이 비가 개이면 밝은 해 뜨려나

사랑하는 이여
먹구름 물러간 자리에
그대 찬란한 무지개로 뜨소서

 쉬지 않고 쏟아지는 장맛비에 흠뻑 젖었지만 비가 개이면 해가 뜬다는 세상의 이치를 알기에 지금은 비에 젖어 초라한 모습으로 주저앉아 있지만 먹구름이 물러간 자리에 사랑하는 당신이 찬란한 무지개로 뜨기를 갈망하고 있다.

울고 싶은 날엔

슬픈 사연 감춘 사람이여
우리 울고 싶은 날엔
바다로 가자
아득한 수평선 바라보며
바람 타고 밀려오는 물결에
우리 가슴속 흐느낌도
함께 띄워 보내자

쓰린 상혼 지닌 사람이여
우리 울고 싶은 날엔
산으로 가자
고갯마루 솔숲에 앉아

솔바람 소리에 묻어 오는 향기 속에
우리 가슴속 아픔도
함께 날려 보내자

혼자 남은 고독한 사람이여
우리 울고 싶은 날엔
구름을 따라가자
내려다보이는 덧없는 세상이
그래도 아름답다는 것을
우리 가슴속 눈물 거두고
희망보다 더 높이 날아 보자

슬픈 사연을 감추고 있는 사람, 쓰라린 상처를 갖고 있는 사람, 혼자 남아 고독한 사람은 바로 시인 자신이다. 시인은 이런 아픔을 참지 못해 울고 싶은 날에는 어떻게 자신을 추스르는지 소개하고 있다.

시인은 탁 트인 바다에서 바람 타고 밀려오는 물결에 자신의 흐느낌을 띄워 보내고, 솔숲에서 바람 소리에 묻어오는 향기 속에 아픔을 날려 보내고, 구름을 따라가며 덧없는 세상이 아름답다는 희망으로 날아 보자고 하였다.

시인은 타자화한 자신을 향해 슬픔과 상처 그리고 외로움을 달랠 수 있도록 이런 일들이라도 한번 해 보자고 권하는 것이다.

창

오직 나만의
작은 세상이 열려 있는 하늘
비, 구름, 바람, 눈의 세월이 스쳐 가고
해와 달과 별이 그리움처럼 뜨고
꽃, 나무, 단풍이 그려지는

장마 끝에 불어오는 하늬바람 따라

앞집 추녀 밑의 정겨운 비둘기 가족들
오늘은 아가들 데리고 지붕 위로
행복한 나들이를 나왔구나

시인은 작은 창을 통해 세상을 본다. 비, 구름, 바람, 눈이 내리며 사계절
이 흘러가고, 낮에는 해로 밤에는 달과 별로 그리움이 뜨고, 꽃, 나무, 단풍
이 그림처럼 그려진다. 장마 끝에 불어오는 시원한 하늬바람 따라온 비둘
기들이 새끼들과 함께 지붕 위에서 정겹게 있는 모습을 보며 두 아들에 대
한 그리움을 표현하고 있다. 작은 새들도 가족들과 함께 있는데 시인은 자
식들과의 이별에 늘 가슴이 아렸다.

3) 소망하며

황토

싸늘하게 식어 버린 육신들을
어머니보다 더 따뜻하게 안아 주는
그대 크신 사랑의 영토

내 삶에 지쳐 눈감을 때
그대 포근한 품으로 거두어
허물어 내리는 살점 자리를
그대 향기로 가득 채워 주시고

먼 훗날
내 이슬 같은 영혼일랑
작은 풀꽃 한 송이로
아름답게 피게 해 주소서

시인은 자신의 죽음을 늘 예견하고 있었기 때문에 자신이 묻힐 땅을 사
랑의 영토라고 하였다. 싸늘하게 식어 버린 육신을 따뜻하게 안아 주고 썩

어 가는 자리를 향기로 채워 주기 때문이다. 먼 훗날 육체는 사라지겠지만 자신의 영혼은 풀꽃 한 송이로 아름답게 피게 해 달라고 기도한다.

벗

내 살다가 피곤할 때
가만히 기댈 수 있는 나무등걸 같은
든든하고 마음 따뜻한
벗 하나 있었으면

내 고뇌의 뒤안길에서 방황할 때
한 송이 치자꽃 같은
향기 아름다운
벗 하나 있었으면

내 삶의 고행에 어둠이 내려 헤맬 때
갈 길 밝혀 주는
진리의 등대 같은
벗 하나 있었으면

달빛처럼 안겨 오는
아, 그런 벗 하나 있었으면

 피곤할 때 기댈 수 있는 벗, 방황할 때 치자꽃 같은 향기로 위로해 줄 수 있는 벗, 캄캄한 어둠 속에 있을 때 등대가 되어 주는 벗, 그리고 달빛처럼 은은히 다가오는 그런 벗이 있으면 좋겠다는 소망을 말하고 있다. 시인은 사랑하는 당신을 잡을 수 없다면 벗으로라도 위로받고 싶은 작은 소망이 있었던 것이다.

나는 등대로 살고 싶다

나는 등대로 살고 싶다

육지와 멀리 떨어져 있는 작은 섬
푸른 바다가 내려다보이는 섬 위에서
파도 소리에 외로움 달래며
물새들 친구 삼아 살고 싶다

캄캄한 어둠 속에서 방황하는
항로에 지친 뱃사람들
깜빡깜빡 불빛으로 사랑의 길 밝혀 주고
무언의 사랑 나누며
나는 외로운 등대로 살고 싶다

1연에서 시인이 등대가 되고 싶은 이유는 육지와 멀리 떨어진 작은 섬에서 푸른 바다를 내려다보며 파도 소리에 외로움을 달래고 물새들을 친구 삼아 근심 걱정 없이 편안히 살고 싶다는 것이고, 2연에서는 항로에 지친 사람들에게 어둠 속에서 길을 찾도록 불빛을 밝혀 주면서 묵묵히 사랑을 나누는 타인을 위한 등대의 삶을 원하고 있다. 고된 삶이었지만 타인에게 사랑을 베풀고 싶은 이타심(利他心)이 시인을 큰 사람으로 만든다.

꽃잎 되어 흘러갔으면

얼마나 아름다우랴
흐르는 맑은 냇물 따라
꽃잎 되어 흐른다면
물길을 조약돌이 가로막아도
막힘 없이 흐르는 냇물 따라
연분홍빛 꽃잎 되어 흐른다면

푸른 하늘을 가슴에 안고
단풍 물든 맑은 냇물 따라
연분홍빛 꽃잎 되어 흐른다면
아, 얼마나 아름다우랴

> 꽃잎 되어 흘러간다면
> 아, 참으로 얼마나 아름다우랴

그녀의 마지막 소망은 꽃잎 되어 흘러가는 것이었다. '흐르는 맑은 냇물 따라 꽃잎 되어 흐른다면 물길을 조약돌이 가로막아도 막힘없이 흐르는 냇물 따라 연분홍빛 꽃잎 되어 흐른다면 얼마나 아름다우랴'라고 노래하였는데 상상만 해도 기분이 좋다.

냇물에 떨어진 연분홍 꽃잎이 냇물의 흐름에 따라 천천히 흘러가다가 조약돌을 만나도 여전히 냇물을 따라 흘러가기를 시인은 소망한다. 냇물에 파란 하늘이 비춰지고, 단풍 물든 나무도 비춰져서 가장 아름다울 때 연분홍 꽃잎이 되어 흘러가기를 기도한다.

이 시에서 연분홍빛 꽃잎은 시인이고 냇물은 남편과 아들 둘이 있는 가정에 은유한 것이다. 조약돌이 물길을 가로막아도 다시 흐를 수 있고, 푸른 하늘과 단풍도 비춰지는 풍요로운 변화가 있다면 얼마나 행복할까 싶은 마음에 시인은 '꽃잎 되어 흘러간다면 아, 참으로 얼마나 아름다우랴'라고 다시 한 번 마지막 연에서 반복하여 강조하였다.

최영자 시인은 지난날의 아픈 상흔을 지우기 위해 애틋한 사랑을 품었다. 사랑의 대상은 혼자 마음으로 만든 환상일 수도 있다. 이 환상을 마주하며 날마다 사랑하고, 기도하고 밤마다 품어 안으며 따뜻하게 살았다. 이렇게라도 하여 사랑하는 행복, 살아 있다는 기쁨을 누리는 아름답고 강인한 여자가 되고 싶었던 것이다.

최영자 시인 원고를 준비하면서 동아일보 오피니언에 장애인의 달을 맞아 기고했던 필자의 글을 발견하였다. '4월 어느 날 고독사한 장애인 화가를 기리며'(2015년 4월 8일)로 그녀가 세상을 떠난 지 10년이 지난 후 발표한 칼럼이다.

> 최근 시력을 거의 잃은 미국의 젊은 화가 제프 핸슨이 그만의 독특하고 화사한 색상과 깊은 질감에 애호가가 늘고 있다는 TV 방송을 보았다. 핸슨은 캔버스에 끈적거리는 물질을 바른 후 손으로 만져 가며 색을 칠하는 방식으

로 그림을 그렸는데, 이렇게 해서 탄생한 작품이 시각장애 화가가 그린 것이라는 사실이 알려지면서 핸슨은 일약 유명 인사가 되었다고 한다.

워런 버핏, 엘튼 존, 수전 서랜던 등 유명인들이 그의 작품을 구매하면서 핸슨은 경제적으로 자립하게 되었다는, 우리로서는 상상할 수 없는 내용이었다.

그 소식에 최영자라는 구필화가가 생각났다. 내가 그녀를 처음 만났을 때 근육병 장애인 시설인 잔디네집에서 생활하고 있었는데 그녀는 잔디네에 오기 전에 남편, 아들 둘과 함께 남부러울 것 없이 살았다. 그녀는 사업가로도 성공한 슈퍼우먼이었다. 그런데 이 모든 행복을 빼앗아 간 것은 바로 그녀의 몸 근육을 무력화하는 근육병이었다.

단지 장애가 생겼다는 이유로 집에서 쫓겨나 시설에 오게 된 것이다. 그녀의 눈에서 눈물이 마를 무렵 자신의 마음을 거르고 걸러서 아름다운 시를 쓰고, 자신이 살아온 이야기를 단편소설로도 썼다. 그 소설에선 남편이 자기를 찾아오는데 그 이유가 이혼 절차를 밟기 위해서였다. 그녀는 남편과 이혼하기 위해 법원에 가는 날 남편에게 예쁘게 보이고 싶어 곱게 화장을 하며 짧은 행복에 잠시 빠져 본다는 스토리다. 그런데 그 소설은 실화였다.

최영자 씨는 이혼 후 얼마 되지 않아 세상을 떠났다. 그 당시 그녀는 자립 생활을 하기 위해 지하 월세방에서 혼자 살며 시간제로 활동보조인의 돌봄을 받고 있었는데 며칠 후 활동보조인이 와 보니 싸늘한 주검 상태였다고 한다. 혼자 외롭게 한 많은 인생을 접은 것이다.

4월 장애인의 달, 4월 20일 장애인의 날이라고 장애인 당사자들은 권리를 주장하고 정부는 장애인 복지를 약속하지만 지금 어디에선가 독거 장애인들이 죽어 가고 있는 것이 2015년 한국 장애인의 현실이다.

최 씨의 방 안 가득 그녀가 그린 그림이 있었다. 최 씨는 입에 붓을 물고 그림을 그리는 구필화가였다. 그녀가 그린 장미꽃은 어찌나 곱던지 당장 손을 뻗어 꺾고 싶을 만큼 탐스러운 생명력이 돋보였다. 하지만 아무도 그녀의 그림을 사 주지 않았다. 그녀를 화가로 인정해 주고 그녀의 작품을 구매해 주는 사람만 있었어도 그녀는 고독사하지 않았을 것이다.

핸슨의 그림은 주문이 6개월이나 밀려 있을 정도로 인기가 높은데 왜 우리나라 장애인 화가들은 가난 속에서 생명의 위협을 받고 있는 것인지, 이 슬픈 차이의 원인은 무엇인지 우리 모두 반성이 필요한 4월이다.

나는 아직도 그녀와의 마지막 통화를 생생히 기억한다.
"우리 아이들에게 엄마가 얼마나 열심히 살았는지 알려 주고 싶어요."

나는 고 최영자 씨가 시인으로서 정말 치열하게 글을 썼고, 화가로서 열정적으로 그림을 그리면서 그 누구보다 행복했으며, 그녀의 창작 활동은 예술로서 충분한 가치가 있었다고 대한민국 언론 지면을 통해 기록해 둔다.

이제는 성장한 아들들이 우리 엄마는 훌륭한 예술가였다고 자랑스러워해 준다면 하늘나라에서나마 소망이 이뤄졌다며 편안히 눈감을 수 있을 것이다.

📖 참고자료

김인자(1995), 작가와 만남-작가 최영자 씨를 찾아서, 『솟대문학』, 20호
방귀희(2002), 솟대얼굴-최영자, 『솟대문학』, 47호

경험시로 세상을 향해 외치는 서성윤 [1]

서성윤은 1981년 경기도 화성에서 세 살 위인 형에 이어 둘째 아들로 태어났다. 스무 살이 되던 2000년 교통사고로 목뼈가 부러져 얼굴 아래를 전혀 움직이지 못하는 전신마비장애가 생겼다. 마우스 스틱을 입에 물고 한 타씩 누르면서 글을 쓰기 시작했는데 창작의 열망이 클수록 배움에 대한 갈증이 생겼다. 그래서 2006년에 경희사이버대학교 미디어문예창작과에 입학하여 열심히 공부하면서 크고 작은 문학공모전에 응모하여 수상 경력을 쌓았다. 수원새벽빛장애인야학에서 신춘문예 출신 교사로부터 시를 배우면서 독특한 작품 세계가 형성되었다.

그가 세상 밖으로 나오기 위해서는 특수전동 휠체어가 절실히 필요했다. 수동 휠체어는 뒤에서 누군가가 밀어 주지 않으면 물건처럼 그 자리에 그대로 고정돼 있어야 하지만 특수전동 휠체어는 입으로 작동이 가능하여 자유롭게 이동을 할 수 있어서 삶의 질이 향상되는데 가격이 700여 만 원이나 되어 구매할 엄두를 내지 못하고 있었다. 그런데 2014년 11월 사회복지공동모금회의 '행복주식거래소'에 특수 휠체어가 꼭 필요하다는 글을 올려 지원을 받게 되었다.

특수전동 휠체어로 이동의 편의가 생기자 장애인 복지의 목표인 자립 생활을 계획하였다. 어머니는 나가서 하고 싶은 일을 해 보라고 허락하였지만 아

<hr>

1) 이 내용은 한국장애예술인협회에서 2025년 발간한 『솟대평론』 VOL. 16에 게재된 방귀희의 글이다.

버지는 다시 들어올 것 같으면 나갈 생각도 하지 말라고 으름장을 놓으셨다.

　서성윤은 교통사고 이후 식사, 씻기, 옷입기, 대소변, 침대에 눕기, 침대에서 휠체어로 이동하기 등 모든 일상생활에 사람의 손길이 필요했기에 2명 이상의 활동지원사와 함께 2015년 자립 생활을 시작하여 동료상담가로 봉사하고, 시인으로서 작품을 발표하기도 하고, 화성시민신문의 시민기자로 활동하고 있다.

　게다가 2024년부터 화성동탄장애인자립생활지원센터에서 동료상담가로 취업하여 급여를 받고 있다. 서성윤은 자신의 삶을 스스로 운영하고 있다는 것에 만족한다. 20세에 꺾여진 인생이 너무나 냉혹하여 울분에 차 있던 가슴에 어느덧 인간에 대한 사랑과 창작에 대한 열정이 가득차 있는 성숙한 인간미가 흐른다.

1. 몸으로 시를 짓다

　서성윤은 몸으로 시를 짓는다. 그의 몸에 장애가 생기고 그 장애가 있는 몸으로 경험한 모든 것이 그의 시의 주제 또는 소재가 된다. 몸은 마음을 담고 있어서 몸으로 느낀 것은 곧 마음의 표현이다. 그의 시는 몸의 경험이 있기에 가능하다. 그래서 장애는 그의 시의 엔진이 된다.

신춘(新春)

상리 1길 진입로
몇 번을 넘어져도 군말 없던 성윤 씨
외마디를 머금은 획으로 에필로그를 남겼다
자욱한 목격담보다 생생한 일 획의 증언
고속으로 멈춘 직선은 굴곡이 많아
아스팔트보다 짙은 필력이었다
등단하면 시루떡 맷 말 돌리랬는데
돼지 잡고 현수막 걸다던 마을 입구엔

목격자를 찾는 어머니가 펄럭이고
_33회 장애인문학상 역대 수상자 창작작품집(2023)

서성윤은 어느 날 꿈을 꿨다. 꿈의 스토리는 서성윤의 중학교 때부터의 꿈이었던 작가의 꿈이 실현되기 바로 전이다. 엄마는 돼지를 잡고 마을 사람들에게 시루떡을 돌리기 위해 준비를 하고 있다. 아주 행복한 모습이다. 마을 입구에 당선 축하 현수막을 걸기 위해 엠바고를 기다리고 있다.

그런데 그 축하 현수막이 교통사고의 목격자를 찾는 현수막으로 바뀌면서 어머니가 울부짖고 있다. 하도 이상해서 이리저리 살펴보니 자신이 마을 진입로 바닥에 널브러져 있다. 외마디조차 지를 수 없을 정도로 숨이 넘어가는 에필로그가 나가고 있었다.

서성윤은 꿈속에서도 그것이 꿈이라는 것을 알고 그 악몽에서 빨리 벗어나기 위해 꿈에서 깨어나려고 안간힘을 썼다.

이 꿈을 꾼 지 얼마 안 있어 그것은 현실이 되었다. 서성윤은 커브길에서 전복된 승합차의 사고 흔적을 짙은 필력에 은유하여 사고의 순간을 기록하고 있다. 서성윤은 스무 살 봄 대학교에 막 입학하여 새 학기를 시작하던 청춘기에 자신의 몸을 장애 속에 가두는 어마어마한 사고를 당했지만 시인으로서 그 사건은 그에게 새로운 봄 즉 신춘(新春)이었다.

꽃병을 던지다

멸균 거즈는 매일 갈아 줍니다
직접 본 적 없는 꼬리뼈에서
입을 틀어막은 소문처럼 비린내가 납니다
한동안 전동 침대에서 퇴적된 나를 발굴합니다
쓴 약 같은 말을 뱉고 싶어서
상처가 아물 때까지 누구도 만나지 않습니다
냄새에 반응한 백구가 마당에서 윙윙윙
이번엔 기도꾼이 서넛 늘었습니다
품고 온 프리지어만큼 신나신 걸 보니
지난번 퍼부은 저주는 약발이 부족했습니다

마침 건드리고 싶은 가족을 인질로 삼으려는데
형제님을 도구로 쓰시려 시련을 주셨다는 말에
못대가리 같은 귀를 사선으로 소리칩니다
광명이 당신을 여기까지 인도했다면
나는 엉덩이에 생긴 화이트홀을 믿습니다
인간이 광신하는 빛은 지구에서나 일곱 바퀴 반이지
궁수자리 A*[2]까지는 2만 6천 광년이 걸립니다
기어코 도달한 빛보다 블랙홀의 들숨을 찬양합니다
경계로 내쉬는 안도의 날숨은 나에게 연결되길 희망합니다
소멸의 힘으로 별을 생성하듯
나는 당신이 프리지어를 꽂기 전에 병을 던집니다
조각난 빛이 사방으로 득실거립니다

_솟대평론 17호(2025년 하반기호)

사고 당시 승합차에는 8명이 타고 있었다. 다른 사람들은 멀쩡하거나 회복될 수 있는 부상을 입었는데 서성윤은 목뼈가 부러져서 전신마비가 되었다. 자기 의지대로 움직일 수 있는 부분은 얼굴뿐이었다. 그에게 남은 자유는 말하기가 전부이다.

그의 몸은 움직여지지 않는 무생물이었지만 휠체어에 앉아 있었을 뿐인데 엉덩이 살이 썩어 들어가서 허연 뼈가 보이는 화이트홀이 생겼다. 그 큰 구멍을 멸균 거즈로 막아 보지만 그 냄새가 너무 고약해서 마당에 있는 백구가 킁킁거리며 반응을 한다.

서성윤이 가장 싫어한 것은 성당의 성도들이 집에 방문하여 그에게 건네는 어줍지 않은 위로의 말이었다. 욕창으로 아프다는 소식을 들은 성도 몇 명이 프리지어꽃을 들고 찾아왔는데 그들은 매번 같은 말을 한다. '형제님을 도구로 쓰시려 시련을 주셨다.'고, 그는 그 말에 화가 나서 못대가리 치듯 소리를 질러댔다.

그는 손님이 갖고 온 꽃이 꽃병에 꽂히는 것이 싫어서 꽃병을 던지자 꽃병 유리 조각이 사방으로 퍼져 잔해들이 득실거린다고 하였는데 이 역시

---

2) 궁수자리 A*은('궁수자리 A별'로 발음) 궁수자리 A*은 일반적으로 대부분의 나선 은하와 타원 은하의 중심에 있을 것으로 받아들여지는, 초대질량 블랙홀일 것으로 여겨지고 있다.

행위라기보다 시인의 감정을 시 속에 클립처럼 끼워 넣은 것이다.

시인이 하고 싶은 말은 인간이 맹신하는 빛은 2만 6천 광년이 걸려야 돌아오기 때문에 자신은 빛보다 블랙홀의 들숨을 찬양한다는 것이다. 꽃병을 깨는 것도 폭력을 사용하고 싶어서가 아니라 소멸의 힘으로 별을 생성하듯 엉덩이에 생긴 화이트홀이 쉬는 날숨이 시인에게 희망을 준다는, 매우 현실적인 문제가 해결되기를 원하고 있는 시인의 심정을 같은 고통 속에 있는 사람들은 크게 공감할 것이다.

사람들은 장애가 생기면 그 이유를 찾으려고 노력한다. 그 이유가 부정적이든 긍정적이든 장애인 당사자는 물론 가족들에게도 큰 상처가 된다. 꽃병은 아름다운 꽃을 담는 아름다운 물건인데 그것을 던져서 깨부순다는 것은 가장 고통스러울 때 아무 생각 없이 던지는 상투적인 위로는 오히려 분노심을 일으킨다는 것을 상기시키고 있다.

헐다

구화(口畵)를 시작하고 잇자국이 사나운 붓은 입천장을 헐었다. 복수초가 벽에 걸리고 귀에 걸리면서 이제는 콧노래가 계절까지 물어왔다. 그림이 음악이 되고 예술이 되는 순간,

꽃샘추위와 나란히 오신 선생님은 민들레가 벌써 폈냐며 웃음꽃을 터뜨렸고 어머니에게도 핀 민들레는 해명이 없었다. 어깨가 움트기 전에 나는 자유 낙화(落華) 중이다. 마다하신 레슨비를 대신해 내놓은, 귤을 드시며 선생님은 말했다. ―다 때가 있는 법이란다

탄성인지 탄식인지 모르고 피는 3월, 봄이 꽃을 부르는 걸까? 꽃이 봄을 부르는 걸까? 그게 올해는 아니라며 까놓은 귤에 찡긋했고 선생님은 제철 지난 귤을 세 개나 드셨다. 그사이 복수초가 꽃무늬 벽지를 비집고 벽을 조금씩 허물고 있었다.

_2018년 대한민국장애인문학상 운문 최우수상

20세에 전신마비가 생긴 후 장애를 수용하고 장애인 복지의 의료적 모델

인 재활의 단계로 접어드는데 5년이란 시간이 필요했다. 2006년 스물다섯 살 봄에 일어난 사고로 중단되었던 공부를 하기 위해 대학에 입학하였다. 마침 사이버대학이 있어서 통학의 어려움은 덜 수 있어 다행이었다. 전공은 오랜 꿈이던 문학을 하기 위해 미디어문예창작과를 택하였다.

그즈음 그림도 시작하였다. 입에 붓을 물고 그림을 그리는 구필화가가 되면 세계구족화가협회로부터 월 장학금을 받을 수 있다고 하여 그림을 그려야겠다고 생각하고 집으로 선생님을 모시어 그림 공부를 하였다.

꽃샘추위와 함께 찾아오신 선생님 덕분에 예술의 꽃이 필 것 같은 기대에 부풀어 있었다. 하지만 선생님은 서두르면 안 된다고 예술은 때가 있다고 가르친다. 그런데 정말 어깨 한번 펴보지 못하고 그는 낙화하였다. 입안이 헐어서 붓을 물을 수가 없었다. '복수초가 꽃무늬 벽지를 비집고 벽을 조금씩 허물고 있었다'고 하여 조급한 희망에 경고를 하고 있다.

하지만 시에 등장하는 복수초는 봄에 제일 먼저 피어서 봄을 알리는 꽃으로 꽃말은 영원한 행복이며, 민들레는 홀씨가 바람에 날려 어디든지 가서 꽃을 피우는 강한 생명력을 갖고 있는 꽃이듯이 서성윤과 어머니 모두 때를 기다리며 행복을 만들어 가리라는 기대를 하게 한다.

가족사진

콩깍지 튀는 마당에서
싸리비로 덕구를 진정시키시는 아버지
그을린 부엌엔 푸짐한 한 끼로 분주한 어머니
두 손 민망한 애경선물세트 20호와 둘째가 귀성했다
혼자 꾸역꾸역 사는 게 기특해서
마을회관 가시면 나를 늘어놓고 오신다는데
전동 휠체어 높이로 짜 맞춘 식탁에도 마찬가지
우걱우걱 돼지갈비 드시는 아버지
번갈아 떠먹인 수저를 헷갈리신 어머니
발라 놓은 조기를 또 입에 넣어 주시자
1998년에 찍은 가족사진이 웃는다

곶감도 안 먹고 그냥 간다니까
아버지는 고구마를 사과상자에 담아 주신다
오늘의 표정을 오래 간직하고 싶어서
대기하는 장애인콜택시 배경으로 찰칵
자기주장마저 꼬부라진 부모님이라도
뭔 사진이냐며 손을 휘저었을 텐데
아버지는 어깨에 총 맞은 것처럼 서시고
흰머리를 히잡처럼 두르신 어머니는
스마트폰을 보시며 찍힌 사진보다 환히 웃으셨다
_『솟대평론』13호(2023년 하반기호)

시 '가족사진'은 어느 가정이나 한 장 정도는 갖고 있는 가족사진을 통해 시인의 고향 집 풍경을 배경으로 장애인 가정 부모의 마음을 있는 그대로 드러냈다.

이 시는 서정적 서사가 뛰어난 작품이다. 시인이 시골 고향 집에 찾아갔을 때 아버지는 콩깍지 튀는데 덕구가 달려드니까 싸리비를 들고 쫓아내고 있고, 어머니는 부엌에서 푸짐한 밥상을 준비하고 있다. 시인은 겨우 생활필수품이 담긴 작은 선물세트를 들고 고향을 찾았지만 아버지는 마을회관에 가기만 하면 아들 자랑을 한다.

전동 휠체어 높이로 짜 맞춘 식탁에서 모처럼 가족이 식사를 한다. 아버지는 돼지갈비를 드시고, 어머니는 중년의 아들에게 밥을 떠먹여 준다. 엄마 한 입, 아들 한 입 번갈아 수저를 뜨다가 순서를 잊어버리신 노모는 발라 놓은 조기를 또 아들의 입에 넣어 준다.

그 모습을 본 사람은 모자밖에 없을 텐데 1998년에 찍은 가족사진이 웃는다고 하여 함께하지 못한 형을 소환한다. 그 가족사진은 다치기 2년 전이라서 서성윤은 당당히 서 있다.

후식인 곶감도 먹지 못하고 대기하고 있는 장애인콜택시 때문에 귀가를 서두르자 부모님은 이것저것 먹을 것을 싸 주신다. 그 순간을 남기기 위해 핸드폰으로 사진을 찍자 아버지는 어깨에 총 맞은 것처럼 뻣뻣이 서시고 흰머리를 히잡처럼 두르신 어머니는 핸드폰으로 사진을 보시며 찍힌 사진보다 더 환히 웃으셨다.

예전 같으면 무슨 사진이냐고 손사래를 치셨을 텐데 자기주장마저 꺾여버린 부모님을 뒤로하고 돌아오는 시인의 아련한 아픔과 진한 부모 사랑이 고스란히 담긴 수채화 같은 시이다.

충(蟲)

인간이 서로 헐뜯을 때
왜 애먼 벌레를 들먹이는지
급식충 맘충 부먹충 진지충…

단지 좋아한다고
벌레가 되는 세상이라면
나는 당신충이 될 거야

_35회 구상솟대문학상 수상작품집(2025)

충은 벌레인데 시인은 자신의 사랑을 벌레에 비유하였다. 굳이 설명을 하지 않더라도 급식충은 먹는 것을 좋아하는 초등학생, 맘충은 아이를 위해 물불을 안 가리는 엄마, 탕수육 소스를 처음부터 부어먹는 부먹충 그리고 매사에 진지해서 비웃음을 받는 진지충 등 자기만의 방식으로 생활하는 평범하지 않은 사람을 벌레에 비유한 것이다.

어떤 사람을 좋아하는 것이 벌레가 되어야 한다면 시인은 당신충이 되고 싶다고 하였다. 시인에게 이성적으로 좋아하는 즉 사랑하는 여성이 있었다는 것을 알 수 있다. 그런데 앞에서 언급한 충들이 긍정적이지 않듯이 자신의 사랑도 사람들이 부정적으로 볼 것이라는 내면적 고민이 드러나는 시이다.

2. 사회적 몸으로 외치다

구체적인 사회성이나 역사성, 문화적 차이가 드러나는 공간이 바로 몸이다. 살아 본 몸이 지니는 의미에 따라 그 공간의 모양이나 가치가 달라지기 때문이다. 따라서 장애의 몸은 장애인 자체가 아닌 그 사회의 역사적 배경과 문화적인 맥락으로 이해해야 한다. 그래서 장애의 몸은 존재(being)가 아닌 생성(becoming)의 차원에서 봐야 한다.

사람에게 생긴 장애는 장애인으로 고착화된 개념이 아니라 삶을 어떻게 만들어 가느냐에 따라 사람의 의미와 가치가 형성되는 것이다. 그러므로 장애의 몸이 지닌 모순성과 전환성, 이동성, 창조성은 장애인의 정체성을 위협하는 것이 아니라 확장시켜 준다.

서성윤의 장애는 어느덧 사회적 몸이 되어 우리 사회의 장애인에 대한 부조리한 제도와 편견의 인식을 바꾸라고 외친다. 장애 때문에 사회로부터 받은 배제는 변화의 욕망을 강화시키기 때문이다.

죽을 각오

죽을 만큼 좋은 당신 만나는 길
신길역 5호선 환승 구간에서 마주한
경사형 엘리베이터[3]

매번 목숨 걸고 휠체어 리프트 타다가
이제는 콩알만한 심장 붙들지 않고도
안도의 한숨은 엘리베이터를 따라 내려간다

아직도 몇몇 역에 남겨진 리프트
16화음으로 울리는 소녀를 위한 기도가
위령곡으로 변주되고 있다

세상 어떤 일도 죽을 각오면
이루지 못할 게 없다는데
우리는 얼마나 더 굴러떨어져야
차별의 골짜기를 메울 수 있을까

---

3) 이 엘리베이터는 2017년 10월 21일 휠체어 이용 장애인(故 한경덕 님) 리프트 사고를 계기로 교통약자 이동편의를 위하여 설치되었다.

징검다리가 된 사람들이 설치한
엘리베이터가 무사히 도착하고
아무 각오 없이 탑승한 나는
서둘러 신길역을 빠져나간다

_『솟대평론』13호(2023년 하반기호)

이 시는 첫 행을 '죽을 만큼 좋은 당신 만나는 길'이라고 시작하여 사랑 시라는 생각이 들지만 이 시는 서성윤이 사람답게 살기 위해 전동 휠체어를 타고 사회생활을 시작하면서 부딪히는 장애인 이동권에 어떤 문제가 있는가를 자신의 경험을 시의 형식을 빌려 세상에 고하고 있다. 우리나라 지하철은 세계적으로 자랑할 만큼 실핏줄처럼 촘촘히 연결되어 교통혼잡을 원활히 풀어 주고 있다.

하지만 서울의 지하철은 장애인들이 죽을 각오를 하지 않으면 탈 수 없을 만큼 위험이 도사리고 있다. 바로 경사형 엘리베이터 즉 리프트가 그 위험 요인이다. 리프트를 작동할 때 나오는 '소녀를 위한 기도'가 시인에게는 죽은 혼령을 위로하는 위령곡처럼 들린다.

그도 그럴 것이 장애인들은 지하철 리프트 추락 사고로 크고 작은 부상을 입었고, 목숨을 잃은 사람들도 있다. 그래서 장애인들은 죽을 각오를 하고 이용해야 하는 휠체어 리프트의 안전성을 보장해 달라고 목소리를 냈다. 그 결과 서울시는 휠체어 리프트를 장애인용 엘리베이터로 교체하고 있다. 이 엘리베이터가 설치된 것은 희생된 장애인들 덕분이기에 시인은 '징검다리가 된 사람들이 설치한' 장애인용 엘리베이터여서 자신의 몸을 던져 징검다리를 만들어 준 그들에 대한 마음의 부채를 갖고 있다.

하지만 아직도 죽을 각오를 하고 타야 하는 리프트가 남아 있어서 '우리는 얼마나 더 굴러떨어져야/차별의 골짜기를 메울 수 있을까' 하는 안타까움을 내비쳤다. 시인은 차별의 골짜기가 생명을 위협하고 있다는 것을 사회에 던지면서 장애인 이동권 확보를 촉구하고 있는 것이다.

벚꽃 엔진

4월은
엔진을 소유한다
비상하는 꽃잎 엔진
해동된 들판을 여미는 바람 엔진
세 번까지라던 멀어지는 뒷모습에도

비는 그쳤지만 취소 문자가 그치지 않고
뒤집혀 울상인 충전 표시등
각 지방의 언어처럼 튀어나온 블록이
나서지 못한 이유는 아니지만
늘 날이 서 있던 너를 만나는 길

수드라 사내의 담을 넘는 연애는 높이를 탐닉하는 몽매
고장 난 계단을 돌아 경사로를 오를 때
서로는 풍경이 다르다

고막을 쪼는 새소리와 벚꽃의 터치다운을 볼에 허락하니
내게 찾아온 찬란한 속도를 잠시 잊고 있었네

앞선 동일기종 휠체어엔 카르마[4]라 쓰여 있고
엔진이라 읽는다
　_2017 장애인고용안정협회 장애인고용 인식개선을 위한 Talent contest 가작

　시인은 문제를 지적할 때 사랑이라는 달콤한 연막을 친다. '벚꽃 엔진'이라는 제목은 4월에 흐드러지게 피는 벚꽃 세상이 사람들에게 기쁨과 행복의 에너지가 된다고 생각하기 쉽지만 시를 한 행 한 행 읽어 가다 보면 행복한 기쁨이 섣부른 판단이라는 것을 알게 된다.
　4월을 시인 엘리어트가 '잔인한 달'이라고 한 것은 모든 생명이 움트는 강한 생명력을 가진 시기여서 그렇게 표현한 것인데 서 시인에게 진짜 잔

---

4) 카르마: 미래에 선악의 결과를 가져오는 원인이 된다고 하는, 몸과 입과 마음으로 짓는 선악의 소행.

인한 것은 그녀가 뒷모습을 보이며 아름다운 벚꽃 거리를 벗어나는 것이었다. 시인의 말에 의하면 그녀는 항상 '이번 한 번뿐이야', '세 번까지가 정말 끝이야'라며 만남의 횟수를 공지하며 이별을 알려 온 것이 시인에게 잔인한 고문이었다고 생각하였지만 2연에서 시인은 자신에게 더욱 냉혹한 현실은 휠체어 충전 표시가 풀(FULL)에서 제로로 점점 가까워지면서 전동 휠체어가 멈출 것이라는 경고 표시이다. 그런 상황에서는 빠른 귀가가 최선이지만 장애인콜택시가 취소되었다는 문자가 계속 날아오니 난감하지 않을 수 없다. 바닥의 점자블록은 무슨 뜻인지 모르지만 시인의 휠체어를 멈춰 세우려는 듯 위협적이다.

3연에서 시인은 자신의 사랑을 '수드라 사내의 담을 넘는 연애는 높이를 탐닉하는 몽매'라고 하여 인도 4성계급의 최하층인 수드라 신분의 남자가 신분이 높은 여자를 만나기 위해 담을 뛰어넘는 무모한 도전을 하고 있는 것에 비유하였다. 시인은 계단을 오를 수 없어 경사로를 이용하는데 계단으로 오르는 사람과 경사로로 오르는 사람의 풍경이 서로 다르다고 하여 장애인과 비장애인 사이의 거리는 바로 계단과 경사로 사이에 있음을 시사한다. 시인은 마치 계단이 고장나서 경사로를 택한 것처럼 표현하여 애써 시인과 그녀와의 거리를 좁혀 보려고 한다.

하지만 이내 휠체어의 찬란한 속도를 느끼며 현실로 돌아온다. 벚꽃 나들이는 시인 혼자 온 것이 아니고 다른 장애인 친구들과 왔다는 것을 짐작케 한다. 자기와 같은 기종의 휠체어를 타고 있는 동료가 앞서가고 휠체어 등받이에 휠체어 상표인 카르마가 시인의 눈에 들어온다. 카르마는 불교의 업(業)을 뜻하는데 시인은 그것을 엔진이라고 읽는다. 모르긴 해도 시인은 시 '꽃병을 던지다'에서 그의 장애에 대해 '형제님을 도구로 쓰시려 시련을 주셨다는 말'을 거부하였듯이 장애는 선과 악의 결과가 아니라는 것과 휠체어는 장애인의 보조기구가 아닌 장애인이 활동할 수 있는 엔진이라고 새롭게 정의한다.

시인은 결국 벚꽃 엔진이란 아름다운 에너지를 장착하고 장애인들이 우리 사회에서 사랑도 하고, 축제도 즐기면서 아름답게 삶을 영위할 수 있기를 소망한다.

병점역에서

멀리로부터 멀어지는 새벽별처럼, 혹은 타오르다 만 성냥처럼 충전등이 끔벅인다. 이 땅에 맞물리지 않는 바퀴가 화성(市)에 안착했지만 지구에서 자정을 넘으면 여정(旅情)이 되는 건 어느 곳에든 변함이 없다. 몇몇의 구둣발이 계단 위로 솟아오르고 작은 행성이 된 승강장. 인체공학적으로 설계한 욕창방석에 바람 잘 날이 없다. 무너진 계단을 피해 엘리베이터가 길을 튼다. 일단 시침이 하염없는 장애인콜택시를 당긴다. 탈선한 원심력을 두고 아웃사이더는 바깥의 바깥으로…

특수상대성이론에 의하면, 빠르게 움직이는 물체는 멈춰 있는 물체보다 시간이 느려진다. 너로부터 고속으로 충돌한 이후, 나의 속도는 사방으로 아득해졌다. 그때부터 증명하지 못한 이론을 직감으로 믿기 시작했다. 내가 정지하고 상대가 빠르게 움직이는 것. 내가 움직이고 상대가 정지한 것. 실제는 시간이 느리게, 또는 빠르게 간다고 느끼지 못한다. 나를 제외하면 모든 속도가 상대적인데 눈빛만 닿으면 왜 그리 X값을 대입했는지, 공식은 증명할 때 비로소 답이 나온다고 믿었다

두 손 간절했던 저 별을 빛의 속도로 다녀온다면, 공간과 속도에 따라 서로의 시간은 다르게 흐른다. 지구는 수백 년이 지나 오늘처럼 둔갑하고 등판에 karma라 적힌 휠체어를 골동품으로 내다 팔면, 억압의 시대가 만든 보장구로써 희소성이 크겠다. 사지마비쯤은 반창고 하나 붙이고 다시 오늘로 돌아오겠다

바늘 하나 꽂을 데 없던 당신의 그 무한한 밀도는 블랙홀이었다. 휠체어라 먼저 들여 준 동해예술문화관, 코 앞 리허설 중인 박효신의 노래, 빛 조리개였던 보조개, 대왕 돈까스 1인분, 성큼 다가온 셀카에 꽉 찬 두 얼굴, 자정 가까운 광운대역 광장 풍경까지… 35광년 날아온 빛이 몽땅 빨려 들어갔던 순간이었다. 너에게 가까워질수록 시간은 느려지고 빛이 더 이상 탈출할 수 없는 블랙홀의 경계였다. 빛도 탈출할 수 없어 아무것도 볼 수 없다는 '사건의 지평(event horizon)'과 같았다

배차 문자가 도착하고 해 뜨는 무사귀환이라며 장애인콜택시에 오른다. 뒤

집어진 눈꺼풀까지 열린 차창으로 이곳의 공간과 시간을 가늠할 수 있는 바람이 들어오고 있었다. 세상 모든 원리의 전제조건을 나에게 두면, 문제는 답이 필요 없는 문제로 남길 수 있다

_35회 구상솟대문학상 수상작품집(2025)

내가 만난 시인은 말 수가 적은 편이었는데 그는 글수다쟁이다. 한 타 한 타 마우스 스틱으로 작업을 하면서 어찌 이렇듯 장문을 쏟아 낼 수 있는지 신기하다. 경기도 화성에 있는 병점역에서 장애인콜택시(줄여서 장콜)를 기다리며 1연에서 지하철 밖으로 나오기 위해 탄 승강장을 작은 행성이라고 한다. 늦은 밤이라서 사람들은 종종걸음으로 계단을 이용해 귀가를 서두르고 있다.

시인은 집으로 가기 위해 장콜을 타야 하기에 장콜을 요청한다. 시인의 심정은 본 궤도에서 탈선하여 밖으로 더 밖으로 멀리 멀리 떨어져 나가는 듯하다.

2연에서 시인과 그녀의 감정의 속도가 다르다고 고백한다. '너로부터 고속으로 충돌한 이후, 나의 속도는 사방으로 아득해졌다'고 하여 시인이 너무나 빠르게 다가가는 바람에 유성끼리 세게 부딪히면 산산조각이 나듯이 그렇게 시인의 사랑도 무참히 깨져 사방으로 흩어졌다. '그때부터 증명하지 못한 이론을 직감으로 믿기 시작했다'고 고백한다. 시인 자신을 제외하면 모든 속도가 상대적이라는 사실을 깨닫는다.

3연에서 시간이 흘러 흘러 오늘로 둔갑을 하면 휠체어는 억압의 시대에 존재했던 골동품이 될 테고 사지마비는 반창고 하나로 해결될 수 있는 아주 가벼운 상처가 되어 오늘로 돌아온다.

4연은 시간은 여전히 현실에 머물러 있다. 문화회관에서 공연을 보기 전에 돈가스를 시켜 놓고 셀카 속으로 들어온 시인과 그녀 얼굴이 마냥 행복한데, 그녀의 마음은 바늘 하나 들어가지 않는 무한 밀도의 블랙홀이다. '너에게 가까워질수록 시간은 느려지고 빛이 더 이상 탈출할 수 없는 블랙홀의 경계였다'고 하여 시인과 그녀는 서로 다른 궤도를 돌고 있다는 것을 말해 준다.

5연에서 시인이 만든 블랙홀은 장콜이 도착하여 사라진다. 장콜을 타고 열린 창으로 들어오는 바람을 맞으며 시인은 자신의 우주론을 정리한다. '세상 모든 원리의 전제조건을 나에게 두면, 문제는 답이 필요 없는 문제로 남길 수 있다'고 생각한다. 즉 시인은 세상이 자기 뜻대로 되지 않는다는 것을 인식한다.

빠르게 움직이는 물체는 멈춰 있는 물체보다 시간이 느려지는 특수상대성이론이 시인의 시간 더 나아가 장애인의 시간을 조종하고 있다고 보고 있다. 사실 장애 때문에 생기는 가장 큰 문제는 속도이다. 이동에 많은 제약이 생기다 보니 자꾸 늦어지는 것이다. 기다려 주는 마음의 여유만 있다면 장애인과 비장애인의 속도는 같아질 수 있다.

신흥종교

> 옆집은 송아지만한 개를 강아지라 부른다 어쩌다 공원에서 마주치면 금방이라도 비둘기를 물어올 것 같다. 멀끔한 흉악범을 뉴스에서 볼 때면 관상은 과학이 아니라 믿지만 깊은 우물처럼 생긴 눈을 보면 온몸이 젖어 든다. 주일엔 집에서 지내고 모바일뱅킹이 불안하다고 은행에 매일 방문하는 옆집은 말한다. 우리 토토는 절대 안 물어요
>
> _『솟대평론』 13호(2023년 하반기호)

시인은 현대인들의 편향된 자기 신념을 신흥종교에 비유하였다. 신흥종교는 사이비 종교로 상식적으로 도저히 믿을 수 없는 신을 믿으면서도 신도들은 너무나 깊은 신앙심을 갖고 있다. 우리 일상생활에서도 타인들이 수용하기 어려운 주장을 아무렇지도 않게 하는 사람들이 있다.

옆집에서 대형견을 키우고 있는데 견주는 강아지라고 하면서 우리 강아지는 절대로 물지 않는다고 한다. 남들은 개가 하도 커서 무섭고, 평화스럽게 모이를 쪼는 비둘기를 당장이라도 물어올 것 같은데 말이다.

그런데 그 옆집 사람은 모바일뱅킹을 믿지 못해 매일 은행에 간다. 남들이 다 하는 모바일뱅크를 믿지 못하는 옆집 사람은 무서운 범죄를 저지른

흉악범 얼굴이 너무나 멀끔해서 흉악범을 동정하는 것과 같다.

잘못된 신념으로 다른 사람들에게 피해를 주는 것은 신흥종교를 믿는 사람들처럼 소통이 되지 않아서 스스로를 고립시킨다. 시인은 아마도 장애인에 대해 잘못된 편견을 갖고 있는 사람들도 올바르지 않은 인식으로 장애인을 무능력하게 만들어서 사회적 손실을 발생시키는 안타까운 현실을 신흥종교에 빗대어 말하고 있는 것은 아닐까?

서성윤의 시에서 살펴보았듯이 시인은 자신의 경험을 시어로 요리하여 사람들 앞에 성찬을 차려 놓았다. 처음 대하는 음식 앞에서 사람들은 약간 망설이게 된다. 과연 어떤 맛인지 모르기에 자신의 입에 넣는다는 것이 쉽지 않다. 하지만 조금 조금씩 맛을 보다 보면 그 깊은 맛에 자신도 모르게 시인이 차린 시의 성찬을 좋아하게 된다.

시인은 투박한 요리사이지만 적어도 장애인 문제를 풀어 보려는 진심으로 꾸준히 요리를 하면서 우리 사회의 변화를 이끌어 내려 노력하고 있는 경험시의 실천자이다.

📘 참고자료
2025년 구상솟대문학상 공모의 서성윤 응모작품 10편

공장노동자에서 시인까지 박정숙의 오디세이[1]

박정숙은 1960년 인천에서 태어났고 서울, 강원도, 경상도에서 조금씩 살다가 경기도 문산에서 서울로 도망쳐 와서 여기저기 돌아다니다 40년을 서울 대학로에서 살고 있다. 그녀는 고향이 어디냐고 물으면 할 말이 없다. 고향이란 따스하고 아름다운 기억으로 가득하기 마련인데 그런 추억이 있는 곳이 없기 때문이다.

1. 소아마비 소녀에게 닥친 폭풍

아주 어렸을 때 홍역에 걸렸는데 그때 소아마비 바이러스가 침입했다. 시간이 지나 홍역은 나았지만 온몸이 흐느적거렸다. 네 살까지는 일어서지도 못하였다. 소아마비가 그녀의 두 다리를 마비시켰던 것이다. 어린아이가 홍역과 소아마비와 싸우고 있을 무렵 엄마가 많이 아팠다. 어느 날 외할 아버지가 와서 엄마를 데리고 갔고, 그 이후 엄마는 돌아오지 않았다고 나중에 아버지한테 들었을 뿐 엄마에 대해 아는 것이 전혀 없다. 엄마 얼굴도 모르고 생사조차도 알지 못한 채 성장했다.

새엄마가 들어오고 동생이 두 명 생겼다. 아버지는 돈이 없어서 항상 우리에게 미안해했다. 아버지는 첫 자식인 정숙에게 애틋한 마음이 있었다. 초등학교를 마치고 중학교에 입학했을 때 아버지는 이런 말씀을 했다.

1) 이 내용은 한국장애예술인협회에서 2025년 발간한 『솟대평론』 VOL. 17에 게재된 방귀희의 글이다.

당시 공부 잘 하는 여성 장애인들이 대학에 진학할 때 약대에 많이 간다는 것을 아버지는 알고 있었던 것이다. 그렇게 약사의 꿈을 가슴속에 담고 있을 때 느닷없이 가족회의가 열렸고, 집안 어른이신 큰아버지 이하 모든 어른들이 모여 앉아서 장애인은 공부해도 소용없으니 기술을 익힐 수 있도록 공장에 보내기로 결정하였다. 정숙의 의사는 물어보지도 않고 그렇게 간단히 정숙의 미래를 정해 버렸다.

정숙의 편을 들어줄 사람은 단 한 명도 없었다. 가난한 아버지는 말없이 그 결정에 동조했다. 아버지도 딸을 약사로 만들고 싶었을 것이다. 하지만 아버지는 딸의 뒷바라지를 해 줄 수 없는 상황이었다. 정숙이 계속 공부를 하겠다고 고집을 부리자 농약을 들고 들어와서 같이 죽자고 했다. 어린 나이였지만 죽음이 무서웠다.

2. 살기 위한 야반도주

그날 밤 옷을 챙겨 작은 가방에 넣고 집을 몰래 빠져나왔다. 정숙은 양하지마비였는데 오른쪽 다리가 심하고 왼쪽 다리는 힘이 약간 있어서 오른쪽에 목발 하나를 짚으면 천천히 걸을 수 있었다. 그때 살던 곳이 경기도 문산 외딴집이어서 과수원이 끝없이 펼쳐져 있고, 낮은 산 하나를 넘어야 서울로 가는 기차를 탈 수 있었다. 아직 10대이고 힘없는 가는 다리는 걸어도 걸어도 제자리였다. 그래도 멈추지 않았다. 아버지가 깨기 전에 서울로 가야 했기 때문이다.

그런데 기차를 타려면 돈이 있어야 해서 기차삯을 얻기 위해 시내에서 장사를 하고 있는 친척 집에 갔다. 그곳에서 500원을 얻어 들고 서울로 가는 기차에 몸을 실었다.

당시 정숙은 라디오를 많이 들었는데 무작정 상경하여 온갖 고생 끝에 성공했다는 사연들이 소개되어 그녀도 서울로 가기로 결심했을 뿐 서울 어디로 가야 할지도 몰랐다. 서울역에 내린 정숙은 눈에 바로 띄는 파출소로 들어갔다. 학교에서 배우기를 위험에 처했을 때 파출소에 가면 안전하고 잘 도와준다고 했기 때문이다.

어린 정숙이 기술을 배울 곳으로 데려다 달라고 하자 경찰 아저씨들은 집이 어디냐고 물으며 집에 데려다주겠다고 했다.

"저 집이 없어요. 나는 부모도 없다니까요."

당시는 전화도 없고, 신분증도 없고, 지문으로 가족을 찾던 시기도 아니어서 정숙은 부녀보호소로 보내졌다. 경찰은 그곳에서 열흘 정도 있으면서 가족들이 찾아오기를 기다리는 듯했지만 아버지는 다행히 실종신고를 하지 않으셨기에 그녀는 무사히 무연고자가 되어 기독교 단체에서 운영하는 은혜원으로 보내졌다. 그녀는 그곳에서 양재 학원에 다니면서 양재 기술을 배웠다. 1년 반 동안 재단과 미싱 기술을 배운 후 직장 생활을 시작했다.

3. 공장 노동자 시절의 자존감 지키기

양재 학원을 나오면 의상실에서 일하게 될 줄 알았는데 그녀는 봉제공장으로 갔다. 20년 동안 공장을 전전하며 공장 노동자로 일을 했다. 물론 사이사이 작은 의상실에 있다가 패션회사에도 가 보고 쫓겨나면 전자부품을 조립하는 공장도 다니면서 쉬지 않고 일을 했다. 장애인이다 보니까 정당한 대우를 받지 못할 때가 많았는데 그럴 땐 싸우며 투쟁했다.

그녀는 자기가 무시를 당하지 않기 위해서는 배워야 한다는 생각으로 교회에서 운영하는 야학에 다니며 공부를 했다. 배우면서 꿈을 갖게 되었다. 방송통신대학교 국문학과에 들어가겠다는 목표를 세우고 열심히 공부하면서 자존감을 키워 갔다.

4. 결혼과 검정고시로 인생 역전

같은 공장에서 일하던 남자가 정숙에게 사랑을 고백했을 때 그녀는 그 사랑을 거부하지 못하고 결혼을 했다. 결혼 후 집에서 미싱 일을 했다. 남편이 작은 공장을 운영할 때는 공장에 가서 같이 일을 했다. 그러면서 아이 둘을 낳아 어느덧 정숙에게 가족이 있는 따스한 가정이 생겼다.

그즈음 그녀는 공연 엔터테인먼트 회사에서 회원과 홈페이지를 관리하며 공연 줄거리를 작성하고, 공연 리뷰 등을 정리해서 올리는 일을 했다. 미싱을 돌리는 대신 컴퓨터 앞에서 문건을 작성하는 일을 하면서 자기 생각을 틈틈이 짧은 글로 쓰게 되었다. 바로 시(詩)였다.

시에 대해 알고 싶어서 시인 모임에도 나갔는데 시 동인들의 첫 질문이 '어느 대학 나왔느냐?', '국문학을 전공했느냐?'였다. 정숙이 '학교 안 다녔는데요.'라고 대답하면 슬그머니 시선을 돌리면서 더 이상 말을 걸지 않았다. 시를 쓰는 데도 학력의 벽이 있었다. 육아로 잠시 접어 두었던 공부에 대한 열망이 다시 솟구쳐 올랐다.

야학을 찾다가 장애인 야학이 있다는 것을 알았다. 출산 후 몸무게가 늘어나서 계단을 오르내리는 일이 힘들었는데 2013년에 찾아간 노들장애인 야학은 정숙의 이동의 어려움을 말끔히 해결해 주는 천국이었다.

그녀는 그곳에서 공부를 하며 초, 중, 고등학교 과정 검정고시를 1년 안에 모두 패스하는 뛰어난 실력을 발휘했다. 물론 초등학교는 졸업했지만 재학증명서가 필요했기 때문에 그냥 시험을 봤던 것이다. 그때 박정숙 나이 58세였다. 그녀는 밤늦게까지 족집게 과외처럼 검정고시를 도와준 야학 교사들의 덕이라고 고마워하였다.

고등학교 졸업 자격을 취득하고 사이버대학교 기독교상담복지학과에 입학을 하였지만 일과 병행하기가 힘들어서 학업을 마치지 못하였다.

5. 대학로에서 시작한 새로운 인생

정숙은 그때부터 대학로에 살고 있다. 노들야학이 대학로에 있기 때문이다. 그녀는 현재 (사)노란들판에서 장애인 활동지원 서비스 제도에 따른 활동지원사 교육을 담당하고 있다. 박경석이란 걸출한 장애인계 지도자 덕분에 그녀는 장애인 인권운동 활동가가 되었다. 모든 장애인이 투쟁가가 될 수는 없지만 장애인에 대한 차별을 뼛속 깊이 느끼며 성장한 정숙으로 서는 외면할 수 없는 일이다.

남편은 정숙을 위해 서울에서 인천으로 20년 동안 출퇴근을 하고 있다. 교복을 만드는 회사에서 일을 한다. 정숙보다 한 살 어리지만 그래도 60대 중반인데도 일을 하고 있어서 얼마나 고마운지 모른다. 딸은 결혼을 했고, 네 살 아래 아들은 공부를 하고 있다.

부부가 열심히 일을 하는 데도 아직도 전셋집에 산다. 하지만 그녀는 불만이 없다. 아이 둘을 키웠고, 지금까지 할 일이 있다는 것이 그저 고맙다. 더군다나 시집 〈통증일기〉를 출간하여 사람들이 자기를 시인이라고 불러주어 자존감이 상승하고 있다.
장애인은 가족과 사회에 폐만 끼치는 쓸모없는 잉여인간이 아니라 가정을 꾸리고 열심히 활동을 하는 생산적인 사람이라는 것을 증명해 준 우리 시대의 소박한 영웅이다.

6. 박정숙은 시인이다

시집 〈통증일기〉는 그녀의 65년 인생 서사가 담긴 모험 이야기이다. 시집 몇 장을 넘기면 '시인이 아니다'라는 시가 눈에 들어온다.

시인이 아니다

나는 시인이 아니다
다만
가슴에 불이 있을 뿐

시를 공부한 적도 없고
시를 쓰는 형식도 모른다

삶이 너무 뜨거워서

담고 있지 못해 토해 냈을 뿐

나는 시인이 아니다
다만
가슴에 강이 흐를 뿐

맞춤법도 다 틀리고
말도 어눌하다

흐르는 물이 어지러워
주저앉아 눈물 흘릴 뿐

나는 시인이 아니다

첫 행에서 박정숙은 "나는 시인이 아니다"는 선언을 한다. 가슴에 불이
있고, 삶이 너무 뜨거워서 담고 있지 못해 토해 냈을 뿐이라고 하였다. 또
한 가슴에 강이 흐르고 있는데 그 물결이 어지러워서 주저앉아 눈물을 흘
리는 것뿐이라고 하였다. 그러니까 그녀의 시는 가슴속에 있는 열정과 아
픔의 표출인 것이다. 그것들이 없었으면 그녀의 시는 탄생하지 않았을 것
이다. 그녀는 글을 통해 토해 내고 흘러내리게 할 줄 아는 시인임에 분명
하다.

다리에게

어느 누가
나만큼 종종거리며 살았다 한들
너만큼이랴

하고 싶은 것도, 할 일도 많았지만
너만큼 고단했으랴
고운 마음 키워 주지 못한 것이
누구 탓이든

오늘을 주물러 내일을 간다

힘없고 하찮아도
인생길 어제와 오늘 또 내일

누군가
병신이라 내친다 한들
기어오를 오기 가진 것이
너 말고 또 있으랴

이제부터 필자는 그녀가 아닌 시인이라고 칭한다. '다리에게'라는 시는 자기애의 발로이다. 소아마비로 가느다란 다리는 그녀가 살기 위해 몸부림친 과정을 고스란히 지탱해 주며 이겨 냈다. 그래서 시인은 그 볼품없는 다리가 안쓰럽기도 하고 고맙기도 한데 사람들은 그 다리를 보고 장애인이라 낙인찍는다. 하지만 시인은 그 장애가 세상과 맞설 오기를 만들어 준 추동력이었다고 독자들에게 말해 준다.

반란의 이유

자정이 훌쩍 넘었다

눅눅한 어둠이 지하 공장에 퍼지고
하나둘 사열을 마친
형광등 아래 무거운 눈꺼풀은
사력을 다해 마지막 떨림을 잠재운다

블랙커피 한 잔과 박카스 한 병
배고픔도 잊고 잠도 잊었다
부어오른 다리로 밤새 미싱을 밟고
불꽃 날리는 재단 칼의 굉음은
온몸을 돌아 몽롱한 기억을 아득하게 한다

수십억의 뇌물이 오가고
무슨 무슨 커넥션 리스트가 오르내리고
명품 매장은 품절사태
삼백만 원이 넘는 밍크코트
세관 창고를 메우는 수백만 원짜리
양주, 골프채, 핸드백

지치지 않는 라디오는
밤을 지나 새벽까지
전설처럼 머나먼 이야기들을 쏟아 내고
여자는 미싱에 손가락을 박았다
사방에 흩어지는 핏방울
울지도 않는 여자는
손가락에
미싱 기름을 붓는다

그렇게 한 달을 일해도
그녀는 명품 가방 하나 들어 볼 수 없었다

시 '반란의 이유'는 공장 노동자로 일하던 시절의 서사이다. 몇 푼 벌기 위해 배고픔도 졸음도 참아 가며 미싱을 돌리다가 시인은 미싱에 손가락을 박아 핏방울이 사방으로 흩어지는 상황 속에서도 손가락에 약을 바르는 대신 미싱 기름을 상처에 붓고 다시 미싱을 돌리는 고단한 삶을 살았다.

그때 사회 지도층에서는 명품, 뇌물, 불법 등이 자행되고 있었다. 그래서 시인은 이유 있는 반란을 끊임없이 시도했던 것이다. 그녀는 비록 자신은 깨지더라도 우리 사회의 부조리를 작은 몸짓으로라도 항변하며 살았던 정의파이다.

당신이 내게 오던 날

젖은 신문지에 돌돌 말아 쥔
장미 향기 뒷짐져 숨기고

잠든 심장 기지개로
하품 뱉어 내 깨워 세수시킨다

웃음 주름 한가득 얼굴 빛나고
악수를 청하는 쑥스러운 첫인사에
선뜻, 손 내밀지 못하고
얼굴 붉혀 웃기만 한 것은

말하지 않은 속 사랑이
보일까 두려워
큰 웃음으로 대신한 것을
당신은 알지 못했었다

당신이 내게 처음 오던 날
사랑은 벌써 자리를 펼쳐 앉아
바구니를 열고 차를 끓인다

시 '당신이 내게 오던 날'을 읽으면서 벽에 걸린 수채화를 감상하는 듯 그 모습이 그려진다. 이 시가 박정숙 작품이 맞나 싶을 만큼 여성적이고 수줍움 가득한 순정 만화 주인공 같은 느낌이다. 시인도 사랑 앞에서는 무장해제가 된다는 것을 알 수 있다.

시인은 사랑의 자각을 "잠든 심장 기지개로/하품 뱉어 내 깨워 세수시킨다"고 표현하였다. 우리 사회는 여성 장애인을 무성(無性)의 존재로 만들었기에 사랑 세포가 잠을 자고 있었는데 당신이 잠에서 깨워 주어 하품을 하면서 기지개를 켜게 한다는 것은 숲속에서 잠든 백설공주에게 입맞추는 왕자를 떠올리게 한다. 그런데 시인은 이런 동화적 요소를 현실로 당장 끄집어 낸다. 바로 세수를 시킨다는 것이다. 사랑은 그녀 얼굴에 묻은 과거의 찌든 기억을 말끔히 씻겨 주었다.

당신에게

살아야겠습니다

스치는 겨울바람의 차가움이
귓불을 찢고 지나던 아침
등 뒤에 늘어진 그림자의
힘없이 굽은 어깨를 보았습니다

모르는 사이에 굽었을까요
분명 꼿꼿이 허리 세우고
어깨 펴며 살았던 것 같은데
꼬리표처럼 따라오는 세월이
힘겨웠던가 봅니다

열심히 살았습니다

처음
사랑을 만나
문간방에 보따리 살림을 펼쳐도
그 사랑은 배고픔을 지울 만큼
매일 매일
감동의 아침을 맞았습니다

사랑 하나만으로도 충분히 행복하며
새 가족을 선물받고
또 그 기쁨에 겨워
정말
힘든 줄 모르고 여기까지 왔습니다

아직 갈무리해야 할 것들이
산처럼 내 앞에 있지만
든든한 내 사랑은
"이젠 늙었나 봐."
한마디 던지며 해를 등져
얼굴 주름 한가득 웃음으로
사랑 보내며 행복해합니다

어느덧 희끗해진 정수리에
빈자리가 보이고
손끝 까시랭이 가실 날 없는
에미, 애비 되어
문득 돌아본 뒷자리가
밉지만은 않아서 참 다행입니다

반생을 넘어선 오늘
남긴 것도 가진 것도 하나
예쁘게 키 준 아이들뿐입니다

무엇을 하고 무엇을 위해 살았을까
돈도 없고 명예도 얻지 못했지요
지나온 그림자를 보며
후회해야 하나
위로해야 하나
생각할 것도 없이 보듬어 안으며
굽은 등 애썼다 토닥여 주렵니다

지금도
여전히 감동 주는 행복이 작은 방 안에 가득 차
둘이 아닌 넷이 되었으니
밑지는 장사는 아닌 게 분명하지요
행복은 평안함 속에 있습니다
평안함은 작은 감동이 주는
파동입니다

비록 빈 주머니일지라도
주먹을 펴면
그 안에 따뜻하게 숨어 있는
사랑이 있습니다

찬바람 추위 속에 주먹을 펴
사랑을 꼭꼭 담아

참고자료

다시
살며시 잡아 봅니다

시집 마지막에 놓은 '당신에게'라는 시는 그녀의 65년 인생이 고스란히 담겨 있고, 그녀가 얼마나 넓은 가슴을 가진 인간미가 넘치는 매력적인 사람인지 잘 나타난다.

첫 행에서 "살아야겠습니다"라고 외치며 독자를 긴장시킨다. 분명 꼿꼿이 허리를 세우고 어깨 펴며 살았던 것 같은데 힘겨웠던가 보라며 이제 노년기에 접어든 자신의 모습을 인식한다.

그리곤 이내 "열심히 살았습니다"라고 항변한다. 사랑을 만났고, 그래서 태어난 아이들이 주는 행복에 힘든 줄 모르고 여기까지 왔다고 설명하면서 돈도 명예도 얻지 못했지만 밑지는 장사는 아니라고 자신의 인생을 평한다. 요즘 뉴스는 온통 인생을 망쳐 버린 사람들 소식뿐인데 자기 인생은 밑지는 장사가 아니었다고 당당하게 말하는 그녀가 부러울 사람들이 많을 것이다. 그런 사람들에게 시인은 마지막 연에서 선물을 준다.

"비록 빈 주머니일지라도/주먹을 펴면/그 안에 따스하게 숨어 있는/사랑이 있습니다"

박정숙 시인은 자신은 시인이 아니라고 말하지만 〈통증일기〉에 담은 한 편 한 편의 글은 자신의 경험에서 우러나온 감정들을 걸러내고 또 걸러내어 맑디맑게 정제시킨 가장 귀한 생명수이다. 그녀가 글을 쓰지 않았다면 세상을 다 품을 수 있는 큰 가슴을 갖지 못했을 것이다.

박정숙은 우리 시대가 낳은 대인(大人)이다. 아마 다시는 이런 경험으로 〈통증일기〉를 쓰는 시인은 나타나지 않을 것이다. 그래서 〈통증일기〉는 우리 시대의 필독서라고 생각한다. 그녀가 시를 통해 자신의 이야기를 했기에 사람들의 마음을 움직일 수 있었다는 것을 생각할 때 역시 장애인문학의 역할은 위대하다.

참고자료
박정숙(2025), 〈통증일기〉, 끌레마

한 자 한 자 목각을 하듯 시를 탄생시킨 한미순[1]

  1981년은 한국의 장애인들에게는 큰 변곡점이 된 시기이다. 언론에서 공개적으로 장애인이란 존재를 부각시키기 시작했기 때문이다. 그 증거로 1981년 4월 13일 장애인의 날인 4월 20일을 일주일 앞두고 장애인 대상 프로그램인 〈내일은 푸른 하늘〉이 KBS1라디오에 데일리로 편성되었다.

  당시 필자는 휠체어를 타고 동국대학교를 수석으로 졸업했다고 신문에 소개되어 KBS 방송국 라디오 아침 프로그램에 출연했다가 〈내일은 푸른 하늘〉의 고정 코너를 맡게 된 것을 계기로 31년 동안의 방송작가 생활이 시작되었다. 본격적으로 방송작가가 되기 전에 스크립터 일을 하게 되는데 스크립터가 하는 일은 편지를 정리하는 일이었다.

  전국에서 날아오는 편지를 라면 박스에 넣어 집으로 가져와서 그 구구절절한 사연들을 밤새 읽으며 필자는 장애인의 현실을 알게 되었다. 필자는 편지 주인공들을 찾아가서 인터뷰를 하는 리포터 일이 매우 즐거웠다. 사실 휘발윳값 정도밖에 안 되는 보수였지만 감동을 준 사람들을 만날 수 있다는 기쁨이 컸다.

  가장 깊은 인상을 준 사람은 서정슬, 김옥진, 최영자 그리고 한미순이다. 모두 여성 장애인으로 남다른 사연을 갖고 인생을 아름답게 산 시인이다. 벌써 세 사람은 이미 세상을 떠났고, 한미순도 칠십이 넘었기에 앞으로의 날들을 장담하기 어렵다.

[1] 이 내용은 한국장애예술인협회에서 2026년 발간한 『솟대평론』 VOL. 18에 게재된 방귀희의 글이다.

하여 한미순의 시 세계를 리뷰해 보고자 한다. 한미순의 시를 이해하려면 그녀가 어떻게 살았는지 그의 생애사를 알아야 하기에 짧게 소개한다.

1. 행복과 불행의 줄다리기

충남 부여에서 1955년 출생한 한미순은 시골에서 중학교를 마치고, 갓 스무 살에 서울로 올라와 시계 공장에 다니면서, 가난 때문에 진학하지 못한 고등학교와 대학 과정을 혼자 힘으로 마쳤다^(방송통신대학교 초등교육과). 공부를 하자 생산직에서 관리직으로 발령을 받았다. 그녀는 퇴근 후 틈틈이 서예와 피아노를 익혀 교사가 부족할 때는 교습소에서 학생들을 지도하기도 했다.

1984년 서른, 결혼을 한 달 앞두고 당한 교통사고는 그때까지 그녀가 꿈꿔 온 삶의 목적을 완전히 깨부순 대형 재난이었다. 손가락 하나 까딱할 수 없는 전신마비인 데다 고아나 다름없는 가정사로 사면이 꽉 막힌 상황이었다.

그녀를 돌봐 준 사람은 교회 자원봉사자들이었다. 그녀는 뭐라도 해야 숨을 쉴 수 있을 것 같아서 입에 타자봉을 물고 타자기 버튼을 눌러 글을 쓰고, 입에 붓을 물고 그림을 그렸다. '구족화가'라는 것은 그녀에게 새로운 희망으로 다가왔다. 밧줄로 꽁꽁 묶인 듯 꼼짝도 할 수 없는 몸으로 오직 목을 움직여 입으로 글을 쓰고 그림을 그리면서 자유를 느끼게 되었다.

1989년 세계구족화가협회 정회원이 되어 매달 창작을 지원하는 스칼라십을 받으면서 경제적인 문제를 해결하게 되었다. 개인전, 구족화가 회원전과 초대전, 국·내외 단체전에 참여하며 화가로서의 자리를 굳혔다.

문학에 대한 열정도 커서 화폭에 담지 못한 이야기들을 글로 썼다. 1995년 대한민국장애인문학상 당선, 1997년 장애인고용 촉진공단 재활수기 우수상을 받으며 문학적 소양을 인정받았고, 시집 〈땅에서도 하늘을 살아요〉, 시화집 〈수묵화 필 무렵〉, 〈순종의 분량만큼〉, 수필집 〈내 안에 흐르는 강물〉 등을 펴냈다.

2. 한미순의 시 세계

1) 수용 과정에서 찾은 행복

달빛

없는 듯
살며시 와 계신 당신

죽어 있어도 죽음이 아니고
살아 있어도 죽음인 삶을
침묵으로 말하는 당신

없는 듯
살며시 와 계신
내 어머니 같은 당신

한용운의 시 '님의 침묵'처럼 한미순의 시에서 당신이나 님으로 표현되는 존재는 장애를 수용하는 원천이 된 기독교 신앙의 하나님이라는 것은 한미순 시인이 여러 차례 언급한 바 있다. 그런데 하나님이라고 드러내지 않은 것은 그녀가 추구하는 문학의 가치 때문이다.

살아 있어도 죽음과 같은 삶을 살고 있지만 그래도 살아야 한다는 것을 침묵으로 말해 주는 당신이 있다. 달은 밤에 뜨기에 낮에 뜨는 해처럼 환하지는 않지만 그래도 달빛은 어둠을 비춰 주기에 어둠 속에서 시인에게 달빛 같은 희망을 느끼게 해 주는 존재가 바로 당신인 것이다. 그 당신은 어머니 같은 존재의 원형이다.

선물

어디서 누가 보내신
선물일까

보이지 않으나
순수한 아름다움
느낄 수 있어요

잡히지 않으나
마음 안에 머무는
숨결이어요

돈으로 살 수 없는
값비싼 귀한 향유

사랑으로 만들고
사랑으로만 살 수 있어요

소롯이 번지는
생명일까
빛일까

시인이 받은 선물은 바로 생명이다. 그런데 시인은 생명을 보이지도 잡히지도 않는 형이상학적 이념으로 돈으로 살 수 없고, 사랑으로만 살 수 있는 고귀한 향유로 규정하였다.

생명 존중 사상이라기보다 생명이 있기에 할 수 있는 거룩한 인간의 본질이라고 해석할 수 있다.

꽃

전날에는 나도
현란한 세상 옷을 입고
꽃이라 불리었소

얼굴 간질이다 지나가는

바람의 허무에도
교만한 꽃잎 나풀거리며
고운 모습 치장하기 바빴더랬소

어느 날 태풍에 발가벗긴 후
슬프도록 잔잔한 고요
어느 뉘 꽃으로 보아 주는
끈적한 시선 없어
영혼은 씨앗으로 영글어 가오

골짜기 정적 속에
나 홀로 묻어 둔 가슴
가치와 소망으로 익어 가는 꿈

까맣게 사랑으로 불탄 마음
시들지 않는 영원한 하늘의 꽃
꿈이 있다오

시인은 자신의 건강했던 시절을 꽃에 비유하였다. 왜냐하면 그녀는 자신의 삶을 아름답게 가꾸어 가면서 발전해 가고 있었기 때문이다. 하지만 어느 날 예고도 없이 불어닥친 태풍으로 온갖 치장이 벗겨져 나가니 꽃으로 봐 주는 사람이 없지만 그래도 자신의 영혼은 씨앗으로 영글어 가면서 꿈을 키우고 있다고 시인은 자신의 건재한 자아를 드러내고 있다.

침묵

참으로 어처구니없으면
이유와 원인
따져 묻지 않습니다

완전한 사랑은

죽음처럼 고요한 것
따로 설명이 필요 없는
순백의 진실입니다

깊은 심연에
안으로 안으로만 출렁이며
잔잔히 여울지는
소리 없는 물결입니다

거르고 걸러 빛나는
익은 향기와 정화된 자세
금 같은 보석입니다

시 제목 '침묵'을 금 같은 묵직한 보석으로 은유한 이유는 자신의 침묵이
항변할 줄 몰라서가 아니라 순백의 진실을 깨달았기에 말할 필요가 없다.
자신에게 맞닥뜨린 장애라는 현실에 굴복하지 않겠다는 의지를 드러낸 것
이다.
장애가 생긴 후 주의에서 온갖 저주의 말을 쏟아 내는 사람들이 있었다.
'부모 말 안 듣고 집 나가더니 벌 받았다.', '공부한다고 온갖 잘난 척을 하
더니 꼴 좋다.' 등등 장애의 원인을 시인의 어떤 잘못에서 찾아내는 말들에
대해 그녀는 침묵으로 이겨 냈다. 그 결과 익은 향기와 정화된 자세의 삶을
살게 되었다.

가을 속삭임

그리움 젖어 물든
당신을 향한 마음
사랑으로 불타는
고운 단풍이어요

보고픈 아쉬움에
티없이 씻긴 순수
호수 되어 출렁이는
파아란 하늘이어요

꿈꾸는 기다림에
갈대숲 맴도는 사운거림
차마 돌아서다
못내 부여잡는
소슬한 바람이어요

함께 살아도
마음 떠난 열정보다
멀리 있는 보고픔에
눈물 흘리는
마음 안에 사는 진실
속살찐 행복이 더 좋아요

'가을의 속삭임'을 고운 단풍, 소슬한 바람, 속살찐 행복으로 연속적으로 치환해 나가면서 가을의 속삭임을 은유하였는데 단풍이라고 한 이유는 뜨거운 사랑 때문이고, 서늘한 바람이라고 하는 것은 아주 낮고 부드럽게 그리고 아주 미세하게 움직이는 사운거림^(살랑거림의 방언)으로 맴도는 기다림 때문이지만 마음 안에는 진실이 있기 때문에 속살은 튼실한 행복이라고 하였다.

이상 소개한 5편은 한미순이 1990년에 내놓은 첫 시집 〈땅에서도 하늘을 살아요〉에 실린 작품인데 그녀는 사고 후 목 아래로는 감각이 없는 사지마비 속에서 빼앗긴 육체의 자유를 정신의 자유로 대치해 나가려는 노력을 하며 장애를 받아들이는 수용 과정에서 찾은 행복을 노래하고 있다.

2) 성숙한 여인의 향기

거미줄

외로울 때 그리움을
배고픔엔 소유를

목마른 가슴에서
갈증의 실을 뽑아
보일 듯 말 듯
욕망을 얽어매어

땀 흘리며 땀 흘리며
거미줄 같은
꿈을 펼치고 살아간다

쫓기는
성취욕에 눈 가리워
무작정 바삐 날다가
스스로 덫에 걸려
결박되어 포로된 슬픔

이기심은
어리석은 구속인 것을
허기진 고독인 것을

차라리
있는 그대로 감사한다면
기도의 줄을 타고 안겨 오는
넉넉한 사랑

필자는 이 시를 한미순의 대표작으로 꼽고, 장애인문학의 정체성이 잘 드러난 최고의 작품으로 판단한다. 외로울 때는 그리움이, 배고픔에는 소유의 욕망이 차오르는데 그럴 때면 갈증의 실을 뽑아 보일 듯 말 듯한 욕망을 얽어서 거미줄 같은 꿈을 펼치고 살아간다고 하는 시구는 많은 독자들이 공감을 할 것이다. 사람은 누구나 그리움과 소유욕에 목마름을 갖고 살아가기 때문이다.

시인은 쫓기는 성취욕에 앞뒤 가리지 않고 무작정 바삐 살다가 스스로 덫에 걸려 결박된 포로의 슬픔 속에 빠져 버렸다고 반성한다. 이런 반성을 통해 이기심은 어리석은 구속이고 허기진 고독임을 깨닫게 되었다.

시인의 성취욕을 향한 비행(飛行)은 장애로 인해 꺾였지만 시인은 그것이 나락으로 떨어지는 불행이 아니라 새롭게 찾은 행복이라고 말한다. '차라리 있는 그대로 감사한다면 기도의 줄을 타고 안겨 오는 넉넉한 사랑'이라고 하여 장애로 잃은 것도 있지만 넉넉한 사랑을 얻었다고 한다.

장애라는 상황을 있는 그대로 받아들이니까 기도의 줄을 타고 사랑이 안겨 왔다는 시구는 아주 명징한 은유로 독자들을 사로잡는다. 이 시는 시구 하나하나 군더더기 없이 정갈하여 시를 되새길수록 깊은 맛이 우러나온다.

다시 채워지는

모두를 잃어버린 후
없어진 슬픔보다도

잃기 전의 내가
그대로 남아 있을 때
못 박은 아픔으로 울었습니다

다시 채워지는
기쁨을 위하여

먼저
자신을 비우는
지혜가 필요했습니다

내 안에
내가 없고 비어 있어야만

빛으로 오시어
하늘을 안겨 줄 수 있는
당신의 사랑이기 때문입니다

　장애로 인해 잃어버린 슬픔보다 잃기 전에 못 박힌 아픔으로 울었지만 다시 채워지는 기쁨을 위해서 비우는 지혜가 필요했다는 자신의 경험을 알려준다. 내 안에 내가 없어질 만큼 싹 비워야만 당신의 사랑이 찾아온다는 것도 말해 주고 있는데, 시인이 이토록 비움을 강조하는 것은 욕심과 욕망이 조금이라도 남아 있으면 언제 고개를 들어 자신을 괴롭힐지 알 수 없기 때문이다.
　시인은 먼저 비워야 다시 채워지는 인생의 순리를 체득한 성숙미로 더욱 단단해진 듯하다.

님 생각

아직 뵈 온 적 없지만
이미 마음 안에
오신 님

금 같은 시간들을
한 움큼 덜어가도
아까워서
빗장 걸고 싶지 아니한
얄미운 우리 님

시린 가슴 한편에
생각으로 엮어 만든 꽃방석
성큼 들어와 앉으시면
어느새 감도는
훈훈한 향기

세월 밖으로 뛰어나와
혼자서도 둘이 하는
바보스런 숨바꼭질

가위 바위 보
보고 싶어 찾고 찾는
날마다 술래잡기

여기에 나오는 님은 밀고 당기는 보통의 연애처럼 장난기가 있다. 님은 금 같은 시간을 한 움큼 덜어 가지만 마음의 문을 걸어잠글 수 없는 얄미운 님이다. 시린 가슴을 엮어서 만든 꽃방석에 님이 앉으면 따스한 향기가 돌아서 시린 가슴을 녹여 준다. 그런 님과 숨바꼭질을 날마다 하는 것은 보고 싶고, 찾고 싶은 그리움 때문인데 님의 실체가 무형이기에 '혼자서도 둘이 하는 바보스런 숨바꼭질'이라고 하였다.

시 '님 생각'에서 보여 준 사랑은 그리움으로 가득한 애잔한 설레임으로 님을 기다리게 만든다.

바다가 되어

하늘 담겨진
깊고 넓은 가슴되어
나는 없고
은혜로 출렁이는
자유로움을 누리고 싶습니다

밤이나 낮이나

파도치는 그리움
하얀 거품 순수로 펼치며
끊임없이 사랑을 고백하는
푸르고 신선한 가슴 안에
첫사랑을 간직하고 싶습니다

인내로 얻은
진주 품은 가슴으로
육중한 삶의 배를
거뜬히 수면 위에 띄우는
장성한 어른이고 싶습니다

시인은 바다가 되고 싶다고 했다. 하늘을 담을 수 있을 만큼 넓고 깊기 때문이다. 바다는 밤이나 낮이나 쉬지 않고 파도치는 그리움으로 하얀 거품을 뿜어내는데 그 모양이 끊임없이 사랑을 고백하는 듯이 보여서 시인은 바다가 되고 싶은 것이다. 그리고 육중한 삶의 무게가 담긴 배를 띄워 줄 수 있는 어른 같은 바다가 되려는 것이다.

시인은 진정한 어른은 인내로 얻은 진주를 품은 가슴으로 모든 것을 품어 줄 수 있는 넓고 깊은 마음을 가진 사람으로 정의하면서 자신이 바로 그런 어른이 되고 싶다고 하였다.

봉숭아

울 밑에 두 손 모아
간절히 기도하는
밤마다 이슬 머금고
욕심 없이 크는 사랑아

설레임도 죄인 양
얼굴 붉힌 부끄러움

간직한 혼자만의 비밀 있어
살포시 웃고 있지요

작고 단단한
손톱만한 죄스런 가슴을
사모의 실로 묶은
피로 물든 그리움아

으깨지고 짓이겨져도
잠잠히 아름다움 물들이는
한 조각 후회 없을
행복한 아픔이지요

까맣게 익은
못다한 사연일랑
마음 안에 숨겨 둔 채
날마다 숨쉬는 기다림아

그림자 지나쳐 가는 길에
눈빛만 스쳐도
후다닥 기쁘게 열어 보일
마지막 고백이지요

시 '봉숭아'에는 시인의 여성 정체성이 잘 드러난다. 봉숭아 꽃은 울타리 아래에서 나지막하게 피는 꽃인데 빨간색 꽃으로 손톱에 꽃물을 들인다. 어린 시절 손톱에 꽃물을 들이고 싶어서 두 손 모아 꽃이 활짝 피기를 기다리는 동심이 1연에서 잘 나타난다.

2연에서 혼자만의 비밀은 첫사랑에 대한 소망일 것이다. 첫눈이 왔을 때 봉숭아 물이 손톱에 남아 있으면 첫사랑이 이루어진다는 말이 믿음이 되었기 때문이다.

3연과 4연은 봉숭아 물을 들이는 모습을 그렸는데 4연에서는 봉숭아 꽃이 화자가 된다. '으깨지고 짓이겨져도 잠잠히 아름다움 물들이는 것은 행복한 아픔'이라고 하여 봉숭아꽃에게 미안한 아이의 여린 마음이 드러난다.

5연에서는 열 손가락 끝을 봉숭아 잎사귀로 감아서 실로 꽁꽁 묶어 놓고 물들여지기를 기다리는 과정을 묘사하였고, 마지막 연에서는 꽃물이 잘 들었는지 열어 보며 첫사랑의 소망을 비는 고백으로 마무리를 하였다.

짧은 시 속에 동심과 사춘기 소녀의 설레임이 들어 있어서 한 편의 그림 동화를 읽는 듯 많은 이야기를 들려준다.

위 시들은 1993년 한미순이 발표한 〈수묵화 필 무렵〉에 실려 있다. 첫 번째 시집보다 훨씬 성숙한 여인의 향기가 느껴지고 장애를 수용하는 성숙한 인간미가 드러나서 시인의 편안한 삶을 엿볼 수 있다.

참고자료

한미순(1990), 〈땅에서도 하늘을 살아요〉, 예찬사
한미순(1993), 〈수묵화 필 무렵〉, 한국밀알선교단 출판부

별나라에 사는 어린 왕자 김대원

내가 어둠이라면 당신은 별입니다

김대원

내가 수라면
당신은 수틀이예요

나는 아름다울 수 있지만
당신 없인 안 돼요

내가 어둠이라면
당신은 별입니다

당신은 빛날 수 있시만
당신은 나 없이는 못해요

우리는 따로 떨어져서는
아름다울 수 없습니다

_27회 구상솟대문학상 수상작(2017)

If I am Darkness You are the Stars

Kim Dae-won

If I am an embroidery,
you are my frame.

I can be beautiful,
but not without you.

If I am darkness,
you are the stars.

You can shine brightly,
but not without me.

When we are apart,
we cannot be beautiful.

1. 김대원의 삶

1) 시인 소개

김대원은 1969년 10월 17일 건축사 김원석, 교사 김태순 사이의 첫아이로 태어났다. 부모가 전문직 직업을 가진 중산층으로 유복한 가정이었다. 청운초등학교에 입학했을 때만 해도 그는 아주 해맑고 영리한 아이였다. 이미 두 명의 동생도 있던 터라 의젓한 모습을 보였다. 보통 아이들과 다름없이 성장해 갔다. 그런데 초등학교 6학년 때 아이가 자꾸 넘어졌다. 어머니는 하도 이상해서 큰 병원을 찾아가 정밀 검사를 하였다.

병원에서는 운동신경에 문제가 있다며 증상을 좀 더 지켜 보자고 하였다. 하지만 부모 마음은 조급했다. 그래서 병원 외에 한의원, 민간요법 등 좋다고 하면 전국을 찾아다니며 안 해 본 것이 없었다. 그래도 아이는 정상적으로 학교생활을 하였다. 중학교 3학년 때 보통 때처럼 한약을 먹었는데 토하며 쓰러졌다. 서울대학병원 응급실에 가서 위를 세척하고 입원을 하였다. 그때 진단 결과는 머리카락에서 기준치 이상의 수은이 발견되었다는 것이었다.

아마도 한약에 수은이 많이 들어 있어서 수은 중독이 된 것 같았지만 병원에서는 정확히 말해 주지 않았다. 정확한 원인을 밝히기 위해 일본에 있는 병원에 갔었는데 그때 들은 얘기는 혈관 속 산소 부족으로 온몸에 마비가 올 것이고 자발 호흡도 곤란해져서 생명이 위험해진다는 사망 선고나 다름없는 진단을 받았다.

그런 최악의 상황은 오지 않을 것이란 희망을 갖고 고등학교에 진학하였고 천천히 걷기는 해도 혼자서 학교에 잘 다녔다. 건강이 좋지 않아서 대학 입시 준비를 열심히 할 수는 없었지만 그래도 미래를 향해 한 걸음씩 앞으로 나가고 있었다. 그러다 충암고등학교 3학년 여름방학에 폐렴이 왔다. 면역력이 떨어져서 감기에 걸려도 비상이 걸렸는데 폐렴은 위험한 신호였다. 한동안 병원에 입원해 있었는데 이번에는 다시 일어나지 못하고 휠체어에 몸을 의지하게 되었다. 그때가 1987년 겨울이었다.

서서 찍은 사진은 중학교 졸업 사진이 마지막이었고, 고등학교 졸업식에는 참석을 하지 못하였다. 그리곤 더 이상 사회 속으로 들어갈 수 없었다.

숨을 쉬기 위해 인공호흡기가 필요했고, 식도, 기도, 성대가 마비되어 대화를 자유롭게 나누거나, 음식을 편안히 먹을 수 없었다. 기도가 막히면 생명을 잃게 되기 때문에 어머니는 밤에도 아들의 숨소리를 확인하느라고 깊은 잠을 자지 못하였다. 집에 석션기를 몇 대씩 비치해 놓고 그릉그릉 소리가 나면 기도를 뚫어 주어야 했다.

부친은 회사를 경영하고 모친은 대학교수로 발전해 갔지만 아들은 그렇게 장애인이 되었다. 김대원은 치료가 계속 필요한 상태이다. 그래서 월요일부터 금요일까지 진료 과목만 달리하며 서울대학병원에 다녔다. 모친이 가끔 첫아들을 대학에 보내지 못한 것을 한탄하면 그는 웃으며 '엄마, 나는 서울대학에 다니는 걸요.'라고 엄마를 위로했다.

남들은 그를 그저 평생 병원 치료가 필요한 중증의 환자라고 생각하고 있었지만 그는 혼자서 시를 쓰며 시인이 될 준비를 하고 있었다. 1992년 첫 시집 〈혼자라고 느껴질 땐 창밖 어둠을 봅니다〉에 실린 두 분의 축하 글이 눈에 띄인다.

성당에 오지 못해 집으로 찾아오던 양권식 신부는 '우린 언제나 좁은 방 안에서 만났지. 하지만 너의 자리는 좁지 않았어. 이미 넉넉할 수 있고, 진지한 몸짓으로 비밀스런 은유의 노래를 하는 넌 순수한 시인인 것 같애.'라고 김대원이 얼마나 깊은 자기 성찰을 하고 있었는지 알려 주었다.

그리고 서울대 이비인후과 김광현 교수는 그의 상태에 대해 좀 더 세밀히 설명한다. 1987년 호흡곤란으로 기관절제술을 한 상태여서 양측성대마비로 호흡 및 발성장애를 갖고 있고, 뇌의 광범위한 손상으로 운동기능이 손상되어 중증의 장애를 갖고 있지만 진료실에 들어오면서 항상 환하게 웃으며 뚫린 목 부위를 막으며 '안녕하세요.'라고 인사를 건네는 친절한 환자라고 하였다. 시집을 낸다는 소리를 듣고 깜짝 놀랐다며 내면의 정신세계를 성숙시킨 것은 그의 노력 때문이라고 그가 얼마나 자기와의 싸움을 치열히 했는지에 감탄하였다.

아버지는 건축가, 어머니는 공예가, 여동생은 음악가, 남동생은 컴퓨터 전문가 이렇게 쟁쟁한 집안에서 김대원은 시인으로 성장하였다. 우리나라 유일의 장애인문학지 『솟대문학』이 그가 시인이 될 수 있는 글밭을 마련해 주었다. 그는 정말 열심히 시를 썼다. 그 시들을 어머니는 시집으로 만들어 주어 7권의 시집을 발간하였고, 2000년도에는 『시대문학』 신인상을 받으며 문단에 정식으로 데뷔하였다. 그는 특히 2011년 『솟대문학』 창간 20주년에 '솟대문학을 빛낸 얼굴'로 선정된 것을 자랑스러워한다. 그 선정 패에 이렇게 새겨져 있다.

'하루 일상이 시로 시작하여 시로 마감하는 시인으로서의 생활을 몸소 실천하며 솟대문학의 의미와 가치를 살리는 역할을 하였기에 솟대문학 20주년을 맞아 솟대를 빛낸 얼굴로 선정합니다.'

『솟대문학』은 시인이 꿈을 키우기에 아주 적당한 환경이었다. 일반 문단에서 요구하는 학연도 필요 없고, 소속도 요구하지 않았다. 오로지 순수한 영혼이 빚은 시어들로 평가를 받을 수 있었기 때문이다.

이렇게 행복한 글쓰기를 하고 있을 때 부친이 2011년 뇌경색으로 쓰러졌는데 20일 후 뇌출혈이 다시 와서 의식을 잃고 식물인간 상태가 되었다. 위층에는 아들이 아래층에는 아버지가 중증의 장애인이 되었다. 두 명의 환자를 보살피는 것은 오롯이 어머니의 몫이었다. 모친은 대학에서 명예교수로 남아 주기를 원하였지만 가족을 위해 그 어떤 보직도 맡지 않고 가족을 위해 자신을 희생하였다.

그 시절 김 시인도 암울하였다. 매주 찾아와 재롱을 부리던 조카들도 유학을 갔고, 능력 있는 동생들은 각자 자기 길을 가기 바빴다. 게다가 그에게 신앙과도 같았던 『솟대문학』이 2015년 말에 어처구니 없는 블랙리스트 사건으로 폐간되면서 시인은 큰 충격을 받았다. 『솟대문학』은 그의 삶의 목표였기 때문이다.

2017년 구상솟대문학상 수상자로 선정되고 더군다나 『솟대문학』의 부활(『솟대평론』 창간)로 그는 다시 희망을 찾았다. 시인으로 기억되고 싶다는… 김대원 시인은 지금 건강이 좋지 않다. 고혈압, 지방간, 피부염 등 오랜 투병 생활로 이런저런 합병증이 나타나고 있다. 어머니도 아들의 오랜 병수발과 4년 동안 남편까지 병간호를 하느라고 몸과 마음이 지쳐 있을 때 아들의 수상 소식을 듣고 기뻐하면서도 '우리 아들이 상을 받으면 더 어려운 장애시인들에게 죄스러운데….'라며 말을 흐렸다.

시상식은 발행인이 직접 집을 방문하여 전달하기로 하고 허락을 받을 정도로 시인은 대중 앞에 나설 형편이 못된다. 어머니는 아들의 수상을 허락하고 바로 목소리가 밝아지면서 의논을 하였다.

"이제 마지막 시집이 될 텐데 여덟 번째 시집을 솟대에서 만들어야겠네요. 사실 한 장 한 장 모아 놓은 시들이 꽤 많아요. 내가 정리할 줄도 모르고… 이번 기회에 시집을 내주어야겠네요. 정말 잘 됐어요. 고마워요."

김대원 시인에게 구상솟대문학상은 중증의 장애로 존재감을 드러내지 못했던 안타까운 삶의 훈장이 될 것이다.

2) 장애인문학의 꽃

경향신문 2014년 11월 28일자 신문에 실린 필자의 칼럼 '가슴 시리도록 착한 저항시'로 김대원 시인의 구상솟대문학상 수상작의 의미를 살펴본다.

12월 3일은 유엔이 정한 세계장애인의 날이다. 왜 유엔은 세계장애인의 날을 정했을까? 그것은 이 지구상에 장애라는 이유로 차별과 배제의 대상이 되고 있는 장애인의 인권 현실을 개선해야 한다는 것을 국제적인 이슈로 드러내기 위해서이다. 우리는 장애인의 인권 확보를 위해 수많은 장애인들이 온몸으로 가열차게 저항을 하였다. 올해는 가슴 시리도록 착한 저항시로 세계장애인의 날의 의미를 되새기고자 한다.

내가 수라면/당신은 수틀이예요//나는 아름다울 수 있지만/당신 없인 안돼요//내가 어둠이라면/당신은 별입니다//당신은 빛날 수 있지만/당신은 나 없이는 못해요//우리는 따로 떨어져서는/아름다울 수 없습니다//

이 시는 김대원 시인의 '내가 어둠이라면 당신은 별입니다'이다. 수놓은 듯이 아름답다는 표현을 하듯이 수(繡)는 아름답다. 그 아름다운 존재는 시인 자신이고 그 아름다움을 만들기 위해 꼭 필요한 수틀은 당신이다. 그런데 시인은 다음 연에서 자신을 어둠이라고 고백한다. 그러면서 수틀이던 당신을 별이라고 한다. 별은 수보다 더 아름다운 빛을 발하는 동경의 대상이고 보면 대단한 반전이다.

하지만 시인은 곧 당신은 나 없이는 빛날 수 없다고 하며 어둠인 내가 얼마나 필요한 존재인지를 인식시키고 있다. 자신을 아름다운 수에 비유했다. 정반대로 어둠이라고 한 시인의 정체를 이제 밝혀야겠다. 김대원 시인은 초등학교 3학년 때 발병한 희귀병으로 전신마비장애에다 언어장애까지 갖고 있는 중증장애인이다. 수십 년 동안 집안에서 세상과 단절된 채 살아가고 있지만 서정적인 시로 사람들과 순수한 소통을 하고 있다.

시인이 장애라는 정체성을 아름다운 수와 그 반대 개념인 어둠에 비유한 것은 절대적인 가치란 없고 모든 것이 상대적이며 인간은 혼자서는 살 수 없고 서로 도와야 비로소 아름다움을 발산할 수 있다는 것을 일깨워 주고 있다.

얼핏 보면 이루어질 수 없는 애틋한 사랑을 노래한 것 같은 이 시는 알고 보면 우리 사회를 향해 장애인에 대한 차별이 얼마나 큰 모순인가를 부르짖는 저항시이다. 불의와 맞서기 위해 혹은 자신의 요구를 관철시키기 위해 투쟁적인 언어들을 사용한 운동시와는 다르기에 금방 가슴을 치는 펀치력은 없지만 되씹어 볼수록 마음에 울림을 준다.

나는 당신 없이는 안 돼고 당신은 나 없이는 안 된다고 못 박아 장애인이라고 무조건 폐를 끼치는 의존적인 존재가 아니고 장애인과 비장애인은 상반된 역할을 서로 바꿔 가며 하면서 공존하고 있는 동등한 관계에 있음을 천명하였다. 장애인, 비장애인이라는 구분이 얼마나 어리석은지를 깨닫게 해 준다.

이토록 가슴 시리도록 착한 저항시 〈내가 어둠이라면 당신은 별입니다〉는 장애인문학의 백미를 보여 주는 작품이다. 장애라는 단어 한 마디 없지만 이 시가 장애인작가의 작품이기에 우리는 시어 한 마디 한 마디에 묻어 있는 장애에 대한 상징성을 발견할 수 있다.

그러면서 차별에 대한 저항을 완곡하게 표출해 내고 있고 차별을 극복할 수 있는 방법까지 제시하고 있다. 이 시를 제대로 이해하는 사람들이 많아진다면 장애인계에서 주창하는 장애 해방에 기여할 것이고 장애인 인식개선 효과가 극대화될 것이다.

'내가 어둠이라면 당신은 별입니다. 당신은 빛날 수 있지만 당신은 나 없이는 못해요'라고 시인은 장애인이 우리 사회에서 중요한 역할을 할 수 있도록 수틀 같은 제도를 만들어 줄 것을 당부하고 있다.

아름다운 수와 반짝이는 별을 많이 보기 위해서는 장애인 복지라는 기반이 필요하다는 사실을 이렇게 서정적으로 표현할 수 있는 것이 장애인문학이기에 장애인문학에 대한 관심과 재평가가 필요하다.

신문에 김대원 시인에 대한 작품평이 실렸다는 지인의 전화를 받고 그 길로 바로 경향신문을 사서 읽으며 시인의 어머니는 가슴이 뛰었다. 당시 시인의 아버지는 식물인간 상태로 병상에 누워 있었다. 어머니는 가슴을 진정시키고 신문을 들고 남편에게 달려가서 큰 소리로 칼럼을 읽어 주었다. 이해를 하건 말건 꼭 알려 주고 싶었기 때문인데 그 무엇에도 반응을 보이지 않던 시인의 부친의 눈에서 굵은 눈물 줄기가 흘러내리는 것을 보고 남편의 마음을 알 수 있었다. 그제야 아버지는 아들이 시인이며 아들의 시가 세상을 밝히고 있다는 사실을 알 수 있었을 것이다.

4개월이 지난 후 시인의 아버지는 세상을 떠났다. 아들을 너무도 사랑했던 아버지는 오로지 아들을 회복시키겠다는 일념으로 부적절한 치료를 허용하여 아들이 그렇게 되었다는 죄책감을 갖고 있었다. 그래서 아무리 바빠도 아들과 시간을 보냈고, 은퇴 후에는 아들을 보살피는 일을 도맡아 하였다.

아들이 혼자서 시를 썼지만 그 누구도 그를 시인으로 알아주지 않았다. 옆에서 지켜보는 부모 입장에서는 그런 무관심에 마음이 아팠다. 그런데 아들을 시인으로 인정해 주는 글을 읽고 뜨거운 눈물을 흘린 후 안심이 된 듯 아버지는 아들을 지키고 싶어서 간신히 쥐고 있던 생명 줄을 편안히 놓을 수 있었을 것이다.

2. 김대원의 시 세계

1) 정체성을 노래하다

몽당연필로 시를 쓰면

아무리 짧아져도 연필은 연필
짧아졌다 해도
글씨도 쓰고 그림도 그린다

멋지게 깍지를 만들어
키를 늘리면
다시 늠름한 내 몽당연필

그런 깍지 하나 없는
쪼그라든 몸이지만
당당해지고 싶어
마음 곧추세우며
몽당연필을 집어

시를 쓴다

시로 인해
다시 늠름해진 나

요즘 아이들은 몽당연필을 보지도 못했을 것이다. 시인은 자신을 몽당연필에 비유하였다. 연필이 아무리 짧아도 글씨도 쓰고 그림도 그리는 등 연필이 하는 역할은 다 할 수 있듯이 자신도 지체장애와 언어장애로 사람들은 시인을 얕보지만 사람으로서 할 수 있는 것은 다 할 수 있다고 항변한다.

몽당연필을 깍지에 끼우면 다시 키가 커져서 늠름해지는 모습을 보며 시인은 부러워한다. 자신한테는 깍지 하나가 없기 때문이다. 그래도 당당해지고 싶어서 마음을 곧추세우며 몽당연필로 시를 쓴다. 자신은 시를 쓸 때가 가장 늠름해지기 때문이다. 시인으로서의 정체성에 자부심이 가득하다.

나의 세상

다른 이가 말하는
나의 세상은 작지만

내가 보는
나의 세상은
작지만은 않습니다

내가
꿈을 키우는 곳

내 작은 몸짓으로
채워지는 공간이 바로
나의 세상입니다

사람들은 사회활동을 하지 못하는 시인이 보고 있는 세상이 매우 제한적일 것이라고 생각하지만 시인의 세상은 작지 않다고 으스댄다. 자신의 작은 몸짓으로 채워지는 공간이 시인이 누리는 세상이지만 그곳에서 꿈을 키우고 있기 때문이다. 꿈의 크기만큼은 그 누구보다도 크다는 것을 시인은 은근히 자랑하고 있다.

바람에게

내가 묻기를
당신이 누구냐고 묻는다면
쓸쓸한
바람이라 하겠습니다

당신이 묻기를
그대의 모습이
무엇이냐고 묻는다면
한 조각의
산과 같다 하겠습니다

바람은 언제든
산을 찾아오지만
남기는 것은
자욱한 먼지뿐

산은 언제나
바람을 기다리지만
남는 것은
언제나 제 모습입니다

내가 묻기를 그리고 당신이 묻기를 하면서 서로 같은 방향성으로 정체성을 표현하는 방식이 시인의 장기이다. 나는 너를 쓸쓸한 바람이라고 규정하고, 나는 한 조각의 산이라고 규정한다. 바람은 산을 찾아오고 산은 바람을 기다리는데 바람이 남기는 것은 자욱한 먼지이고, 산은 언제나 같은 모습으로 그곳에 있어서 시인은 항상성, 나아가 영원성에서 자신이 더 유리하다고 주장한다.

2) 사랑을 노래하다

기다리며

입고 있는 몸을
아름답게 꾸미기만을 위하여
기다리는 것이
아닌데

괜스레
망설이고
그도 모자라
조금은 조바심 내고

그렇게
품에 안고 싶어
기다리고
달아나는 것이 두려워
기다리디 보니

기다리는
순간들이 모여서
아름다움으로
다시 태어나는 걸
잊고 있었습니다

시인은 적극적으로 다가가지 못하고 항상 소극적으로 기다린다. 기다림에도 단계가 있어서 처음에는 임을 맞이하기 위해 치장을 하고, 기다려도 오지 않자 조바심을 내고, 품에 안고 싶어 기다리다가 달아나는 것이 두려워지면서도 다시 기다린다. 기다려도 오지 않을 임이지만 기다리는 순간들이 모여서 아름다움이 된다. 이것은 기다림 자체가 사랑이 성숙되는 것임을 말해 준다.

들꽃사랑

작은 아픔은
더 큰 아픔에 의해
묻혀 버립니다

작은 기쁨도
큰 기쁨 때문에
기를 못 폅니다

내가
작은 것을 소중히 한다면
사람들은
믿지 않을 겁니다

그렇지만
나는
들꽃처럼 작은 것을
가장 소중히 여기는

그런 들꽃 같은
사람이 되고 싶습니다

작은 아픔은 큰 아픔에 의해 작은 기쁨은 큰 기쁨에 의해 묻혀 버린다.

세상 사람들이 큰 것, 센 것을 추구하지만 자신은 작은 것을 소중히 여긴다고 하면서 들꽃 같은 사람이 되고 싶다고 했다. 화려한 자태로 사람들의 시선을 끌지 못해도 들에 핀 이름 모를 들꽃으로 소박하게 살고 싶은 소망이 있는 것이다.

자연의 이름으로

당신이 있기에
내가
있을 수 있습니다

당신의 넓은 가슴
그 가슴에 안기어
노래 부르고 싶습니다

그 따사로운 가슴에
나의
모두를 맡긴 채

그 가슴의 일부로
영원을 향해
눈을 감고 싶습니다

내가
당신을 부를 때에
늘 그 자리에 있어 주는
당신이 그립습니다

나는
당신의 이름을
자연이라 부르고 싶습니다

이 시는 한마디로 자연과 인간의 아름다운 교감이다. 자연이 있기에 인간이 살 수 있고, 자연의 넓은 가슴에 안겨서 노래를 부르고 싶고, 자연의 일부로 눈을 감고 싶다고 하여 사람은 태어나서 살다가 죽으면 자연으로 돌아간다는 윤회 사상을 노래하고 있다.

자연은 언제나 그 자리에 변함없이 있지만 늘 자연이 그립다고 하면서 자연을 예찬하고 있다. 시인은 자연을 사랑하는 자연주의자이다.

3) 용감한 도전

새로운 길

처음 가 보는 길을
두려워만 하지 않으렵니다

그 길에도
햇살은 비출 것이고
여러 꽃들이
이 길을 꾸밀 것인데

바람에
조금 젖는다 해도
빗방울을
흠뻑 뒤집어쓴다 해도

두려움 없이
이 길을 가다 보면
내가 원하는 세상과
만날 수 있을 겁니다

시인은 장애 때문에 새로운 일에 도전하는 것을 두려워한다. 하지만 이제는 도전에 대한 의지를 밝힌다. 처음 가 보는 길에도 햇살이 비추고, 꽃길이 펼쳐질 것이라며 사람 사는 곳은 다르지 않을 것이라고 스스로를 안심시킨다. 때로는 바람이 불고, 비를 흠뻑 뒤집어쓰기도 하겠지만 두렵다고 멈추지 않고 앞으로 가다 보면 시인이 원하는 세상이 나타날 것이라는 희망을 갖고 있다. 이 희망이 도전의 원동력이 되는 것이다.

희망에 관하여

무엇이라 불러도 좋습니다

당신의 기대가 크다면
그것에 맞추어서

당신의 기대가 작다면
그것도 생각하겠습니다

그렇지만
희망을 버리진 않겠습니다

당신의 기대가 작다 해서
내 꿈을, 내 희망을
저버리진 않겠습니다

시인의 희망을 가볍게 생각하는 사람들을 향해 그것이 희망이든 기대이든, 욕심이든, 헛꿈이든 뭐라고 해도 좋다고 하면서 그런 타자의 시선에 굴하지 않고 희망을 버리지 않겠다고 다짐한다. 타자의 시인에 대한 기대가 작다고 자신의 꿈이나 희망을 저버리지 않겠다고 스스로에게 다짐하며 도전에 대한 강한 의지를 보인다.

나

지금의 나는
어제의
내가 아닙니다

오늘의 나는
앞으로 다가올
미래의
나도 아닙니다

그 모두가 하나이지만
때마다의 모습 하나 하나는
새롭고 밝고 싶습니다

시인은 '나'라는 존재가 더 이상 어제의 나약한 자신이 아니라고 하면서 오늘의 나는 미래의 노쇠해진 자신도 아니라며 오늘의 나에 방점을 찍는다. 사실 과거, 현재 그리고 미래의 시인이 모두 같은 사람이지만 그 순간 순간의 모습은 하나하나 새롭고 멋진 시인이고 싶다는 소망이자 의지이다. 타자의 눈에는 할 일 없이 똑같은 상태로 시간을 보내고 있다고 생각하지만 시인은 늘 새로워지려고 끊임없이 노력하고 있는 것이다.

김대원 시인의 대표작 '내가 어둠이라면 당신은 별입니다'를 비롯해서 10편의 시를 통해 시인은 아주 순수한 심성으로 세상을 바라보고 있다는 것에 주목하게 된다. 자신의 상황에 대해 분노해하거나 가족이나 사회에 대한 불만의 티끌 하나가 없다. 그래서 김대원 시인을 아는 독자는 그의 시를 허투로 볼 수가 없다.

사람들은 자신을 쓸모없는 몽당연필 취급을 하지만 시를 쓸 때는 당당해진다며 시인으로서 존재감을 키웠다. 시인은 밥을 먹듯이, 일기를 쓰듯이 시를 짓고 있다. 또한 기다리며 느꼈을 안타까움이나 기다려도 오지 않는 임의 존재에 아픔이 컸을 텐데 그것이 아름다움의 탄생이라고 하였다. 그러면서 인간의 사랑을 초월한 자연의 사랑으로 확장시킨다. 자연은 무한하기에 시인의 사랑에도 한계가 없는 것이다.

이런 과정을 거치면서 시인은 용감한 성인으로 성장한다. 초등학생 때 발병한 질병으로 가족들은 그를 여전히 어린아이로 생각하지만 그는 어느덧 장년이 되었다. 그래서 도전하며 자신을 새롭게 변화시키는 노력을 하는 것이다.

이렇게 생활화된 시인의 시 작품들은 김대원 시집 〈혼자라고 느껴질 땐 창밖 어둠을 봅니다〉, 〈밤하늘이 있기에 별은 더욱 아름답습니다〉, 〈즐거운 무대〉, 〈아주 작은 행복에 대하여〉, 〈그날을 위해〉, 〈그 별 가까운 곳에〉, 〈조금씩 비우다 보면〉, 〈내가 어둠이라면 당신은 별입니다〉 속에 고스란히 담겨 있다.

참고자료

방귀희(2017), 2017구상솟대문학상 수상자 김대원 특집, 『솟대평론』 VOL. 1. 한국장애예술인협회

살기 위해 시를 쓰는 황원교

1. 황원교의 서사(敍事)

1) 결혼식 1주일을 앞두고

황원교는 1959년 춘천에서 2남 2녀의 장남으로 태어나 1983년 강원대학교 산업공학과를 졸업하고 ROTC로 군 생활도 육군 포병장교로 임관하여 중위로 전역한 누구보다 건강한 대한민국 남자였다. 1985년 동아생명 인사부에서 직장 생활을 하면서 결혼식을 1주일 앞두고 결혼할 여자와 함께 고향에 계신 부모님께 인사를 드리러 갔다가 돌아오는 길은 행복이 가득했다. 자동차 안에 4명이 있었는데 모두 소풍 다녀오는 사람들처럼 들떠 있었다.

순간 자동차가 고속도로 가드레일을 박고 개천 아래로 굴러떨어졌는데 운이 없게도 물속에 있는 암반에 부딪힌 곳이 바로 그가 앉아 있던 뒷좌석이었다. 나머지 세 명은 걸어서 나올 정도로 경상이었지만 그는 경수 4, 5번 손상에 의한 전신마비장애를 갖게 되었다. 그때가 1989년 그의 나이 29세였다.

그 뒤 3년 동안 서울성모병원에서 살았다. 각종 합병증(급성폐렴·기관지염·심장부정맥·기립성저혈압·늑막염·결핵·신장 및 방광결석 등)이 찾아왔고 중증의 장애로 인한 욕창·발작성 근육경련 및 강직 현상이 나타났다. 정신적으로 우울증·공황장애로 시달리며 수차례 사선을 넘나들어야 했다. 더욱이 신장 185cm,

체중 80kg의 거구라서 항상 2인 이상의 도움이 필요하여 가족들이 모두 그에게 매달려야 했다.

2) 문학이란 동아줄을 잡고

병원 치료를 마치고, 1991년 충북 청주로 이주하였다. 청주에는 여동생이 살고 있었고, 경제적인 문제로 서울을 떠날 수밖에 없었다. 그는 마치 이 세상에 없는 사람인 양 몇 년의 시간을 흘려 보내고 자신을 돌아보게 되었다. 그의 모든 경력은 쓸모없는 휴지조각이 되어 버렸다. 뭔가를 하려고 해도 손을 사용할 수 없는 그는 그 어떤 시도도 할 수 없었다. 그러던 어느 날 TV에서 입에 나무젓가락 같은 것을 물고 컴퓨터 자판을 치는 모습을 얼핏 보았다.

'아, 저런 방법이 있었구나!'

그는 마우스 스틱을 구해 컴퓨터 앞에 앉았다. 하지만 어지럼증으로 1시간도 앉아 있기 힘들었고, 스틱을 물고 있는 시간이 많아지자 이가 아파서 밥을 먹을 수가 없었다. 하지만 포기하지 않고 연습을 했다. 그것마저 하지 않으면 정말 아무것도 할 수 없는 산송장이나 다름이 없었기 때문이다.

컴퓨터 사용이 가능해지자 자신에게 필요한 정보를 얻을 수 있었다. 입에 붓을 물고 그림을 그리는 구족화가들이 있다는 것을 알게 되어 그림을 그려 볼까 하는 생각도 했지만 자신의 체력으로는 감당할 수 없겠기에 글을 쓰기로 하였다. 사고 후 대부분의 시간을 책을 읽으며 보냈고, 학창 시절 글짓기를 좋아하던 문학소년이기도 하였던 그는 글을 쓰는 것이 더 편하고 즐거웠다.

황원교는 이 엄청난 불행에서 탈출하기 위하여 글을 쓰고 또 썼다. 그것이 시가 되었다. 그 시가 1996년 충청일보 신춘문예에 당선되어 세상에 그의 존재가 드러났다. 사실 그때 충청일보와 강원일보 두 곳에 응모를 했는데 강원일보 신춘문예도 최종심에 올랐으니 실력이 수준급임을 알 수 있다. 자신감을 얻은 그는 시작(詩作)에 몰두하여 2000년 계간 『문학마을』에서 신인상을 수상하는 등 문인으로의 삶을 굳히게 되었다.

3) 사랑과 결혼

1995년 5월 어느 날 24시간 그의 곁을 지키던 어머니께서 쓰러지셨는데 병원에 도착하기도 전에 숨을 멈추셨다. 심장마비였지만 원인은 과로였다. 아들이 장애를 갖게 된 후 어머니의 삶은 오롯이 아들을 돌보는 것이었다. 어머니가 아들이 문인이 되는 것을 못 보고 떠나신 것이 황원교에게 가장 안타까운 일이다.

어머니의 갑작스러운 죽음은 황원교에게 또 한 차례 몰아닥친 위기였다. 어머니를 잃은 슬픔보다 전신마비장애로 살아갈 길이 더 막막하였다. 그의 사정을 누구보다도 잘 아는 사람들은 성당 청년회 회원들이었다. 청년들이 조를 짜서 황원교를 보살펴 주었다. 가장 열심히 도와준 사람은 청년부 부회장이었다. 부회장이라서 책임감도 있었고 여성이라서 어머니 같은 섬세함이 있었기에 그는 부회장이 왔을 때가 가장 편했다.

그녀도 아이들을 가르치는 일을 하면서 틈틈이 그를 들여다봐 주는 인정을 보였다. 시간이 흐르면서 그녀에게 특별한 마음이 생겼지만 황원교는 애써 자신의 마음을 외면하였다. 자기는 한 여자를 행복하게 해 줄 수 있는 능력이 없었기 때문이다.

그렇게 7년의 세월이 흘렀을 때 그녀는 자신의 꿈인 수도자가 되기 위하여 수녀원 입소를 준비하고 있었다. 황원교는 그녀를 보내기 싫었다. 아니 보낼 수가 없었다. 그래서 자신의 사랑을 고백하였고, 그녀도 기꺼이 그의 사랑을 받아 주었다. 그의 아내가 된 것이다. 양가 허락을 받고 성당에서 신부님 집도로 2001년 9월 결혼미사를 올렸다. 이 기적 같은 러브스토리는 지금까지 천주교계를 비롯하여 문단 내에서 천사의 신화로 회자되고 있다.

결혼 후 그는 더욱더 활발한 창작 활동을 하며 시집 〈빈집 지키기〉[2001], 〈혼자 있는 시간〉[2006], 〈오래된 신발〉[2013], 〈꿈꾸는 중심〉[2019], 〈0.23초〉[2023], 산문집 〈굼벵이의 노래〉[2008], 〈다시 없을 저녁〉[2021], 장편소설 〈나무의 몸〉[2018]을 출간하면서 저력 있는 작가로 자리매김하고 있다.

소설을 집필하는데 3년이 걸렸다. 1년 동안 구상을 하였고, 2년 동안 마우스 스틱으로 한 자 한 자 찍어서 스토리를 만들었다. 소설은 처음이라서 어려움이 많았지만 이야기를 만들어 간다는 점에서 재미있었다.

그는 소설 속에서 스스로의 일생에 견주어 팩트와 픽션의 경계를 종횡무진 넘나들며 파란만장한 서사를 이어 간다. 또 연이은 불행과 고통을 문학적 열정으로 승화시키며 현실의 어려움을 이겨 내는 인간 정신의 위대함을 보여 준다. 그러면서 인생이 아무리 불행해 보여도 살아 있는 한 희망이 있고, 살아야 할 분명한 이유가 있다면 어떤 고난과 시련도 감내할 수 있다고 역설한다. 궁극적으로는 육체를 초월한 아가페적 사랑의 경지를 거리낌 없이 나타내어, 독자로 하여금 꼼짝없이 수긍하게 만든다. 황원교는 소설 후기에 이런 고백을 남겼다.

-장애인이 된 후, 혼자라는 사실을 더욱더 뼈저리게 절감했다. 하지만 역설적이게도 그런 시간에 가장 외롭지 않았고, 점점 더 강해져 갔다. 오롯이 자신을 성찰하고 존재에 대해 깊이 사유할 수 있는 기회가 주어졌기 때문이다.

노벨 문학상 수상작가인 아나톨 프랑스는 '안다는 것은 전혀 중요하지 않다. 상상하는 것이 가장 중요하다.'고 하였듯이 소설은 오직 인간에 대한 탐구와 이해를 위해 무한한 상상력으로 꾸며진 비밀의 정원이다.

수많은 낮과 밤을 쓰고 고쳐 쓰길 반복했다. 드디어 끝이 보였다. 생애 첫 번째 장편소설은 엄연한 상상력의 소산이다.-

4) 위기 또 위기 그러나…

시인의 부인은 누워서 생활하는 남편의 일상과 노쇠해진 시아버지를 무시는 일 그리고 가정 경제까지 책임져야 했다. 황원교의 글쓰기는 경제생활에 전혀 도움이 되지 못한다. 글을 열심히 써서 작품을 완성해도 책을 출간해 주는 출판사가 없어서 장애인예술 창작지원사업에 신청하여 선정이 되어야 겨우 책을 낼 수 있다.

그런데 좋은 글을 쓰기 위해서는 공부를 해야 하기에 온라인 문학강좌를 수강하고 일주일에 한 번씩 세상 구경삼아 오프라인 문학교실에 참여하여 공부를 한다. 그런데 체격이 큰 데다 온몸이 축 늘어진 상태여서 장정 2명이 달라붙어야 침대에서 휠체어로 옮겨 앉힐 수가 있다. 그래서 그는 외출을 위해 예비군 부대에 부탁하여 상근 예비역 군인들의 도움을 받고 있다.

가끔씩 기업 특강 강사로 초빙을 받아 서울에도 오고 춘천 고향에 갈 때는 부인이 운전을 해서 이동을 한다. 그의 인생에 절대적인 존재인 부인이 2005년 유방암 진단을 받아 또 한 차례 가슴을 쓸어내렸다. 그녀는 살기 위해 열심히 치료하여 이겨 내는 듯하였지만 2013년에 난소암으로 다시 수술을 하였다. 그런데 이게 무슨 운명의 장난인지 2017년 다시 유방암이 재발하여 투병 중이다.

이렇듯 오랜 투병 생활을 하면서도 5년 전 시아버지가 돌아가시기 전까지 계속 모시며 큰며느리로서의 역할에 소홀함이 없었던 부인을 생각하면 그는 가슴이 미어진다.

지금도 아픈 몸을 이끌고 일터로 간다. 활동보조 서비스가 실시되면서 부인이 없는 시간은 활동보조인의 도움을 받고 있지만 퇴근해서 돌아오면 부인은 온 집안을 종종걸음 치며 가사 노동을 해야 한다. 그런 아내를 위해 그는 글을 쓴다. 뭐라도 하지 않으면 아내의 노력을 보상할 방법이 없기 때문이다. 요즘 그는 에세이를 쓰고 있는데 제3자의 시각으로 인생을 다시 살펴보고 있다.

2. 황원교의 시 세계

2019년에 출간한 시집 〈꿈꾸는 중심〉에서 12편을 선별하여 시인이 생각하는 과거와 현재 그리고 미래를 어떻게 노래했는지 살펴보기로 한다.

1) 과거-회상하며

벽공(碧空)

너를 생각하다가
벽공에 손끝으로 꾹꾹 눌러쓴다

그리운 너의 이름을

네 얼굴 그리다가
더는 견딜 수 없어 가을 바람 앞에 고백한다
널 사랑한다고

사랑이여
하늘에 떠가는 구름 한 조각에도 네 이름을 붙여
나지막이 불러 본다

그리움의 손톱 끝에 깊숙이 패인
푸른 하늘에서
붉은 피가 뚝뚝 떨어진다

시나브로 핏물이 스며드는
단풍나무들도 훌쩍거리기 시작한다
제 살점 같은 이파리들과의 이별을 예감하여

　시인은 결혼식 1주일을 앞두고 교통사고로 전신마비장애를 갖게 되었고, 그 후 결혼은 깨졌다. 사랑하는 여인을 보낸 후 그가 겪었을 아픔을 벽공 즉 푸른 하늘에 그녀의 이름을 쓰고, 얼굴을 그리다가 가을 바람 앞에서 아직도 그녀를 사랑하고 있다고 고백한다. 그리움으로 패인 푸른 하늘에서 붉은 피가 뚝뚝 떨어진다.

　시나브로 즉 모르는 사이에 조금씩 조금씩 핏물이 스며들어 단풍나무들이 훌쩍거린다. 이파리에 단풍이 들면 나뭇가지에서 떨어진다는 것을 알고 있었기 때문이다. 시인도 자신의 가슴에 피멍이 들고 있다는 것으로 그녀와의 이별을 예감한다.

자작나무숲 연가

폭설에 둥지를 잃어버린 굴뚝새처럼

지친 날개로 가닿은 설원의 끝
희디흰 자작나무숲 근처에
누에고치 같은 오두막 한 채 지어 놓고
너와 딱 일주일만 함께 살 수 있다면
수사슴처럼 너를 품에서 놓지 않겠네
설사 밤에 곰이나 늑대가 찾아와서
창문을 두드리고 문짝을 박박 긁어대도
마른 장작을 가득 욱여넣은 난롯가
백합꽃 무늬 양탄자 깔린 마룻바닥에서
사랑만 하다가 죽었으면 좋겠네
그렇게 깊이 사랑에 빠져 있는 동안
하얀 계절이 내려앉은 지붕 위
울음 가득 찬 무덤 위에도 별들이
함박눈처럼 펑펑 쏟아져 내리면 좋겠네

자작나무는 흰색의 줄기 껍질이 특징으로 추운 지방에서 잘 자라는 나무이다. 잎은 어긋나며 가장자리에 겹톱니가 있고, 꽃은 4~5월에 암수 한 그루로 핀다. 시인이 사랑을 나누는 장소로 자작나무 숲속 오두막집을 선택한 것은 흰 눈과 흰색 나무껍질이 순백의 사랑을 상징하기 때문이다.

외부 사람이 찾아와도 문을 열어 주지 않고 벽난로 앞에서 뜨거운 사랑을 나누며 딱 일주일 만이라도 그녀와 함께 살고 싶다고 하였다. 이것은 건강했던 시절로 돌아가고 싶은 욕망을 드러낸 것이다.

무심천(無心川)의 봄

잠시 머물다 간 너처럼
무심천 벚꽃이 바람결에
속절없이 지고 있더라

꽃 진 자리마다 붉은 핏기 사무쳐도
떨어진 수천수만의 꽃잎들은
무심히 떠내려가더라

지나온 길 뒤 돌아보며
울컥울컥 목이 멘 꽃잎들이
눈물처럼 흘러가더라

아아, 사랑도 떠나가고
울음이 홍수져 넘치건 말건
무심히 봄은 가더라

　무심천은 청주시에 있는 도시 하천으로 벚꽃길로 유명하다. 시인은 자신이 거주하는 청주의 무심천 벚꽃을 보면서 흐드러지게 핀 벚꽃이 아름다운 자태를 뽐내다가도 꽃잎이 우수수 떨어져 무심천 물결을 따라 떠내려가는 것을 보면서 자신도 꽃처럼 활짝 피었던 시절을 돌아보니 무심천에 떨어진 꽃잎이 눈물처럼 흘렀다고 하였다.
　사랑도 꽃잎처럼 떠나고 어떤 재해가 닥치건 말건 무심히 봄이 가고 있다고 하면서 자신의 처지를 무심천 벚꽃에 비유하였다.

맨드라미를 위한 사화(詞話)

꽃도 제 가슴에 생채기를 낼 수 있다
번갯불처럼 눈을 멀게 하는 꽃
천둥처럼 귓전을 울리는 꽃
눈 마주칠 적마다
아버지의 목소리가 들려오는 듯
텅 빈 늦가을 뜨락을 지키는 저 외로운 파수꾼이
머리에 이고 지고 있는 붉디붉은 생각들도
차가운 밤이슬에 색이 바래 간다

뜬눈으로 밤을 함께 보내고
아침이면
베갯잇에 머리칼 한 움큼씩 묻어나는 생이여
남은 날은 저 앞산 단풍처럼 물들어
갈 때는 선운산 동백꽃처럼

한 치의 미련 없이 낙하할 수 있게 해다오
누렇게 말라비틀어진 몸통으로
보도블록 틈새에서 꼿꼿이 버티고 서 있는
눈물겨운 저 고집
내 아버지의 생을 빼닮은 꽃이여

맨드라미 꽃은 닭벼슬 꽃이라고 할 정도로 빨간색 꽃 모양이 닭벼슬처럼 생겼다. 닭벼슬은 남성을 의미하는데 시인은 맨드라미 꽃이 자신의 아버지의 인생을 닮았다고 했다. 그래서 맨드라미를 위한 사화(詞話)는 아버지를 위한 기록인 것이다.

번갯불처럼 번쩍이고 천둥처럼 찌렁찌렁한 아버지는 외로운 파수꾼이다. 머리에 이고 지고 있는 생각들로 색이 바래 간다. 즉 늙어 가는 것이다. 떠날 때는 미련 없이 떠날 수 있게 해 달라고 부탁하는데 여기서 맨드라미를 닮은 것은 아버지이고, 아버지를 닮은 사람은 시인 자신이라는 것을 알 수 있다.

2) 현재–받아들이며

가시 돋친 자의 일상

햇살 쏟아지는 아침마다
무수한 금빛 화살에 꽂힌 나는
한 마리의 황금 호저처럼
느릿느릿 생명의 대초원을 횡단한다

누구든지 건드리기만 하면 가만 안 놔두겠다는 듯이
제 딴엔 아주 거만한 자세를 취해 보지만
겁쟁이일수록 가시를 더 곤추세우는 법

그것도 잠시뿐
다르마[1]의 형벌 같은 햇볕을 피해 보려고 하지만

1) 불교의 삼보 중의 하나인 법, 부처님의 가르침.

얼굴에 가시가 없어 슬픈 짐승이여

아니 몸피에 가시가 너무 많아서
함부로 누구에게도 가까이 갈 수 없는
불행으로 가득한 업보여

　시인은 가시털을 가진 포유류인 호저에 비유하였다. 햇살을 받으면 가시가 금빛이 되어 생명의 대초원을 천천히 횡단하며 여유롭게 행동하지만 누가 건드리면 가시를 세우며 방어를 한다. 겁쟁이가 된 것이다.
　전신마비장애로 꼼짝을 못하고 누워 있을 때 햇볕이 얼굴을 내리 쬐이면 그대로 받을 뿐 속수무책이다. 얼굴에는 가시가 없어서 슬픈 짐승인데 몸에는 가시가 너무 많아서 사람들에게 가까이 갈 수 없다. 가시 돋친 사람의 일상은 불행하다는 것을 알기에 시인은 자신이 만든 가시를 스스로 뽑아낼 것이다.

낙화 앞에서

이 봄, 널 사랑하는 죄가 너무 커서
사랑도 때가 되면 지는 것인가
사랑에 모든 걸 다 걸었던 아스라[2)의 후손
마호메트처럼 널 지켜 주지도 못하고
바람결에 덧없이 풀풀 날리는 꽃잎처럼
사랑은 허망히 저무는 것인가
가야 힐 때가 인제인지를 아는
선운사 도타운 동백꽃처럼
스스로 제 모가지를 치고 피를 퉤퉤 뱉는
아아, 남은 날은 저 서슬 퍼런 결기로
제대로 된 사랑 한번 해 볼 일이다

　시인은 꽃이 활짝 피었다가 지는 낙화를 보면서 허망하게 식어 버린 사랑

---

2) 하인리히 하이네의 시에 나오는, 사랑을 하면 죽는 부족.

을 떠올리며 그녀를 지켜 주지 못한 것을 아쉬워하고 그녀를 사랑하는 죄가 너무 커서 사랑이 저문다고 생각했다.

떠날 때를 아는 선운사의 동백꽃처럼 자신도 그녀를 떠나보낼 때를 알기에 마음을 단단히 먹고 그녀를 놓아 주는 '제대로 된 사랑'을 하기로 결심한다.

新백수광부의 노래

해와 달이 뜨고 지고
계절이 쉼 없이 바뀌어도
이 봄
동구 밖에 서 있는
저 오래된 느티나무처럼
불어오는 하늬바람에 그리움을 빗질하며
오롯이 그대를 기다리는 것밖에는
따로 할 일이 없습니다
설사 그대와의 만남의 순간보다
죽음이 먼저 다가와 불쑥
손을 내밀지라도
끝끝내 이 자리를 지키며

우리나라 최초의 노래는 고조선인 백수광부의 처가 부른 공무도하가(公無渡河歌)이다. 백수광부(白首狂夫)는 흰머리의 미친 사내이니 '미친 할배'란 뜻인데, 미친 노인이 강으로 막 들어가고 뒤따르는 할매는 강에 들어가지 말라고 부르짖으며 따라 들어간다. 남편이 강에 빠져 죽자, 그 할매도 같이 빠져 죽었다.

公無渡河 그 강을 건너지 마소
公竟渡河 할배는 결국 강을 건너네
墮河而死 강에 빠져 죽었으니
將奈公何 장차 임을 어이할꼬

시인이 부른 '新백수광부의 노래'는 아내를 기다리는 노래이다. 하루 종일 기다리고, 계절이 계속 바뀌도록 기다린다. 자신을 오래된 느티나무에 비유하면서 그리움을 하늬바람으로 빗질하며 기다리는 것밖에는 할 수 있는 일이 없다는 시구에 안타까움이 가득하다.

아내가 오기 전에 죽음이 먼저 와서 자신을 데려갈지라도 시인은 아내를 기다리겠다고 하였다. 공무도하가는 비극으로 끝나지만 시인은 7년 동안의 기다림 끝에 자기 목숨과도 같은 여자를 아내로 맞이하였다.

만추

기러기 날갯짓에 소스라친
마른 나무와 풀잎들이 울기 시작한다

11월은 알함브라 궁전의 추억의 선율처럼
트레몰로 주법으로
제 늑골을 하나씩 하나씩 쥐어뜯고 있다

스쳐 가는 바람결에
속절없이 낙하하는 잎새, 잎새들

때로는 날짐승의 결 고운 목소리로
더러는 길짐승의 포효 소리로

알고 보면
세상은 고요한 울음으로 가득한 곳

마지막 연 '알고 보면 세상은 고요한 울음으로 가득한 곳'이라고 하여 세상살이가 녹록지 않다는 것을 위 연에서 설명하고 있는 형식이다. 기러기 날갯짓에도 마른 나뭇잎이 놀라서 울고, 은구슬이 굴러가듯 같은 음을 연속적으로 빠르게 터치하는 연주법인 트레몰로 주법으로 만들어진 알함브라 궁전의 추억의 선율처럼 자기 늑골을 하나씩 하나씩 쥐어뜯고 있다.

스쳐 가는 바람결에 속절없이 떨어지는 잎새들이 날짐승, 들짐승의 울음 소리처럼 들린다. 늦가을은 시인을 쓸쓸하게 만든다.

3) 미래-돌아가자

나쁜 버릇

햇살 눈부신 봄날 아침
맑고 푸른 하늘 쳐다보다가 문득
지금 이렇게 살아 있다고 생각하니 눈물나고
함초롬히 피어난 수선화를 보다가도 눈물이 나고
널 사랑할 수 있음에 행복해서 저절로 눈물난다
아, 내 생에 이렇게 아름다운 봄을
몇 번이나 더 맞이할 수 있을까 생각하니
자꾸자꾸 눈물 난다

시인은 봄 햇살이 좋은 푸른 하늘을 쳐다보면 자신이 살아 있다는 사실에 눈물이 나고, 예쁘게 핀 수선화를 보다가도 눈물이 나고, 아내를 사랑할 수 있다는 것만으로도 행복해서 눈물이 난다. 그리고 이 아름다운 봄을 몇 번이나 더 맞이할 수 있을까 생각하면 눈물이 난다고 하면서 그것을 나쁜 버릇이라고 했다.

버릇이란 자신도 모르게 나타나는 행동이기에 시인이 감사해서, 아름다워서, 행복해서 눈물이 나올 정도로 인생을 긍정적으로 보고 있다는 것을 알 수 있다. 이것은 시인이 나이 들면서 깨닫는 삶의 소중함 때문이리라.

너 홀로 보내고 돌아오는 길

너 홀로 보내고 돌아오는 길
가을볕도 시름시름 사위어 가고
단풍 고운 빛깔에 두 눈을 베인 채
까닭 모를 설움에 눈물만 흐른다

사랑아, 내가 죽든지 네가 죽든지
둘 중의 하나가 먼저 죽기 전에는
절대로 끝나지 않을 아름다운 형벌이여

너 홀로 보내고 돌아오는 길
언젠가 떠나가야 할 그 길처럼
사뭇 멀고 아득하기만 하여라

너 홀로 보내고 돌아오는 길
무엇인지 모를 켕기는 마음에
자꾸만 뒤를 돌아다보면
아지랑이처럼 피어오르는 그대
신기루 속에 세운 9층탑이여

　사람은 살다가 사랑하는 사람을 먼저 보내야 하는 상황이 생긴다. 이 시는 아마도 부인이 유방암 진단을 받았었고 몇 년 후 난소암이 생기면서 아내가 먼저 세상을 떠날지도 모른다는 불안감에서 쓴 시일 것이다.

　사랑하는 사람들을, 사랑하는 이를 잃을까 봐 걱정을 하는데 그것은 사랑하기 때문에 받아야 하는 아름다운 형벌이다. 시인이든 아내이든 둘 중의 하나는 '너 홀로 보내고 돌아오는 길'을 걸어야 할 텐데 자꾸만 뒤돌아보면 신기루 속에 세운 9층탑이 나타난다. 9층탑은 신라 호국 사찰인 황룡사에 세워진 탑으로 많은 염원이 담긴 탑이기에 시인은 아내의 건강을 간절히 기도하며 아내를 지키기 위해 마음속에 9층탑을 쌓고 있다는 것을 은유하고 있다.

인생이 뭐냐고 물으신다면

인생이 뭐냐고 물으신다면
산 하나 넘고 나면 또다시 나타나는 산
바다 하나 건너고 나면 또다시 나타나는 바다
그렇게 또다시 산 넘고 바다 건너고

구산팔해(九山八海)[3]를 건너가야 만날 수 있다는
그이의 옷자락 한 번 못 잡아 보고
참으로 허망하게
야단법석을 끝내는 일이 아닌지요

시인은 건강했던 시절과 전신마비장애 속에서의 삶을 산 아주 독특한 경험이 있다. 그래서 인생은 산 넘고 바다 건너는 과정을 계속하는 도전의 연속이라고 했다. 불교에서 온 세상을 뜻하는 세계관인 구산팔해(九山八海) 즉 9개의 산과 8개의 바다를 건너야 다다를 수 있다는 수미산의 옷자락 한번 잡아 보지 못하고 큰 소리치며 소란스럽게 굴다가 떠나는 덧없는 것이라고 인생을 정의하였다.

눈물의 이력서

까닭 없는 울음이 어디 있으랴
기쁨과 슬픔 사이를 흘러내리는
이 근근 찝찔한 체액
가끔은 악어의 눈물로 서로를 속고 속이기도 하고
더러는 홍수와 가뭄이 들 때도 있지만
교감과 공감이란 두 섬 사이를 관통하며 흐르는
순수의 강물
뱃삯 한푼 내지 않고 사람 사이를 오가는 일로
함께 흘릴 때 더욱 그 빛을 발한다
사람들은 안다
눈물의 끝에서 만나는 카타르시스의 달콤함을
그러므로 그는 항상 침몰의 위태로움 속에서도
절대로 삿대를 놓지 않는
고독한 뱃사공이다

기쁨과 슬픔 사이를 흐르고 교감과 공감 사이에서 흐르는 것이 눈물이

---

3) 불교의 우주론.

라고 하였다. 그리고 사람과 사람 사이를 오가면서 흘리는 눈물은 빛이 나고, 눈물의 끝은 카타르시스의 달콤함이 있다고 하였다.

시인은 눈물의 바다에서 침몰할 수 있는 위태로움이 있지만 결코 삿대를 놓지 않는 고독한 뱃사공이라고 하였다. 자신의 인생은 눈물로 써진 이력서이지만 끝까지 자신의 역할을 다 하겠다는 결기를 보이고 있다.

황원교는 정말 부지런한 작가이다. 쉼 없이 작품을 발표하고 있다. 작품을 통해 시인의 존재를 확인하고 있기 때문이다. 손을 쓸 수 없는 상태에서 입에 타자봉을 물고 글을 쓴다는 것은 중노동이지만 시인은 그 힘든 노동을 통해 창작의 기쁨을 느끼고 있다.

황원교의 시 작품은 결코 가볍지 않다. 자신의 고통과 아픔을 하소연하는 듯 쏟아 내지만 결국 그 고통으로 깨달은 삶의 이치를 독자들에게 부지런히 전달하고 있다. 그의 시 세계를 관통하는 불교관은 그의 인생관을 보다 넓고 깊게 만들어서 독자들이 황원교의 시 세계에서 편안함을 느끼게 한다. 바로 이런 여유로운 향기가 있어서 황원교는 시인으로서 가치 있는 창작을 하고 있다.

📖 참고자료

황원교(2019), 〈꿈꾸는 중심〉, 시가

시(詩)로 구원받은 손병걸

1. 시인이 되기까지

1) 가난에서 벗어나기

손병걸은 1967년 강원도 대관령에서 태어났다. 사람들에게 대관령은 흰 눈밭으로 둘러싸인 낭만적인 장소이지만 그에게 대관령은 사회로부터 단절된 사람이 살기에는 너무나도 척박한 유배지였다. 늘 추웠고, 항상 배고팠다. 집안이 너무 가난해서 중고등학교를 다니며 공납금을 내지 못해 주눅이 들어 있었다. 학교에 가면 또 공납금 독촉을 받을 텐데 싶어 일부러 천천히 걸어서 학교로 향하였다. 그러다 보니 지각도 많고, 공부도 못하는 지질한 학생이었다. 고등학교를 졸업하자 해방감이 느껴졌다. 더 이상 학교에 가지 않아도 된다는 것이 기뻤다.

졸업 후 취업을 생각했지만 도시와는 달리 젊은 사람들이 일할 곳이 없었다. 가난한 집에서 취업을 하지 못하고 있는 것은 밥만 축내는 식충이나 다름이 없기에 또다시 고민에 빠졌다. 집에서 벗어날 방법을 찾아야 했다. 탈출 방법은 오직 하나 군 입대였다. 당장 입대가 가능한 곳이 특수부대여서 고된 군 생활을 하게 되었다.

손병걸은 삼시세끼 배불리 밥 먹고 집안 걱정에서 잠시 벗어날 수 있는 것만으로도 만족하였다. 강한 체력과 강인한 정신력이 아니면 견뎌 낼 수 없는 훈련을 받고, 크고 작은 작전을 성공시키면서 어느덧 세상에 두려울 것이 없는 대한민국 사나이로 거듭났다.

2) 짧은 행복, 긴 고통

제대 후 부산에 정착해 직장을 얻었다. 경호 전문 대기업으로 아주 좋은 직장이었다. 그 당시 열렬한 사랑을 하고 있었기 때문에 그때의 목표는 오로지 그녀와 결혼을 하는 것이었다. 그는 결혼을 위해 필요한 조건에서 턱

없이 부족했지만 그녀가 아내라는 자리에 흔쾌히 와 주었다. 얼마 지나지 않아 아내를 닮은 딸이 태어났다. 더없이 행복한 나날이었다.

그런데 그 행복은 오래가지 않았다. 무릎, 발목 등 관절에 통증이 생겼다. 처음에는 무리를 해서 그런가 보다 싶어 대수롭지 않게 생각했지만 통증이 점점 심해졌다. 특수부대 출신들이 고된 훈련으로 골병이 들어 몸이 안 좋다는 얘기도 있고 해서 그런 줄만 알고 있었는데 그 관절염 증상은 베체트병의 시작이었다. 베체트병은 온몸의 뼈마디마다 고름이 생겨 욱신거리는 통증으로 생사를 오가다가 통증이 잦아들면 시력이 점점 떨어져서 시각장애가 발생하는 희귀난치성 질환이다. 그렇게 이상한 병이 손병걸에게 닥쳐 올 줄 짐작조차 하지 못하였다.

발병한 지 1년 만에 그의 눈에서 빛이 완전히 빠져나가 그는 암흑 속에 갇히고 말았다. 그때가 1997년, 그의 나이 서른 살이었다. 결혼한 지 3년째로 딸아이가 겨우 세 살이었다. 투병 생활이 길어지면서 손병걸은 이미 직장을 그만둔 상태였고, 병원비는 눈덩이처럼 커져 있었다. 당장 생계를 위해 부인은 식당 일을 하며 어린 딸과 앞을 볼 수 없게 된 시각장애인 남편을 보살피느라고 지칠 대로 지쳐 있었다.

그 모든 상황에서 벗어나기 위해 그는 죽음을 선택하였지만 그의 시도는 번번이 실패하였다. 죽을 수도 없다면 살아야 하는데 살기 위해서는 결단을 내려야 했다. 그는 어린 딸과 단둘이 누나가 살고 있는 인천으로 거처를 옮겼다.

3) 문학과의 만남

모든 것을 잃은 것 같은 절망 속에서 그는 희망을 건져 올렸다. 바로 문학이었다. 자신의 참담한 현실에서 벗어나기 위해 시를 쓰고 또 썼다. 손병걸에게 문학은 그가 사춘기를 맞닥뜨리면서 찾아왔다. 펼친 책 속에 푹 빠져 작가가 되겠다는 꿈을 꾸던 그는 밤이면 문자의 세계에서 놀았다. 하지만 집안 살림은 점점 더 나락으로 떨어지고 있었기 때문에 그는 자신의 꿈이 사치 같아서 포기할 수밖에 없는 문학을 남몰래 끌어안고 흐느낄 정도로 문학을 사랑하였다.

두 눈의 시력을 잃어 아무것도 할 수 없게 되었을 때 비로소 그는 문학에 전부를 걸었다. 손병걸은 내가 왜 지금 와서 시를 쓰는가에 대한 질문을 자기 자신에게 수없이 하였다. 손병걸에게 있어 문학은 무엇인지에 대한 답을 찾아내지 않고는 문학이라고 말할 수 없다는 생각이 들었다.

> 피를 토하듯 삶에 대한 치부를 고스란히 드러낼 수 있는 용기가 필요했다. 그러면서도 단순히 우울한 노출증 환자가 되어서는 곤란하고, 주어진 삶에 대한 고통을 딛고 일어서는 긍정이 있어야 했다.
> _누구?!시리즈 10 〈열 개의 눈동자를 가진 어둠의 감시자 손병걸〉에서

투병 당시 쓴 시가 2천여 편이 되는데 그런 습작의 결과 2003년 장애인 문학지 『솟대문학』을 통해 3회 추천을 받았고, 2005년 부산일보 신춘문예에 시 '항해'가 당선되어 당당히 문단에 데뷔하였다.

작품집으로는 시집 〈푸른 신호등〉, 〈나는 열 개의 눈동자를 가졌다〉(2011년 문화체육관광부 선정 우수문학도서), 〈점필〉, 〈통증을 켜다〉, 〈나는 한 점의 궁극을 딛고 산다〉, 수필집 〈열 개의 눈동자를 가진 어둠의 감시자 손병걸〉, 〈내 커피의 적당한 온도는 30도〉 등이 있다. 시집을 내면서 문학에 대한 갈증이 더 커졌다. 부족한 것이 너무 많다는 생각이 들었다. 그리고 알고 싶은 지적 욕망이 더 강해졌다.

그래서 그는 건강했던 시절에도 하지 못하였던 대학 교육을 시각장애를 갖게 된 후 도전하였다. 2006년 경희사이버대학교 미디어문예창작학과를 거쳐 2010년 같은 대학교 문화창조대학원에 입학하여 미디어문예창작을 전공하였다.

다양한 수상 경력이 있지만 구상솟대문학상(2006), 대한민국장애인문학상(2008), 대한민국장애인문화예술대상 국무총리상(2011), 중봉조헌문학상 대상(2013) 등이 있다.

4) 시인으로 산다는 것

엄마 없이 아빠 손으로 키우기로 했을 때 세 살이던 딸이 어느덧 스물아

홉 살로 의젓한 사회인이다. 아빠의 눈이 되어 주는 것은 물론이고 살아야 할 이유로 희망을 주는 귀한 존재이다. 아빠 직업이 시인 그것도 시각장애 시인이라는 것은 가난을 의미한다.

시집을 팔아서 돈을 번다는 생각은 그야말로 사치이다. 원고 청탁 원고료가 용돈이 된다는 것은 사치보다 더 심한 허영이다. 그나마 딸에게 '아빠가 오늘 치킨 쏜다.'라고 큰소리를 칠 수 있는 것은 강사료를 받았을 때이다.

그는 가끔 버거운 글쓰기를 내려놓고 가벼운 마음으로 집을 나선다. 사람들 앞에서 마이크를 잡는 일, 강의를 위해서이다. 자리에 따라 주제가 다르지만 그가 되도록 빼놓지 않는 이야기는 더하고 빼고 할 것이 없는 바로 자신이 살아온 이야기다.

손병걸의 강의는 한 편의 뮤지컬 같다. 기타를 치며 이야기를 하다가 노래를 부른다. 그리고 그만의 장점인 시 낭송도 한다. 그는 자신의 시를 완벽하게 외워서 속삭이듯 낭송한다. 그의 시 낭송을 들은 사람은 가슴을 울리는 그의 한 맺힌 듯한 목소리에 푹 빠져 시 낭송의 묘미를 느끼게 된다. 고등학교 때 잠시 잡았던 기타를 시각장애를 갖게 된 후에 완벽하게 배웠는데 기타가 손병걸의 취미 생활을 넘어 공연을 가능하게 해 주었다.

하지만 시를 쓸 때가 손병걸은 가장 멋있다. 그는 그 어떤 삶도 절대다수의 행복을 위하여 긍정해야 하고 그래서 자신이 쓰는 문자들이 힘찬 문장으로 일어서기를 원하며 그것으로 모든 슬픔이 맑아지기를 간절히 원하는 힐링 시인이기 때문이다.

2. 손병걸의 시 세계

손병걸 시집 〈통증을 켜다〉와 〈나는 열 개의 눈동자를 가졌다〉에서 12편의 시를 골라 '시각장애로 생긴 일', '살아야 하는 이유' 그리고 '시인으로 성장'이라는 세 가지 주제로 나누어서 독자들과 공감하기 위한 작품 해설을 붙여 본다.

1) 시각장애로 생긴 일

나는 열 개의 눈동자를 가졌다

직접 보지 않으면
믿지 않고 살아왔다

시력을 잃어버린 순간까지
두 눈동자를 굴렸다

눈동자는 쪼그라들어 가고
부딪히고 넘어질 때마다
두 손으로
바닥을 더듬었는데

짓무른 손가락 끝에서
뜬금없이 열리는 눈동자

그즈음 나는
확인하지 않아도 믿는
여유를 배웠다

스치기만 하여도 환해지는
열 개의 눈동자를 떴다

시 제목 '나는 열 개의 눈동자를 가졌다'를 보고 시각장애를 떠올리는 사람은 거의 없을 것이다. 심미안을 가졌다거나 감시를 받고 있다거나 아니면 미래의 인간상 등 추상적인 해석을 한다. 하지만 시를 한 연 한 연 읽어 내려가면서 중도에 실명을 한 사람들이 어떻게 세상에 적응하며 눈 뜬 사람들과 똑같이 살아갈 수 있는지를 아주 선명하게 보여 주고 있다.

사람들은 직접 보지 않으면 믿지 않는다. 우리 사회가 얼마나 불신으로 가득 차 있는지를 잘 말해 준다. 증거를 들이대지 않으면 받아들이지 않는다. 사람을 믿는다는 것은 바보짓이라고 생각한다. 시인은 시력을 잃게 되었을 때 보지 않으면 믿을 수 없는 사회에서 살 길이 막막하였을 것이다.

무엇이 진짜인지 찾기 위하여 이리저리 눈동자를 굴리며 살다가 눈동자에서 빛이 사라지자 더 이상의 역할을 할 수 없게 된 눈동자는 쪼그라들어 갔다. 앞을 볼 수 없게 된 시인은 볼 수 있었을 때는 잘도 피해 가던 조그마한 장벽에도 번번이 부딪혀 넘어졌다. 시인은 그럴 때마다 두 손을 벌려 바닥을 더듬었다. 얼마나 많이 더듬었던지 손가락이 짓물렀는데 어느 날 시인은 그 손가락 끝에서 새로운 빛이 느껴졌다. 드디어 손끝으로 세상을 보는 방법을 터득한 것이다.

그것을 시인은 '뜬금없이 열리는 눈동자'라고 표현하였다. 중도에 장애를 갖게 되면 살 수 없을 것 같아서 죽을 생각만 하게 되지만 얼마가 지나면 적응을 해서 언제 그랬느냐는 듯이 살게 되는 것이 인간이다. 시인은 장애 때문에 잃은 것보다는 장애 때문에 얻은 것이 더 많다는 것을 알려 준다. 바로 확인하지 않아도 믿는 여유가 생긴 것을 고백하였다.

시인은 두 눈을 잃은 것이 아니라 열 개의 눈동자를 얻은 것이다. 이것이 바로 장애인문학의 가치이다.

점핀

새파란 하늘에 어둠이 번져 갈 무렵
몹시 그리운 한 사랑을 떠올리며
나는 다시금 점핀을 잡는다

꺼진 별들 뒤에 감춘 통증을 켜야
별똥별 점자는 멀리 빛나는 것
이것이 시력 없는 내 생활의 활자이다

빈틈없이 어둠 물든 하늘 도화지에
작은 별빛 점자 하나를 찍는다

와글와글 모여든 별빛이 흘러가면
비로소 먼바다에 해가 솟듯
꺼진 별들을 켜는 내 문장은
명백한 실존이다 농도 짙은 기록이다

샹들리에 별빛 켜진 하늘길을 향해
어젯밤 내내 못다 걸은 발소리를
재빨리 마저 찍는다

어두워도 어둡지 않은 새벽달 뜨면
웅크리고 있던 사랑이 기지개를 켜며
한 번도 열리지 않았던 아침

어여쁜 얼굴 한 장이 밝아 온다

점핀은 시각장애인이 사용하는 연필이다. 점자는 6개의 점으로 구성하기 때문에 글을 쓰기 위해서는 무수히 많은 점을 찍어야 한다. 시각장애인들은 점을 찍는다고 말하지만 뾰족한 송곳 모양의 점핀으로 흰 종이에 구멍을 뚫어서 그 점들을 조합하여 글을 만드는 것이다.

시인은 그리운 사랑을 글로 형상화하고 싶어서 점핀을 들었는데 점자를 별똥별에 비유하였다. 별빛이 흘러가면 해가 솟듯 자신의 글도 농도 짙은 기록이 된다고 하였다.

웅크리고 있던 사랑이 기지개를 켜면 시인이 보지 못하는 아침이 찾아와 어여쁜 얼굴을 내민다. 시인은 사랑하는 사람을 불러오기 위해 점핀으로 글을 쓰는 것이다.

흰지팡이

한 발짝 한 발짝 간신히 내딛는
발걸음을 뚝뚝 끊는 유도 블록
연거푸 발목을 턱턱 거는 턱

캄캄한 벽 앞에서 한계를 느낄 때마다
나는 오히려 한 번씩 더 기쁘다

삶은 언제나 없는 길을 만들어야 하듯
발자국이 없는 쪽으로 발끝을 향하고
내딛는 발걸음 발걸음이
비로소 길이 되는 것 자유가 되는 것

뙤약볕 아래 어둠을 뚫듯
언제나 철저히 혼자
그래서 더욱더 분명해지는 길

지금 당장 다시 한 번
한 걸음 한 걸음을 내딛자

모든 탄생이 단 한 번뿐인 죽음을
한순간도 멈춤 없이 완성해 가듯

흰지팡이는 시각장애인이 사용하는 보조기구이다. 전 세계적으로 시각장애인은 흰지팡이를 사용한다. 지팡이 색이 흰색인 것은 어둠 속에서도 눈에 잘 띄어야 시각장애인이 밤에도 안전하게 거리를 보행할 수 있기 때문이다.

시인은 30세에 실명을 했기 때문에 30년 동안은 보는 세상에서 자유롭게 걸어다녔지만 실명을 한 후에는 흰지팡이에 의존해서 위험한 물체가 있는지 없는지를 알아보아야 하고, 한 발짝 한 발짝 내딛는 것도 매우 조심을 해야 한다. 시각장애인을 위해 설치했다는 점자유도 블록은 걸음을 뚝뚝 끊고, 낮은 턱에도 발목이 턱턱 걸린다.

벽에 부딪힐 때마다 한계를 느끼지만 오히려 그것이 기쁘다. 산다는 것은 없는 길을 만들어 가는 것이니 시각장애인은 그렇게 부딪히며 자유를 얻어 가기 때문이다.

단 한순간도 쉬지 않고 걷다 보면 길은 더욱 분명해진다.

소리를 보다

저수지 둑길을 걷는데
사람들이 던지는 돌멩이에
고인 물 일어나는 소리
천 년의 잠을 깨는 것 같아서
화들짝 귀가 열렸다

가던 걸음 멈추고
몸을 낮추니
이름 모를 풀잎들 날갯짓 소리
출근길 와글와글 풀벌레 소리
시퍼렇게 살아 있다

더는 흐를 수 없는 물일지라도
아래로 아래로 뿌리를 내리고
끝내는 푸른 몸으로 일어나는 것이어서
제아무리 하찮은 목숨일지라도
그만큼의 소리를 지니고 있었구나

내 몸을 관통한 소리 따라
스르르 일어서는 바람
캄캄한 길 뒤틀린 관절
유쾌한 소리로 일어설 수 있으려니
어둠 속 풀 한 포기라도 괜찮겠다

시인은 '소리를 본다'고 하여 시각장애인들이 시각을 청각으로 대체하여 세상을 보고 있음을 말해 준다. 작은 돌멩이가 고인 저수지 물에 떨어져서 생기는 소리가 천년의 잠을 깨울 만큼 크게 느껴지고, 풀잎들의 날갯짓 소리와 풀벌레 소리가 시퍼렇게 살아 있다는 것을 알게 된다. 눈으로 보았을 때는 그런 소리들이 하찮게 들렸지만 그들도 소리를 내고 있었다.

시인도 자신의 몸을 관통하는 유쾌한 소리로 일어설 수 있을 것이라는 희망 섞인 기대를 하고 있다.

2) 살아야 하는 이유

아이가 아빠를 키운다

아빠 식사하세요
밥때만 되면
아이의 목소리 들린다

자식이라고는 단 하나
고작, 초등학교 3학년
생일이 빨라서 3학년이지
이제 아홉 살짜리다

밥상에 앉으면
이건 김치, 빨개요
요건 된장찌개, 뜨거워요
두 눈이 안 보이는 아빠를 위해
제 입에 밥알이 어찌 되든지 말든지
오른쪽에 뭐 왼쪽에 뭐
아이의 입은 바쁘다

요란한 밥상이 물러나면
커피는 두 스푼
설탕은 한 스푼 반
크림은 우유가 좋다며
책상 앞에 앉아 있는 내게
깡충깡충 커피를 가져다 준다

아홉 살짜리 아이가
아빠를 키운다

시인이 가장 견디기 힘든 것은 사랑하는 아내를 보내 주는 일이었다. 딸을 떼어 놓고 떠난 아내도 힘들었겠지만 어린 딸에게서 엄마를 떼어 놓아야 하는 현실이 더욱 힘들었다. 아빠가 시각장애인으로 살아가기에 정신이 없는 동안 아홉 살짜리 딸은 심청이처럼 아버지 눈이 되어 주었다. 아이가 아빠를 키우고 있는 것이다.

눈물 꽃

쪼그라든 눈동자
지워져 버린 얼굴들
떠오르지 않아서 피는 꽃

발목을 걸어대는 턱
유도 블록 끊어진 길
암담해서 피는 꽃

밥벌이 나선 몸
가택연금으로 몰아가는 세상
참담해서 피는 꽃

살그머니 잠근 골방
머리를 찧어대는 시멘트벽
검붉게 터지며 피는 꽃
똑똑똑, 아빠! 아빠!
나를 일으키는 맑은 목소리
그때마다 후두두 지는 꽃

시인이 시각장애를 갖게 된 후 얼마나 많은 눈물을 흘렸는지를 알 수 있다. 시각이 없어지자 사라지는 얼굴. 보행의 발목을 잡는 작은 방해꾼, 밥벌이를 못하고 가택연금당한 신세가 한심하여 방문을 잠그고 자책하고 있을 때 딸이 부르는 소리에 눈물 꽃이 후두둑 진다고 하여 딸이야말로 자신이 살아야 할 이유임을 밝힌다.

버려진 기타

언제부터였을까
구석에 처박혀 쌓인 먼지
걸레로 박박 문질러 닦은 뒤
간신히 조율을 마치고 불러 보는
거치른 벌판으로 달려가자, 젊음의 태양을 마시자,
노래 한 소절이 끝나기도 전
팽팽히 당긴 기타 줄이 풀리고
보석보다 찬란한 무지개의 행방이 묘연한데
눈 먼 걸음, 내 흰지팡이 관절뼈 같은
삐걱대는 조임새만 고치면 될까
기타를 이곳저곳 더듬고 두드려 보니
품고 있던 맑은소리가 새어 나간
울림통 뒷면 틈이 너무 크다
한때는 팽팽히 빛나던 선율
이제는 녹슬고 풀려 버린 엇박자
너와 나의 노래는 끝난 것일까
대뜸, 너를 주워 온 쓰레기장이 떠오르지만
나는 꼬옥 끌어안고 일어서지 못한다
깨진 틈으로 새어 나간 맑은소리처럼
내 눈동자엔 돌아올 수 없는 빛이어서
우리의 불협화음이 그냥, 노래가 될 때까지
너를 똑 닮은 나를 버리지 못한다

　시인은 버려진 기타에 자신을 이입시킨다. 실제로 시인은 기타를 잘 연주한다. 요즘도 기타를 치며 시 낭송을 하고 시 낭송 후에는 노래도 부르는데 청중들을 환호시키는 노래 실력을 갖고 있다.
　투병을 하는 동안 기타는 방치되어 있었는데 먼지를 거둬 내고 기타 줄을 조율한 후 노래를 불러 보지만 얼마 못 가서 기타 줄이 풀렸다. 손으로 더

듬더듬 살펴보니 울림통 틈이 벌어졌다. 시인은 망가진 기타가 시각을 잃은 자신처럼 더 이상 아무것도 할 수 없다는 것을 알면서도 버려진 기타를 내려놓지 못한다. 마치 자기 자신을 버리지 못하듯이 꼭 붙잡고 노래가 될 때까지 노력할 태세이다.

십 원짜리 라면

점심시간 라면 한 그릇 그리고
김치 하나 달랑 밥상에 놓고
오랜만에 어머니와 마주 앉았다

서너 번 젓가락질할 때쯤 어머니 말씀이
빈 병 하나에 이십 원, 신문지 일 킬로그램에 육십 원인데
운동 삼아 그 빈 병들과 신문지, 며칠을 모아
오늘 아침 고물상에 넘기고 산 라면이 바로
내가 먹고 있는 라면이라고 하신다

일순 와장창 깨진 병 조각은 식도를 긁고
빛바랜 활자는 혓바닥을 휘감으며
손에 쥐인 젓가락이 천근만근 무거워 간다

밥벌이 나서겠다며 남녘 끝에 두고 온 처자식
여기저기 이력서 넣은 지 한 달여
온 신경을 전화통에 모으고 있자 하면
깜깜한 반지하 창 밖에서 들려오던
빈 병 소리와 신문 펄럭이는 소리가
어머니 바로 나의 어머니였다

그래 여태 지켜 온 알량한 나의 자존심도
늙으신 어머니의 말짱한 거짓말처럼
운동 삼아 라는 말로 웃어 낼 수 있다면
기꺼이 밥그릇 앞에 무릎 꿇을 수 있겠다

인천 간석동 산동네 다다기집
울 어머니 십 원짜리 라면 한 그릇엔
세상이 버린 빈 병과 활자가 녹아 있어
단 한 방울의 국물조차 남길 수 없다

시 한 편으로 이렇게 많은 이야기를 할 수 있다는 것이 놀랍다. 시인은 점심으로 어머니와 라면을 먹었다. 어머니는 빈 병 하나에 이십 원, 신문지 일 킬로그램에 육십 원이라며 폐지를 며칠 모아 고물상에 팔아서 받은 돈으로 라면을 샀다고 하셨다. 그 말을 듣자 병이 와장창 깨져서 병조각이 식도에 상처를 내고 신문지 조각의 활자들이 혓바닥을 휘감는다. 그리고 젓가락이 천근만근 무거워서 젓가락질을 할 수가 없다.

그동안 지하방에서 들리던 빈 병 소리와 신문 펄럭이는 소리는 바로 어머니가 골목골목을 다니시며 폐지를 힘겹게 주워 온 돈벌이 소리였던 것이다. 어머니는 건강을 위해서 폐지를 줍는다고 하셨지만 그것은 앞 못 보는 아들을 먹이기 위해 할 수밖에 없었던 생존의 투쟁이었다.

인천 간석동 산동네 다닥다닥 붙은 집에서 먹었던 10원짜리 라면 한 그릇에는 세상이 버린 빈 병과 활자가 녹아 있다. 너무나 귀한 식량이기에 국물 한 방울도 남기지 못했던 그날을 시인은 가슴 아리면서도 생존의 의지가 얼마나 강했는지 회고하고 있다.

3) 시인으로 성장

항해

다대포 바닷가
꼼장어구이 집 방문 앞
신발들이 뒤엉켜 있다

에라 모르겠다 벌러덩 드러누운 놈
날씬한 뾰족구두에 치근대는 놈

물끄러미 정문만 바라보는 놈
짓밟혀 일그러진 놈
그야말로 아수라장

한껏 목청 높이던
젓가락 장단 끝이 나고
사람들 한 무더기 자리를 털고 일어서자
다대포 앞바다 소리가
창 너머로 아득하다

연방 지글대는 꼼장어 안주 삼아
슬며시 소주 한 잔 들이켜고는
가만히 생각해 보니
잠시 정박했던 배들이
푸른 바다로 떠난 것이었다

그 순간, 꼼장어구이 집 안으로
환한 웃음 실은 만선(滿船)들이 쏟아져 들어온다

이 작품은 2005년 부산일보 신춘문예 가작으로 선정된 시이다. 당선작 없는 가작이라서 당선작과 다름 없다. 시인이 실명을 한 것은 1997년이고 시인의 글쓰기가 인정을 받은 것은 그로부터 8년이 지난 후였다. 시인은 눈에서 빛이 빠져나가 아무것도 보이지 않게 되자 정말 아무것도 할 수 없었다. 그때 할 수 있었던 유일한 일은 글쓰기였다. 글을 쓴다고 삶이 달라지는 것은 아니지만 그래도 뭔가를 하지 않으면 견디지 못하겠기에 글쓰기에 매달렸다. 그 결과 시 '항해'로 부산일보 신춘문예 당선자에 이름을 올렸다.

그의 고향은 강원도이지만 제대 후 부산에서 신혼 생활을 시작하였다. 그래서 부산 다대포 음식점을 자주 갔었다. 어느 날 꼼장어구이 집에서 목격했던 광경을 아주 리얼하게 감성적으로 서사를 풀어냈다. 손님들이 많아서 방문 밖 신발들이 뒤엉켜 있는데 그것을 의인화하여 신발 주인의 모습을 형상화하였다.

술에 취해 젓가락 장단으로 노래를 부르던 한 무리의 사람들이 물러나자 다대포 앞바다가 조용하다. 잠시 정박해 있던 배들이 떠난 것이다. 그런데 그 순간 환한 웃음을 지으며 한 무리의 사람들이 꼼장어구이 집으로 들어온다. 큰 배에서 작은 배로 어획한 물고기들을 가득 싣고 다대포에 도착한 사람들이 어획량이 많아 기분이 좋아서 술 한잔을 하러 들어온 것이다.

항구에서 벌어지는 어민들의 삶의 비릿한 내음과 바다의 짠맛이 고스란히 느껴지는 작품이다.

낙하의 힘

모든 것은 때가 되면 떨어지고
떨어지는 그 힘으로 우리는 일어선다

그때도 그랬다 천수답 소작농
시도 때도 없이 떨어지는 쌀독
수백 미터 갱 속 아버지의 곡괭이질
시래기 담은 대야를 이고 눈길을 헤치던 어머니의 힘으로
우리 형제는 교복을 입고
김이 오르는 밥상 앞에 앉았다

어느덧 딸내미 책가방도 무거워 가는데
느닷없이 캄캄해진 내 눈동자
떨어지고 떨어지는 살림 탓에
나는 익숙지 않은 흰지팡이를 펴고
늘 시큰둥한 면접관을 만나러 간다

떨어지는 힘으로 제자리를 잡는 일
우리가 사는 일뿐은 아니어서

꽃봉오리, 꽃잎이 떨어지는 힘으로
열매가 익어 떨어지고, 땅은 씨앗을 품듯
떨어진 이파리가 겨울나무의 발목을 덮어 주며
기꺼이 썩는 열기로 봄은 돌아오는 것

보라, 떨어지는 별들의 힘으로
구천을 떠돌던 영혼들이
하늘에 내어준 빈자리에 자리를 잡듯
그 순간, 별똥에 비는 것도
다들 낙하의 힘을 믿기 때문이다

 이 작품은 2006년 구상솟대문학상 본상을 받은 수상작이다. 시인은 2003년에 『솟대문학』 3회 추천을 받았는데 『솟대문학』에 그의 작품이 실리기 시작한 것은 2000년부터이다. 3회 추천을 받기 위해 많은 습작을 한 덕에 그는 부산일보 신춘문예에 당선할 수 있었다고 고백하였다.

 그가 시인으로서 최고의 기량을 발휘한 시기가 2005년과 2006년이다. 시 '낙하의 힘'은 절망해 보지 않고는 쓸 수 없는 삶의 철학이다. 떨어지는 힘으로 일어선다는 것은 독자들에게 깊은 공감과 희망을 주기에 충분하다.

 쌀독이 비어지면 아버지의 곡괭이질이 깊어지고, 시래기 대야를 머리에 이고 눈길을 헤치며 장사를 다니던 어머니의 힘으로 형제들은 교복을 입고 따스한 밥을 먹었다.

 시인은 어느덧 그 시절 아버지 나이가 되었지만 여전히 낙하의 삶이다. 딸아이는 커 가는데 생각하지도 못했던 실명으로 모든 것이 낙하하고 있다. 그러나 꽃잎이 떨어지는 힘으로 열매가 익고, 그것이 떨어져 썩는 열기로 봄이 온다. 모든 사람들이 낙하의 힘을 믿기 때문에 힘들어도 이겨 내며 사는 것이다.

대문

밀어 제친 대문이

크르렁 신음을 토했다

군데군데 으스러져
뿌드둑뿌드둑 갈라진 녹이
문 앞을 서성거리는 낙엽 위에 떨어졌다

비바람 눈보라가 몰아쳐도
그 자리에 변함없이 서 있기란
얼마나 괴로운 일인가

이토록 온몸이 으스러져 가도
닫혀 있을 때와 열려야 할 때를 잘 알고 있으니
참, 고마운 일이다

대문을 닫고 돌아서며
발바닥에 밟히는 뿌드득뿌드득 소리,
앗 세월의 각질들이구나
갑자기 어머니 얼굴이 떠올랐다

  아주 낡은 집 대문을 열려고 밀면 신음 소리를 내듯 덜거덕거린다. 녹이 슬어 바스라진 녹조각이 땅에 떨어져 있다. 그렇게 병든 모습으로 몰아치는 비바람과 눈보라 속에서 버티기가 힘들어 보이지만 온몸이 으스러져 가도 닫혔다 열렸다 하면서 대문의 역할을 한다.
  대문을 닫고 들어서니 발바닥에 뿌드득 소리가 난다. 시인은 그것을 세월의 각질이라고 하였다. 그것은 마치 어머니의 주름 사이 사이에서 떨어진 죽은 피부 같다고 느끼는 것이다.

집

아이가 자랐다. 현관문 밖에서
나를 본다

나도 그랬다. 울타리 밖에서
아버지를 보았다

마음과 몸은 떠돌았고
힘없이 사립문을 밀고 들어설 때
다시는 들어오지 말라고 윽박지른 아버지

세상을 떠나셨다

벗어나려고 발버둥쳤던 집
텅 빈 듯 그렇게 넓어지고서야 비로소
방 안 벽마다
얼룩진 땀 냄새를 알게 된다

아버지
늦은 밤, 슬그머니 문고리를 풀어놓았듯
나도 잠금장치를 풀러 간다

요즘 같은 아파트에서는 전혀 상상이 되지 않지만 벽돌도 아닌 잡목 나뭇가지를 엮어서 만든 울타리로 담장을 두른 집이 있다. 울타리 밖에서 울타리 안에 있는 아버지를 보면 마음은 들어가고 싶지 않지만 몸은 사립문을 열고 들어간다. 다시는 집에 들어오지 말라고 역정을 내셨던 아버지가 지금은 없다. 돌아가신 것이다.

벗어나려고 발버둥치던 집이었지만 어린 시절을 보낸 낡은 집이 반갑기만 하다. 방 안 벽마다 얼룩진 땀 냄새가 난다. 집은 아버지 어머니가 자식들을 위해 땀흘려 노력하시던 곳이다.

그 시절 들어오지 말라고 호통을 치시던 아버지가 늦은 밤에는 아들이 밖에서 이슬을 맞을까 봐 문고리를 풀어놓았었다. 지금 시인도 가족이 언제라도 들어올 수 있도록 장금장치를 풀어놓는다. 이렇듯 집은 화해의 공간이 된다.

시인 손병걸은 시를 참 잘 쓴다. 그는 짧은 시 한 편에 정말 많은 이야기를 담는 재주가 있다. 시각장애인이 사용하는 점핀이나 흰지팡이를 설명하려면 어려운데 시인은 자신의 경험을 시적 아름다움으로 표현을 하기 때문에 공감을 하게 된다.

그리고 중도에 시각장애를 갖게 되면 어떻게 사물을 인식하는지 궁금해하는 독자들에게 '나는 열 개의 눈동자를 가졌다'는 시 한 편으로 설명을 하는데 그 의미가 충분히 전달된다. 또한 소리를 본다는 것도 이해가 된다.

중도에 시력을 잃고 방황하면서 자신이 살아야 하는 이유가 된 딸과 어머니 이야기도 '아이가 아빠 키운다'거나 '100원짜리 라면'으로 아주 솔직하게 풀어내어 감동을 준다. 이런 아픔과 화해의 시간을 통해 그는 시인으로 성장하였다. 부산일보 신춘문예 가작 '항해'와 구상솟대문학상 수상작 '낙하의 힘'은 어디에 내놓아도 뒤지지 않는 수작이다. 그리고 '대문'과 '집'에서 시인은 자신의 경험으로 잊혀져 가는 우리 부모 세대의 향수를 불러일으킨다.

어린 시절의 추억뿐만이 아니라 시각장애의 경험도 빼놓을 수 없는 시의 소재가 되어 손 시인은 남들이 쓸 수 없는 작품으로 문학성을 뽐낸다.

📖 참고자료

손병걸(2011), 〈통증을 켜다〉, 애지
손병걸(2017), 〈나는 열 개의 눈동자를 가졌다〉, 삶창

슬퍼도 웃는 사랑꾼 정상석

2024년 12월 중순 해가 쨍쨍하던 정오에 카톡이 왔다. 정상석 시인이 대전 『문학마당』 신인상을 수상하게 되었다며, 드디어 문단에 등단하게 되었다고 기뻐했다. 짤막하게 보낸 축하 인사에 그는 40년 전 KBS라디오 〈내일은 푸른 하늘〉이 없었다면 오늘의 자신은 없었다며 거듭 고마워하였다.

그 말에 떠오른 것은 방송작가 초년생 시절의 매일같이 밀려드는 시청자 편지였다. 편지 뭉치를 건네주는 행정 직원이 '항상 내일은 푸른 하늘 원고가 가장 많아요.'라고 인사를 하면 나는 어깨가 으쓱해졌다.

편지를 읽고 분류한 후 방송에 나갈 편지를 선정하여 아나운서가 읽기 편하게 다시 작성하는데 많은 시간이 필요했지만 그 일이 나에게는 너무나 소중했다. 강원도 춘천에 사는 정상석 애청자의 글은 읽기가 정말 힘들었다. 뇌성마비로 손의 떨림이 있어서 글씨가 춤을 추었다. 하지만 그의 글은 아름다웠기에 손에 들고 판독이 될 때까지 읽고 또 읽었다.

당선작을 읽어 보고 싶다고 하니 카톡으로 바로 보내 주었는데 너무나 가지런한 글꼴이 한눈에 들어와 편하게 시 작품을 읽어 내려가면서 나는 미소 지었다. 물 흐르듯이 마음을 전하는 그의 시(詩)는 읽는 동시에 마음에 스며드는 매력이 있기 때문이다.

하얀 바람아

가을이 왔다고 하얀 꽃잎을 날리지 말아다오
그리운 사람에게 속삭이듯이 편지라도 쓸 수 있으면
아직 등을 보이지 않은 그 사람 발끝에
외로운 단풍잎 쓸어내지 말았으면

조금만 더 있다가 추운 겨울이 오거든
잘 견뎌 낼 수 있는 쓸쓸한 그의 등을 향해
그린 희망을 토닥이기라도 했으면

_2024 대전『문학마당』신인상 수상작

　시인이 바람에 흰색을 칠한 것은 사람들은 눈에 보이지 않는 것에 대한 가치를 외면하기 때문이다. 가을이 오면 꽃잎이 떨어지는데 시인에게는 그 모습에 아쉬움이 있다. 시인은 그리운 사람에게 속삭이듯 편지를 쓸 시간을 원한다. 아직 완전히 이별을 한 것이 아닌데 사람들은 서둘러서 떨어진 단풍을 쓸어내어 그녀의 발끝에 닿은 외로운 꽃잎의 마음을 더욱 서럽게 만들고 있다. 잠시라도 그녀의 발끝에라도 머물고 싶은 시인의 사랑이 애절한 미학으로 긴 여운을 남긴다.

　그런데 2연에서 시인의 사랑이 소유가 아닌 비움이었음을 알게 된다. 추운 겨울이 올 때까지 기다렸다가 견뎌 낼 수 있는 마음의 준비가 되었을 때, 그때 이별을 하기를 원한다. 그것이 쓸쓸한 시인의 등을 토닥거려 주는 위안이 되는 것이다. 시인은 작은 희망이라도 누리고 싶어서 낙엽을 떨어트리는 바람에게 흰색이라는 순수를 입혀서 자신의 마음을 전하고 있다.

　정상석 시인은 개인 시집이 4권인 기성 시인이지만 쉰 살이 넘어 문단에 등단을 했다고 겸손해한다. 그 겸손이 그의 시에서 순백의 훈풍을 은은히 뿜어내게 한다.

1. 아픔 속에서 키운 꿈

1971년 강원도 춘천에서 태어난 정상석은 뇌병변장애 1급 장애인으로 장애가 너무 심해서 학교교육을 받지 못하고, TV 광고를 보면서 혼자 한글을 깨우쳤다. 14세 때, 입에 스틱을 물고 시를 쓴다는 어느 뇌성마비장애 시인의 사연을 라디오에서 들으며 '아, 바로 저거다!'라는 생각이 들었다.

하지만 시를 쓸 수 있는 방법이 없었다. 연필을 쥘 수 없었기 때문이다. 항상 누워 있는 자리 옆에 놓여 있는 카세트 녹음기가 눈에 들어왔다. 언어장애가 심해서 남들은 전혀 알아들을 수 없지만 좋은 시상(詩想)이 떠오를 때마다 녹음을 했다.

1999년 삶의 안식처와 같았던 아버지를 여의고 슬픔에 잠겨 있을 때 장애인복지관에서 중증장애인들에게 중고 컴퓨터를 나눠 준다는 소식을 듣고 그는 동생에게 신청해 달라고 부탁하여 컴퓨터를 받을 수 있었다. 복지관에서 컴퓨터 방문교육을 실시하였지만 어머니가 일을 하러 나갈 때 문을 잠그기 때문에 문을 열어 줄 수가 없어서 정상석은 혼자서 컴퓨터 사용 방법을 익혀야 했다.

그가 컴퓨터 자판을 치는 모습이 아주 특별하다. 컴퓨터를 방바닥에 내려놓고 옆으로 누운 자세로 열 손가락 가운데 유일하게 움직일 수 있는 오른쪽 새끼손가락 하나로 글자를 만들어 간다. 그래서 사람들은 그를 '한 손가락 시인'이라고 부른다.

어느 날 식당 일을 마치고 들어온 어머니는 컴퓨터 화면에 '엄마 사랑해!'라는 아들의 글을 보고 그동안 아들을 키우며 겪은 설움과 아들이 뭔가를 했다는 기쁨이 한꺼번에 솟구쳐 올라 아들을 붙들고 소리 내어 울었다.

사랑니가 아프다

내 사랑하는
너의 영혼은 바람 따라

어디론가 가 버리고
깊은 밤
잠 못 들게 사랑니가 아프다

내 좋아했던
기억 속에서 부끄러운 듯이
나의 너는 얼굴 붉히는데
어두운 밤
네가 생각나게 사랑니가 아프다

내 잊을 수 없는
행복했던 봄날의 흔적
울어 버리듯이
차디찬 불면의 밤
고독에 지쳐 사랑니가 아프다

_시집 〈새벽이 오는 소리〉

1연은 사랑하는 사람의 마음이 바람 따라 가 버린 것이 깊은 밤 잠 못 들게 하는 사랑니처럼 아프다고 하였고, 2연에서 부끄러운 듯 얼굴을 붉히는 당신이 어두운 밤에도 또렷이 떠올라 사랑니가 아프다고 하였다. 그리고 3연에서는 행복했던 날들을 잊을 수 없어 울다가 지쳐서 사랑니가 아프다고 했다.

시인의 사랑은 누구나 한번 거치고 지나가는 사랑니 통증 같은 성장통인 것이다. 주위 사람들은 아이 취급을 하지만 시인도 남자로서 단단해져 가고 있었다.

가난뱅이 독백

돈이 없어도
배고프지 않는
방법이 있고

가난에 찌들어 살아도
행복을 느낄 때가 있다

어둠이 깔린 밤이라도
긴 고독을 이겨 내고

절대로
새 희망 잃지 않고
노력하면
내일을 향해 걸어갈 수 있다

_공동시집 〈아랫마을 청년의 죽음〉

　시인은 자기가 하고 싶은 말을 가난뱅이의 독백이라고 하였지만 그는 자신이 깨달은 삶의 지혜를 겸손하게 알려 준다. 가난 속에서 느끼는 행복, 긴 고독을 이겨 내는 인내심, 노력의 대가인 희망을 말하는 그는 이미 마음의 부자이다.

기억의 그림자

아무리 마음속에서
지우려 해도 지워지지 않는
슬픈 이름 하나 있습니다

아무리 생각 속에서
잊으려 해도 잊혀지지 않는
나를 닮은 그 모습 있습니다

이제는 떨쳐 버릴 때도 됐는데
그 사랑의 뿌리가 너무 깊어서
아직도 나의 곁에
머물다 가는 그 사람, 기억의 그림자

_공동시집 〈아랫마을 청년의 죽음〉

지워지지 않는 슬픈 이름, 잊혀지지 않는 자신을 닮은 모습, 아직도 자기 곁에 머물다 가는 사람, 그 사람을 시인은 '기억의 그림자'라고 하였다. 그림자는 실체가 있어야 나타나는 것이지만 실체가 없는 기억에도 그림자가 있다고 한 것은 기억 역시 시인의 실체이기 때문이다. 그림자는 조용히 따라다니는 또 다른 자아(自我)이듯 시인은 기억의 그림자도 끌어안고 간다.

2. 슬퍼도 웃어야 한다

첫 시집 〈하늘을 사랑할 수 있다면〉을 2003년에 발간한 데 이어 2011년 정상석 시인은 두 번째 시집 〈아침 강가에서〉를 세상에 내놓았는데, 난생 처음 개최한 출판기념회에서 판매된 시집 수익금을 장애인복지관에 기부했다. 귀하게 번 돈이어서 뜻있게 쓰고 싶었다.

복지관에서는 정상석 시인의 기부가 헛되지 않도록 장애인 문화 프로그램을 운영하는 사업비에 보태겠다고 했다. 시인의 기부 액수는 작지만 세상에 큰 울림을 주었기에 그는 큰 기부를 한 것이다.

시인은 그즈음 큰 결심을 했다. 40년 동안 자신의 손발이 되어 주던 어머니의 품을 떠나 홀로서기를 위해 자립 생활을 실천하였다. 활동지원 서비스가 실시되고 있어서 가능했다. 식당 일로 고달픈 생활을 이어 가는 어머니에게 휴식의 시간을 주고 싶었다.

오늘 밤이 지나가면

오늘 밤이 지나가면
긴 어둠이 걷히고
새벽이 지나가면
아침 해가 밝음을
알리면서 떠오른다

밝은 햇살을 받고
은빛 날개 퍼덕이며

푸른 내일을
꿈꾸던 비둘기는
눈부시게
태양 안에 가려진다

새로운 희망을 찾아
이곳 외로운 땅에
내려앉은
너의 영혼 빛은
슬프도록 아름답게
가려져 있는
둥근 환상인가 보다

_『솟대평론』 13호(2023년 하반기호)

  지금은 모든 것이 다 멈춰 있는 밤이지만 어둠이 걷히면서 밝음이 찾아오고, 은빛 날개를 퍼덕이며 비둘기가 태양 빛에 가려진다. 그 모습이 새로운 희망을 찾아온 비둘기의 둥근 환상이라고 하여 어둠이 지나 찾아온 밝음을 희망에 비유하였다.

  이것이 바로 시인이 세상을 바라보는 관점이다. 시인은 어둠을 두려워하지 않고 곧 희망이 찾아올 것이라는 믿음을 갖고 있다.

소중한 인연으로 만나

소중한 인연으로 만나
서로가 사랑하며
내 가족같이 아플 때는
어루만져 주고
내 분신같이 슬플 때는
대신 눈물 흘려 주고
울어 주는 존재라면 좋겠다

너와 나의 이분법이 아니라

우리라는 이름으로
모두가 희망을 꿈꾸는
행복한 세상과
어디선가 세찬 바람 불어도
흔들리지 않는
촛불의 영혼이었으면 좋겠다

어쩔 수 없는 굴레 속에서
강요받아 의무로 하는
희생과 양보가 아니라
정말 사랑으로 가슴에서
우러나는 진실한 눈빛으로
모든 이에게
다가서는 기쁨이라면 좋겠다

_시집 〈새벽이 오는 소리〉

산다는 것은 타자와 함께 생활하는 과정이다. 우리는 자신과 다른 타자를 밀어내지만 타자와 충분히 공감할 수 있는 존재가 되었으면 좋겠다고 하면서 너와 나를 구분하지 않고 우리가 되어 세찬 바람이 불어도 흔들리지 않는 촛불의 영혼으로 행복한 세상을 만들자고 시인은 우리 사회를 향해 외친다.

의무로 하는 희생과 양보가 아니라 진실한 마음으로 모든 이에게 다가가는 기쁨이라면 좋겠다고 하여 사회적 약자를 어떻게 대해야 우리 사회가 건강해질 수 있는지를 은근히 전해 주면서 독자들을 설득하고 있다.

나는 웃는다

괜찮다고 말했지만
사실은 엄청나게 아프다

견딜 수 없이 아프면서도
친구들이 놀아 주지 않을까 봐

밝게 웃는다

괜찮다고 말했지만
사실은 못 살게 아프다

이제는 정신마저
희미해져 갈 정도로
고통스러울 때가 있지만
진통제 몇 알 삼키며
아무렇지도 않게 웃는다

_시집 〈가시연〉

웃는다는 것은 가장 세련된 비언어적 메시지이다. 그런데 사람들은 전혀 행복할 것 같지 않은 사람의 웃음은 바보짓으로 치부한다. 시인도 그런 인식을 느꼈을 텐데 전혀 내색하지 않고 자신은 이럴 때 웃는다고 말해 준다.

괜찮다고 말하지만 엄청 아프고, 친구들이 놀아 주지 않을까 봐 아프면서도 웃었으며 너무나 아파서 정신이 혼미해져도 진통제를 삼키며 웃는다고 하여 고통스러운 상황에서 웃는 자신의 처지를 털어놓았다. 고통스러워도 웃는 것 그것이 시인이 사는 법이다.

3. 사랑할 수 있다면

시인은 2017년 부처님 오신 날에 대한불교 조계종에서 운영하는 불자 대상을 받은 신심 깊은 불교 신자이다. 불교 텔레비전을 통해 날마다 예불을 보는 것은 물론 어머니와 함께 꾸준한 신앙 생활을 해 오고 있다. 뇌성마비 불자 문학모임인 보리수아래 최명숙 대표는 정상석 시인에 대하여 이런 글을 썼다.

-정상석 시인에게 시는 행복이며 슬픔이다. 그리고 그에게 파랑새는 부처

님이다. 어디에 있는지 찾아 헤매야 하는 파랑새가 아니라 그의 눈길이 닿는 곳에서는 언제 어디서나 날아드는 삶 안의 파랑새이다.-

하늘을 사랑할 수 있다면

아무리 쓸쓸해도 나는 좋아
아무리 눈물나도 나는 좋아
하늘을 사랑할 수 있다면
하늘을 사랑하면서
아름다운 시를 쓸 수 있다면

아무리 헐벗어도 나는 좋아
아무리 가난해도 나는 좋아
하늘을 바라볼 수 있다면
하늘을 바라보면서
사람다운 삶을 살아갈 수 있다면

아무리 힘들어도 나는 좋아
아무리 배고파도 나는 좋아
하늘을 안아 볼 수 있다면
하늘을 품에 안고서
고운 님 환한 미소로 노래할 수 있다면

_시집 〈하늘을 사랑할 수 있다면〉

시인은 아름다운 시를 쓸 수 있다면 쓸쓸해도 좋고, 눈물나도 좋다고 하였다. 시인은 사람다운 삶을 살아갈 수 있다면 가난해도 좋다고 하였다. 시인은 고운 님이 환한 미소로 노래할 수 있다면 힘들어도 좋다고 하였다.

시인은 하늘을 사랑할 수 있다면, 하늘을 바라볼 수 있다면, 하늘을 안아 볼 수 있다면 모든 역경을 다 이겨 낼 수 있다고 하였는데 여기서 말하는 하늘은 시인의 세계관 즉 종교관이다. 흔히 하늘은 기독교적인 표현이라고 생각하지만 시인은 하늘을 불교의 우주로 가져왔다.

우리 다시 만날 때는

언젠가
우리 다시 만날 때는
내 앞에서 울지 말아요

먼 훗날
우리 다시 만날 때는
내 앞에서 그냥 웃어 줘요

내가 당신 슬픔 다 알고
당신도 내 아픔 다 알기에
우리 서로
친구가 될 수 있는데
눈물 따윈 필요 없잖아요

당신이 술에 취한 채
내 앞에서 울면
그 옛날 저 하늘로 떠나가신
아버지가 생각나서
여린 가슴 저며 와
나도 소리 없이 울어요

왜 나를 울려요?
왜 나를 눈물나게 해요?

언제가 될지 모르지만
우리 다시 만날 때는
처음 그날처럼
나를 위해 노래 불러 줘요

그냥 그렇게 해 주시면
당신 마음 편안해지고

나의 마음도
아프지 않을 겁니다

_시집 〈가시연〉

시 '우리 다시 만날 때는'은 정상석 시인의 사랑시 완결편이다. 서정시는 설명이 필요 없이 누구나 읽는 순간 바로 공감할 수 있어야 많은 사랑을 받을 수 있다.

지금은 시인 앞에 없지만 우리가 다시 만날 때는 이렇게 하자고 부탁을 해 나가는 구성이 사랑을 잃은 슬픔을 고조시킨다. 언제인지 모르지만 우리가 다시 만나면 울지 말고 그냥 웃어 달라고 한다. 서로의 아픔이 무엇인지 서로 잘 알기 때문에 눈물 따위는 필요 없다고 했다.

당신이 술에 취해 감정을 추스르지 못하고 울면 자신도 소리 없이 운다고 하면서 왜 자기를 울리냐고 야속해한다. 언젠가 다시 만나면 처음 만났을 때처럼 자기를 위해 노래를 불러 달라고 간절히 부탁한다. 그냥 그렇게 해 주면 당신 마음도 편하고 시인 마음도 아프지 않을 것이라며 다시 만났을 때 그녀가 갖게 될 부담감을 덜어 주려고 애쓰는 시인의 마음이 잘 녹아 있다.

아직은 끝나지 않았다

숨도 쉬지 못할 만큼
여기까지 달려오느라
고생 많았다

이젠 지칠 만도 한데
오히려 강해지려는
너의 모습을 보면서
나도 힘을 낸다

여기서
쓰러질 수 없다고 말하는

너의 작은 목소리와
피 맺힌 약속
나는 듣고 있어라

아직은, 아직은
끝나지 않은 시간 속에
너는 승부수를
던질 때를 기다리는
고독한 눈빛인 것을 안다

_시집 〈가시연〉

이 시에서 너와 나는 한 사람, 시인 자신이란 생각이 든다. 여기까지 달려
오느라고 고생 많았다고 격려해 주면서 강해지는 모습에 스스로 힘을 낸
다. 그러면서 자신을 향해 여기서 쓰러질 수 없다고 비장한 자기 약속을
한다.

아직은 끝나지 않았다면서 승부수를 던질 기회를 기다리는 고독한 눈빛
이라고 하여 시인이 앞으로 뭔가를 하려는 목표가 있다는 것을 암시한다.
그런데 이 목표는 시인 개인뿐만이 아니라 장애인 친구들에게 그리고 우리
사회에 보내는 메시지라고 보여진다.

실제로 정상석 시인은 사이버장애인자립생활 인터넷 카페 '푸른내일' 운
영자와 강원도장애인복지관 홀로서기 프로그램의 리더로 활동했으며 강
원도장애인종합복지관 장애극복대상, 춘천시민상을 수상하는 등 활발히
사회활동을 펼치고 있다.

📗 **참고자료**

정상석(2015), 〈새벽이 오는 소리〉, 개미

2부

장애인문학 연구

장애인문학 은유 속 장애 해석하기
-고인이 된 장애시인의 시를 중심으로[1]

방귀희

(숭실사이버대학교 방송문예창작학과 겸임교수)

〈국문 초록〉

문학은 사람이 살아가는 삶의 모습이나 생각을 표현하는 작업으로 그 방식이 매우 전략적이다. 그 전략이란 보편성과 특수성이 함께 존재하는 것이다. 문학은 '나'의 고백을 통해, '우리'의 울림으로 확장시킬 수 있는 에너지가 있다. 그래서 장애인문학은 장애인이라는 특수성을 그저 한 시대를 살아가는 사람이라는 보편적 시각으로 볼 수 있게 만든다.

우리나라에서 장애인문학이 시작된 것은 1991년 장애인문학지 『솟대문학』이 창간되면서부터인데 장애인문학이란 장애문인의 주체적인 문학 활동으로 정의하고 있다.

본 연구에서는 장애인문학을 이미 고인이 된 남인우, 이상열, 서정슬, 최종진, 김옥진 시인과 시 작품을 연구 대상으로, 시인이 살아온 삶의 이야기(story)와 작품 속에서 은유적으로 표현된 담화(discourse)를 내러티브(narrative) 연구 방법으로 탐색하였다.

장애인문학 속에 내재된 장애에 대한 해석은 문학의 장점인 개인의 고백을 우리의 울림으로 확산시켜서 장애인과 비장애인의 간극을 줄이는 역할을 할 것이다.

최근 장애인예술이 활기를 띠고 있지만 장애인문학은 여전히 장애인예술 정책 밖에 있어서 장애인문학이 본연의 역할을 하지 못하고 있기에 장애인문학의 역할과 문제 해결을 위한 과제를 제시하고자 한다.

주제어: 장애인문학, 장애문인, 시, 서사, 은유

---

[1] 이 논문은 한국장애인개발원에서 2025년 발간한 『장애인 복지연구』 제16권 제1호에 게재된 내용이다.

I. 서론

2020년에 제정된 세계 유일한 법률인 「장애예술인 문화예술 활동 지원에 관한 법률^(약칭: 장애예술인지원법)」에 따라 장애인예술은 발전 양상을 보이고 있지만 장애인예술의 다양한 장르 가운데 장애인문학은 매우 열악한 것이 현실이다. 미술 전시회나 연주회, 연극 등의 공연은 활기를 띠고 있는 반면 문학은 여전히 출판도 어렵고 책이 출간되어도 판매가 되지 않는다.

하지만 장애인문학은 1990년 한국장애인문인협회를 창립하고 1991년 국내 최초의 장애인문학지 『솟대문학』이 창간되면서 일찌감치 시작되어 2015년 『솟대문학』 통권 100호 발간을 통해 450여 명의 작가를 양성하였다. 예술 계의 지원을 제한하는 블랙리스트 사건으로 『솟대문학』이 폐간되었지만 2016년 미국 스탠퍼드대학교 도서관에서 장애인문학의 연구를 위해 『솟 대문학』 창간호부터 100호까지 구입해 가는 성과가 있었다.

국내에서도 장애인문학의 산실인 『솟대문학』에 대한 평가가 이루어지고 있다. 이성천[2017]은 '계간 『솟대문학』의 창간은 한국현대문학 100년사에 서 매우 중대한 문학적 사건이었다.'고 하면서, '한동안 소외의 영역에 놓 여 있던 장애인문학을 적극적으로 발굴하여 소개함으로써 장애인문학의 활성화를 유도하였다. 이 과정에서 낯선 창작 주체를 새롭게 확보하여 한 국문학의 내연과 외연을 실질적으로 확장시켰다.'고 평가하였다.

폐간된 『솟대문학』의 뒤를 이어 2017년 10월 반년간 『솟대평론』 창간호 를 내며 방귀희 발행인은 창간사에서 '장애인문학이 하류 문학이 아니라 독특한 경험 문학으로 인간 존재론에 대한 고백임을 보여 주겠다.'고 밝혔 듯이 장애인문학에 대한 활발한 담론이 형성되어야 한다.

차희정[2023]은 '문학 비평은 이론과 지식을 통해서 작품을 분석하는 동시 에 이론과 지식의 출현 배경을 물어볼 수 있다는 의미에서 이해관계에 얽 혀 있다.'고 하면서, '장애인문학 비평도 작품의 미학적 측면과 대중성, 상 업성 등에 대한 검토와 분석을 다양한 관점에서 진행하여 작품성을 규명 한다. 그러나 우선해서 장애인문학 비평이 집중할 것은 문학에 나타난 장애인의 심리와 삶의 조건들이 어떤 점에서 특수하고 또 어떤 점에서 보편적인지를 가늠하는 것이다.'고 장애인문학 비평의 방향을 갈파하였다.

문학은 비평을 통해 성장한다. 장애인문학 또한 그러하다. 하지만 문학평론가들은 장애인문학 비평을 주저한다. 아예 문학 비평에서 제외시킨다. 그 이유는 장애인문학이 낯설기 때문에 장애인문학 장르를 비평한다는 것에 부담을 갖고 있기 때문이다. 그런데 더 큰 이유는 장애문인들이 어렵게 쓴 작품인데 문학적 잣대로 난도질을 하여 작가에게 상처를 주는 것이 염려되기 때문이다. 하지만 장애인문학에 내재된 작가의 경험과 인식, 사회적 현실 등에 대해 적극적으로 해석하는 비평이 반드시 필요하다.

본 연구에서는 장애인문학의 비평을 이미 고인이 된 남인우, 이상열, 서정슬, 최종진, 김옥진 시인의 시 작품을 연구 대상으로, 시인의 삶의 서사와 작품 속 은유로 표현된 내러티브 연구 방식으로 탐색하고자 한다. 장애인문학 속에 내재된 장애에 대한 해석은 문학의 장점인 개인의 고백을 우리의 울림으로 확산시켜서 장애인과 비장애인의 간극을 줄이는 역할을 할 것이다.

II. 이론적 배경

1. 장애인문학 정의

세계 그 어느 나라에서도 장애인문학을 정의하지 않았지만 장애인예술에 대한 정의는 있다. 영국예술위원회에서 정의한 장애인예술(Disability Arts)은 장애인의 문화와 개성을 통해 장애인에 의해 생산된 예술 작품이고, 예술에 장애인의 참여를 지원해 주는 과정이라고 기술하였다(방귀희, 2019).

이와 같은 장애인예술의 정의에 의하면 장애인문학은 장애인의 문화와 개성을 통해 장애인에 의해 생산된 문학작품이라고 할 수 있지만 문학은 미술이나 음악, 무용 등의 예술 장르와는 달리 사상이나 이념을 주제로 창작을 하기에 창작의 주체만으로 정의를 내리는 것은 합리적이지 않기에 장

애인문학의 정의는 포괄적인 의미로 해석하는 것이 합리적일 것이다.[2]

그런데 1991년 장애인문학지를 표방하면서 출발한 『솟대문학』에서는 장애인문학을 장애문인의 주체적인 문학 활동으로 정의 내리며 선명성으로 기존의 문학과 차별성을 두었다.

김홍열(1991)은 '문학에 장애인이라는 구획을 그어 버린 것은 스스로에게 장애라는 올가미를 씌우는 것일 수도 있지만 그럼에도 불구하고 장애인문학을 표방한 것은 문학에 목말라하는 장애문인들이 창작 활동을 가로막는 장벽을 허물기 위하여 정체성을 드러낸 하나의 외침이었다.'고 『솟대문학』의 정의에 동의하였고, 차희정(2023)은 '여성문학, 농민문학, 노동문학 등으로 제 이름을 찾았듯이 장애인에 대한 차별, 갈등, 충돌 등을 문학적으로 형상화한 시, 소설, 수필 등의 문학작품을 장애인문학으로 정의할 수 있다.'고 하였다.

문학이야말로 장애에 대하여 자유로운데 문학도 제도권 안에 있는지라 충족시켜야 할 조건이 있고, 장애문인은 장애 때문에 그 조건을 충족시키지 못하여 제도권 안으로 진입하지 못하고 있다. 그래서 문학을 포기할 수 없는 장애문인들이 모여 1991년 봄호를 창간호로 장애인문학지『솟대문학』을 창간하여 2015년 겨울호로 통권 100호 기록을 세웠다.『솟대문학』 25년 동안의 활동으로 장애인문학이 문학의 한 장르로 자리매김하는 성과가 있었다.

2. 문학에서의 은유

문학은 사람이 살아가는 삶의 모습이나 생각을 표현하는 작업으로 그 방식이 매우 전략적이다. 그 전략이란 보편성과 특수성이 함께 존재하는 것이다. 문학은 '나'의 고백을 통해, '우리'의 울림으로 확장시킬 수 있는

2) 장애인이든 비장애인이든 모든 인간은 평등하다는 이념으로 장애인의 삶을 문학을 통해 표출하고 있다면 여성문학과 같은 차원으로 논의될 수 있을 것이다. 즉 장애인을 소재나 장애를 주제로 한다면 장애인문학에 포함시켜야 한다(김홍열, 1991).

에너지가 있다. 바로 이런 특성 때문에 문학작품이 독자들의 사랑을 받는 것이다.

권대근(2023)은 문학적 전략으로 은유(metaphor)를 들었는데 국어국문학자료사전(1998)에서 '은유는 표현하고자 하는 원관념(tenor)과 비유되는 것, 즉 보조관념(vehicle)을 동일시하여 다루는 기법이다(I. A. Richards).'[3]고 설명하였듯이 은유적 표현은 원관념을 글자 그대로 사용하지 않고 상징적인 다른 표현을 하는 것이다.

원관념은 한마디도 하지 않고 보조관념만 표면에 나타내어 원관념을 유추하게 하는 은유는 기존 관념들 속에서 새로운 관계를 찾아 결합시킴으로써 신선한 생명감을 불어넣는 참신함으로 문학작품의 백미(白眉)를 이룬다.

문학작품 가운데 시(詩)라는 장르는 특히 은유적 장치가 많다. 권대근(2022)은 '시의 언어는 특정의 새로운 의미를 환기하는 상징성을 지니게 되면서 시 작품이 독창성과 사회성을 구현하는 것이기에 은유를 사용한다.'고 하면서, '한 편의 훌륭한 시는 시인의 독백으로써가 아니라 대상을 통한 객관적상관물(客觀的相關物)의 원리[4]로써 독자에게 전달된다.'고 하였다.

그래서 은유적 표현은 지금까지의 고정관념에 새로운 기능을 부여해 주는 역할을 통하여 사회 인식의 변화를 가져온다.

은유 작용에서 은유하려는 대상을 목표 영역(target domain), 그 대상을 이해하기 위하여 끌어들인 영역을 근원 영역(source domain)이라고 명명하는데, 본 연구에서 목표 영역은 장애가 있는 몸이고, 목표 영역이 된 장애인의 고통과 차별을 이해하기 위해서 끌어들인 근원 영역은 사람에 대한 사랑인 인간애(人間愛, humanism)이다. 인간애는 타인을 이해하고, 공감하며, 베풀어 주려고 하는 숭고한 사랑이기에 문학작품의 기저에는 사랑이 흐르는 것이다.

---

3) 리챠즈(I.A. Richards)는 원관념(tenor)과 보조관념(vehicle)의 용어를 사용하여, 은유는 이 두 관념의 결합으로 새로운 은유적 의미를 생성한다고 하였다.

4) 시에서 정서와 사상을 표현하기 위하여 찾아낸 사물, 정황, 사건을 이르는 말로 엘리엇(Eliot, T. S.)이 처음 사용하였다.

3. 내러티브 연구

Terry Eagleton[2006]이 '문학이론이란 것은 그 자체로서 지적인 탐구의 대상이 되는 것이 아니고 우리 시대의 역사를 바라보는 특정한 시각이다.'고 하였듯이 문학 연구는 사회과학 연구와는 다르게 사람을 둘러싼 사회 환경이 아니라 사람을 바라보는 시각을 특정 시대나 특정 인물을 통해 탐색하는 것이다. 그래서 인문학적 논문 쓰기는 사람의 이야기나 작품을 탐색하는 내러티브[narrative] 연구 방법을 택하게 된다.

질적 연구의 하나인 내러티브 연구는 사물과 세계를 인식하고 경험하는 가장 기본적인 사고 체계이며, 동시에 가장 오래된 커뮤니케이션 전략이기도 하다[Fiske, 1992]. 내러티브는 과거에 발생한 사건을 재구축한다는 점에 중요한 의미가 있다.

내러티브 연구는 아리스토텔레스의 〈시학〉을 비롯해 오랜 전통을 가지고 있지만 학문적으로 다뤄지기 시작한 것은 그리 오래되지 않았다. 서사이론(敍事理論)을 새롭게 발전시킨 학자인 Chatman[1990]은 러시아 형식주의와 구조주의의 기존 논의를 받아들여 문학이나 영화의 서사이론에 적용시켰다. 서사물을 이야기[story]와 담화[discourse]의 결합으로 이루어진 구조로 정의하고, 각각의 구성 요소들과 그 본질적 특성에 관한 연역적이고 체계적인 이론을 정립하였다[정승혜, 2015].

이야기는 표현된 내용이고 담화는 표현하는 형식 혹은 전달되는 방식이다. 어떠한 일이 발생했는가의 이야기는 서사물이 다루고 있는 기본적인 사건들의 집합이고, 담화는 이러한 근본적인 이야기들을 표현하는 데 사용되는 모든 기술적인 장치들을 말한다. 즉 언술(言術) 표현 방식이다.

그래서 본 연구에서는 장애인문학의 주체인 장애문인 삶의 이야기와 장애문인이 쓴 시 작품에서 장애를 은유적으로 표현한 담화를 탐색하여 그 의미를 해석하고자 한다.

Ⅲ. 연구 대상 및 해석

1. 장애문인의 서사

1) 작지만 매우 커 보였던 남인우(1945~?, 남, 지체장애)

초등학교 2학년 피난 시절, 친구 집에 놀러갔었는데 친구 형이 시끄럽다고 그의 얼굴을 걷어차서 쓰러지자 그의 등을 짓밟는 바람에 척추뼈가 부러져 척추장애인이 되었다. 앞뒤로 튀어나온 등과 작은 키, 그것은 남인우가 평생 짊어지고 가야 할 멍에인데 그 고통을 잊기 위해 글을 쓰게 되었다.

우연히 신문에서 『시원문학』 동인 모집 광고를 보고 응모하여 시원문학 동인으로 활동을 하면서 문학이 무엇인지 알게 되었고 급기야 문학을 사랑하게 되었다고 고백했다. 하지만 발표할 지면이 없어 문학을 짝사랑만 하고 있을 때 『솟대문학』이 탄생하여 본격적인 활동을 하게 된 것이었다.

부인과 자녀들은 교육 때문에 춘천에서 살고, 시인은 강원도 추곡리 산골에서 황무지를 개간하여 직접 지은 집에서 꽃과 나무, 벌, 닭들과 함께 혼자 살며 마치 유서를 쓰듯 시를 짓다가 언제인지 모르지만 세상을 떠났다. 남인우 시인은 『솟대문학』 추천완료(1991), 제1회 솟대문학상(1996)을 수상하였으며, 시집 〈남은 것을 위하여〉가 있다.

2) 고독의 옷을 입고 행복을 건진 이상열(1945~2009, 남, 지체장애)

어업 사업으로 큰돈을 번 부친 덕분에 서울로 올라와서 동국대학교 국문학과에 다니며 문학청년으로 살다가 공대 편입을 위해 휴학계를 내고 편입 시험 준비를 하면서 야간학교 국어 교사로 봉사하며 보람 있는 시간을 보냈다. 그즈음 열정적인 사랑을 하며 결혼도 하였다. 아기가 생기자 가장으로서의 책임을 다하기 위해 포항제철 하청업체에 사무직으로 취직을 하였다.

그러다 1982년 산업현장에서 추락사고로 전신마비가 되었다. 장애를 갖게 된 후 아내와 아이들마저도 그의 곁을 떠났다. 모든 것을 다 잃고 아무것도 할 수 없는 상태에서 타자봉을 입에 물고 글을 쓰고, 붓을 물고 삽화를 그리며 창작의 기쁨을 느끼며 문인으로서의 새로운 삶을 살았다.

그 결과 이상열은 『조선문학』 신인상(1994)과 솟대문학상(1999)을 수상했고, 시집 〈우리가 살다 힘들 때면〉, 〈우리 사는 동안〉 등을 발간하며 활발한 창작 활동을 하였으나 2008년 폐동맥 수술 후 건강이 급격히 악화되어 2009년 죽음을 맞이했다.

3) 자연을 닮은 시인 서정슬(1946~2015, 여, 뇌병변장애)

교육자 집안의 맏딸로 태어난 서정슬은 중증뇌성마비로 학교교육을 전혀 받지 못하고 어머니께서 동생들 숙제를 설명해 주시는 것을 들으며 한글을 익혀 글을 쓰기 시작했다.

서정슬은 동생들이 구독하는 어린이 잡지를 읽을 때가 가장 행복했다. 자신도 동시를 지어 보곤 하다가 1962년 『새벗』 10월호에 그녀가 투고한 동시가 실려 실력을 인정받았다.

아동문학계의 쟁쟁한 윤석중, 어효선 등 여러 작가들이 한 번도 만난 적이 없는 그녀의 작품을 여러 지면에서 가끔씩 칭찬해 주었다. 이런 칭찬에 용기를 얻은 그녀는 글쓰기에 온 힘을 쏟았고 그 결과 시 노트가 한 권, 두 권 쌓여졌다. 그녀가 활동하던 가톨릭 공동체의 수녀님이 서정슬의 시노트를 홍윤숙 시인에게 보여 준 것이 계기가 되어 1980년 〈어느 불행한 탄생의 노래〉라는 시집이 세상에 나오게 되었다.

1982년 제10회 새싹문학상을 수상하며 그녀는 당당히 아동문학 문단에 이름을 올렸고, 꾸준한 작품 활동으로 아동문학가로서 자리를 굳혔다. 서정슬 동시는 초등학교 국어 교과서와 음악 교과서에 곡이 붙여진 동요로 수록되었다.

2000년대에 들어서면서 건강 악화로 경기도 광주에 있는 요양원에서 노년을 보내던 그녀를 위해 『솟대문학』에서 그녀의 대표작과 미발표작을 모아 동시집 〈나는 빗방울, 너는 꽃씨〉(2013)를 출간하였는데 그로부터 2년 후인 2015년, 서정슬은 생의 마침표를 찍었다.

4) 시로 생명 줄을 잡고 살았던 최종진(1957~?, 남, 지체장애)

4남 1녀의 막내로 태어난 최종진은 부모님과 형제들의 사랑을 듬뿍 받으며 자랐다. 모범생으로 중고등학교를 마치고 동아대학교 영어교육과에 합격하여 중고등학교 교사가 되는 계획을 세웠으나 그의 어렸을 적 꿈인 초등학교 교사가 되기 위해 진주교육대학으로 재입학하였다.

대학을 졸업하고 군 복무 3년을 마친 후 고향인 김해에서 초등학교 교사 생활을 하면서 오랫동안 연애하던 여자와 결혼하여 행복한 시간을 보내고 있었다. 그러다 의료보험조합 지소장으로 직장을 옮겨서 지역 의료보험 보급을 위해 열심히 일했다.

그러던 1989년 1월 어느 날, 아내의 배웅을 받으며 집을 나섰다. 여느 때처럼 오토바이를 타고 한적한 국도를 따라 출근을 하던 길에 그가 탄 오토바이를 덤프트럭이 덮친 교통사고로 최종진은 전신마비장애인이 되었다.

『솟대문학』에 그의 시가 처음 실린 것은 1994년이고, 솟대문학상을 수상한 것은 1997년이다. 시를 많이 썼지만 시집으로 발간된 것은 〈그리움 돌돌 말아 피는 이슬꽃〉 한 권뿐이다.

〈2022년 장애인예술수첩〉 제작으로 회원 확인을 하면서 그가 세상을 떠났다는 사실을 알게 되었을 뿐 언제 어떻게 눈을 감았는지 알 길이 없다.

5) 영원한 산골 소녀 김옥진(1961~2016, 여, 지체장애)

여고 2학년 겨울방학을 앞둔 어느 날 동네 성곽에 올라가 친구들과 사진을 찍다가 추락사고로 목뼈를 다쳐 전신마비장애를 갖게 되었다. 깊은 산골이라 재활치료 한번 받지 못하고 엎드려 누워 생활하는 처참하고 지루한 시간 속에서 자신의 마음을 짧은 글로 표현하며 시를 쓰기 시작하였다.

KBS라디오 방송에 김옥진의 사연이 소개되었는데 뇌졸중으로 장애를 갖게 된 랑승만 시인이 그 방송을 듣고 그녀가 살고 있는 전북 고창까지 찾아와서 1987년 〈산골 소녀 옥진이 시집〉이 출간될 수 있도록 도와주었다. 시집 발간 소식이 언론을 통해 세상에 알려지면서 100만 부가 팔렸다. 장애인이 글을 쓴다는 것이 화제가 되어 김옥진에게 많은 관심과 지원을 보내 준 덕분에 그녀는 산골에서 벗어나 서울 생활을 하게 되었다.

김옥진은 1993년 『시문학』을 통해 시인으로 등단한 후 시집과 수필집 발간, 그리고 강연 등 왕성한 활동을 하였지만 2009년 이후는 활동이 거의 없었다. 원고 청탁 한번 없는 문학계에 깊은 좌절감을 느끼며 칩거 생활을 하던 중 2013년 대장암 진단을 받고 투병하다가 2016년 세상을 떠났다.

2. 시 작품 은유 속 장애 해석

1) 소박한 자립형-선산을 지키는 굽어진 솔나무

남인우 시인은 『솟대문학』에 가장 많이 작품을 보냈고, 따라서 가장 많은 작품이 실린 작가이다. 1993년 여름, 솟대문학 편집부 식구들과 남인우 시인 집을 방문한 적이 있는데 그는 부지런한 일벌 같았다. 잠시도 쉬지 않고 움직였다. 시골집이라 할 일도 많았지만 바깥일을 낮에 다 해 두어야 저녁에 편안한 마음으로 혼자 시를 지을 수 있었기 때문이었다.

> 한생에/가꾸어야 할 땅이라/스스로 주인이 되고/과목이 되어/때 없이 무성해지며/자라나는 절망을/마른 가지이듯 잘라 내고 있었네//
> 빛 좋은 사과 한 알보다/속이 익은 모과 한 개로 익고자/그 긴 가뭄에도/내 눈물 길어 내어 물을 주었네//
> 밤이면 고단한 몸 풀어 이슬 담고/가을볕 한 자락에도 감사해하며/안으로, 안으로 익으려 했네/못생긴 몸뚱이에 향내 담아 보고자//
> _모과 하나 키우며, 남인우

모과는 모과나무의 열매로 겉모양이 울퉁불퉁하여 못생긴 열매의 대명사가 되고 있지만 모과나무는 장미과의 낙엽 교목으로 모과는 장미처럼 아름다운 꽃을 피우지는 못하는 대신 그 열매는 사람들에게 아주 유용하다.

시인은 시어를 통해 모과를 세상 밖으로 끄집어내었다. 모과는 자신의 눈물로 물을 주어 가며 안으로 안으로 익어 갔기 때문에 그 향기가 그윽한 것이라고 하였다. 하지만 사람들은 당장 눈길을 잡아끄는 장미의 아름다움에 빠져 모과 같은 사람의 진가를 모른다.

시인은 모과를 키우며 모과의 인내와 진실이 너무나 아름답다는 것을 알았기에 모과 같은 사람이 되자는 메시지를 던져 주면서, 시인 자신을 모과에 은유하며 장애로 인해 사람들이 눈길을 주지 않지만 자신만의 인간적인 향기가 있다는 것을 은근히 드러내고 있다.

시 '고향솔'은 시인의 일생을 담고 있다. 장애가 있는 자신만 고향에 남아 굽은 등으로 선산을 지키다가 늙으면 잔솔 퇴비가 되거나 모닥불에 던져져 작은 불꽃이 되는 소나무의 솔을 시인의 인생에 비유하였다.

건강한 형제들은 모두 고향을 떠나 잘 사느라고 고향에 오지도 못하고 부모님을 모시지도 못하지만, 시인은 못난 덕에 고향에서 뿌리를 내리고 사는 고향 지킴이라는 것은 결코 하찮은 역할이 아니라는 사실을 일깨워 준다.

시 '상여'는 어쩌면 시인 자신의 상여일지도 모른다. 시인은 죽음이란 무대 위에서 서툰 몸짓을 하다가 뒷모습을 보이면서 무대를 떠나가는 것이라고 하였다. 무대를 내려와 걸어가는 들판은 몰골 추한 껍질만 남아 있다고 하여 무대 위에서 꾸며진 모습과 대조를 이룬다. 살아서도 추한 몰골로 죽은 것처럼 살아야 하는 사람이 있다는 것을 은유하고 있다.

남인우 시인은 모과와 고향 솔나무에 작가를 이입하여 겉모습이 못생긴 모과는 향기로 사랑을 받고, 자기 몸처럼 굽어진 고향의 솔나무는 언젠가 시린 가슴을 녹여 주는 불꽃이 될 것이라고 그 쓰임새를 긍정적으로 평가한다. 그리고 언젠가 작가 자신이 타게 될 상여를 통해 자신의 일생을 돌아보면서 세상에 자기 것은 없으니 한쪽으로 치우쳐서 편협하게 살지 말라는 인생 조언을 해 준다.

작가가 시의 은유를 통해 하고 싶은 말은 장애인은 모과 같은 향기와 굽은 솔나무 같은 끈기로 우리 사회에서 인간으로서의 도리를 다하고 있다는 것이다. 마치 장애인을 쓸모없는 사회의 기생적인 존재로 생각하는 사회 인식에 정면으로 도전한 작품이면서도 아름답다.

그래서 문학평론가 이성천[2017]은 '소박하면서도 감각적인 시적 언어를 동원하여 장애인문학 특유의 새로운 미의식을 선보이고 있다는 점에서 주목할 만하다.'고 그의 시를 평하였다. 이렇듯 남인우 시인은 자신의 삶을 소박한 성공으로 이끈 자립형 인생을 살았다.

2) 사랑을 찾는 구도형—유쾌한 은유로 세상을 품다

이상열 시인은 라디오 방송을 통해 장애인문학지 『솟대문학』이 창간된다는 소식을 듣고 솟대문학 사무실로 시 몇 편을 보냈는데 그 가운데 '앰뷸런스'가 『솟대문학』 창간호[1991년 봄호]에 실렸다. 그는 1982년 산업현장에서 추락사고로 전신마비가 된 후 입에 필봉을 물고 타자를 쳐서 글을 쓰고 있다면서 10년 동안 열심히 글을 썼는데 이것이 시인지 모르겠으니 한번 읽어 봐 달라는 편지가 있었다.

> 어릴 적/웨-앵 하면서 살같이 달리는/앰뷸런스 뒤를 좇으며/나도 꼭 한 번 타 볼 거야/결심했었지//
> 삼신할머니 잊지 않고/귀엽다고 기어이/마흔 고개 넘기지 않고 약속 지키

셨지//

목 부러져/배는 남산 같고/사지 어디 한 군데 움직일 수 없었지/삼신할머
니 장난이 너무 심했었나//

내 혼은/이승 저승을 바쁘게 오갔지/포항, 대구를 삼십오 분으로 나르는
데/참 신났지. 온갖 차는 다 비켜 주고//

한평생 남에게/추월만 당하다가/오늘/시원하게 추월 한번 해 보네//

실금실금 웃다가/링거병 움켜쥐고 사색이 된/아내 얼굴 쳐다보고/아차!/처
자식 땜에 정신차려야제//

이오-이오/요즘 앰뷸런스는 소리도 부드럽네/이오-이오-이오//

_앰뷸런스, 이상열

이 시를 본 조선일보 이규태 논설위원은 1991년 5월 14일 조선일보 '이
규태 코너'에 '솟대문학'이라는 제목의 칼럼에서 이상열의 시 '앰뷸런스'를
예로 들면서 '솟대문학은 우리나라의 해묵은 편견을 극복하는 사명이 있
다.'고 설파하였다.

그리고 문학평론가 이성천(2017)은 '장난기가 넘치는 반어법으로 일관하던
이 작품은 일순간 사색이 된 현실에서 처절한 슬픔의 정서로 변모함으로
써, 결과적으로 탁월한 비극미를 획득하고 있다.'고 극찬하였다.

추락사고 후 앰뷸런스에 실려 병원으로 가면서 시인이 느낀 소회가 한 편
의 시에 간단명료하게 담겨 있다. 1945년생인 시인은 어린 시절 앰뷸런스
를 한번 타 보고 싶었던 철없는 소망으로 시작하여 비유법으로 사고의 심
각성을 알리면서도 그동안 추월만 당하고 살다가 앰뷸런스를 타고 추월을
해 보는 모순을 위트 있게 표현하였다.

시인의 은유는 고통을 유쾌하게 표현하여 독자들이 편안하게 고통을 이
해하도록 하고 있다. 모순인 듯한 패러독스(paradox)가 독자들의 마음을 끌
어당기는 것이다.

어찌하다 요에서 바닥으로/한 바퀴 굴러떨어졌다/뒤집힌 거북처럼 꼼짝할
수 없다//

천장은 가로 세로 사방 연속무늬로/잘 계획된 도심의 도로 같은데/침묵은

무시무시하게 나를 누른다//

　나와 요, 30cm 사이에/완강히 거절하는 푸른 절망과/아득히 남은 세월이 흐른다//

　방바닥 차가운 냉기는/뼛속에 스미고/움직일 수 없는 팔다리는/차라리 풀잎만 못하다//

　저녁에 동생이 와서/요 위에 올려 뉘일 때까지/하루가/30cm를 넘을 수 없는/뒤집힌 거북이였다//

_30cm, 이상열

　시인은 사고로 아내와 딸 둘을 빼앗겼다. 형식적으로는 그가 아내와 딸 둘을 두고 집에서 나갔다. 1989년 12월 23일, 온 나라에 크리스마스 캐럴이 울려 퍼질 때 어머니와 함께 남동생 집으로 들어갔다. 돈도, 건강도 모두 잃은 완전한 패잔병이 된 것이다. 사고 후 2년 동안은 산재보험금 합의로 시간을 보내고, 나머지 5년은 지쳐 가는 아내와 멀어지는 아이들을 붙잡기 위해 안간힘을 쓰던 인고의 시간이었다.

　이 시는 남동생 집에서 있었던 일이다. 언제나 그렇듯이 장애는 고독이란 옷을 입힌다. 고독은 정서의 문제가 아닌 케어를 받지 못하는 육체의 문제를 수반한다. 30cm의 매트에서 떨어진 시인은 뒤집힌 거북이처럼 꼼짝달싹 못하고 동생이 들어올 때까지 9시간 동안 맨바닥에 시체처럼 누워 있었는데 3월 초순이라서 방바닥의 찬기가 온몸에 독소처럼 번져 고통, 설움, 절망, 분노로 숨이 막혔을 것이다.

　너무 애쓰지 마세요/자신의 영혼을/보다 더 높이 올려놓기 위해서//

　너무 애쓰지 마세요/자신의 삶을/조금 더 행복 가까이 두기 위해서//

　다만/감사하게 생각하세요/세상 모든 아름다운 것들에게//

_우리 사는 동안, 이상열

　시인은 우리가 사는 동안 출세하기 위해서, 행복해지려고 애쓰지 말라고 충고한다. 그리고 세상의 모든 아름다운 것들에 감사하라고 부탁한다. 시인의 모든 작품의 기저에 일관되게 흐르는 것은 순화된 사랑으로 사랑의 이상화를 통해 구원의 정신을 가식 없이 표현하였다. 시인이 장애로 인해 경험한 이별, 그리움 그리고 절망이 계속되지 않고, 고독을 산화시켜 절대적 사랑으로 승화시킨다. 이별, 그리움, 절망을 녹여 숭고한 사랑으로 완성하는 것이다. 정서적 자기 평정을 이루면서 평화로 이어지는 일련의 과정은 장애라는 엄청난 고통으로 얻은 성숙한 인생관이다.

이상열 시인은 사고로 생사를 오고 가는 절체절명의 순간에도 장난스러운 위트로 자신의 슬픔을 숨기고 있다. 이 반어적인 은유가 장애인문학이 신세타령이라는 세간의 편견을 보란 듯이 응징한다. 시 '30cm'는 전신마비장애를 의학적으로 설명하는 것보다 훨씬 애절하게 은유하여 짤막한 시 한 편일지라도 많은 이야기를 해 준다.
이상열 시인은 지독한 불행을 경험하면서 다른 사람을 원망하기는커녕 우리가 사는 동안 감사해할 것이 너무나 많다면서 고통을 사랑으로 승화시킨 구도형 삶을 살았다.

3) 동심의 순수형-시시각각으로 변하는 계절로 시어를 빚다

서정슬 시인은 세상에 태어나자마자 걸린 뇌성마비로 일상의 삶에서 멀어졌다. 철저한 소외도 참고, 바보 취급을 당하는 억울함도 참고, 아픔도 고통도 절망도 눈물도 외로움도 분노도, 모두 다 참아 낸다. 그녀는 인내의 여왕이다.
또한 그녀는 노력의 여왕이다. 글자 한 자를 쓰기 위해 제멋대로 뻗치는 팔과 다리를 있는 힘을 다해 바닥에 붙이고, 한 자 한 자를 돌에 새기듯이 힘을 주어 글자를 만들었다. 이런 어려운 창작 끝에 16세 때 처음으로 자신의 동시 '해바라기'가 소년한국일보에 발표되었다.

키다리 아저씨/무얼 보세요/담 너머 고개 빼고/무엇 하세요//
담 너머 이웃 마당/꽃을 본단다/봉숭아 아가씨와/얘기한단다//
_해바라기, 서정슬

  그녀의 몫으로 주어진 학용품이 없었기에 동생들이 쓰다 버린 몽당연필로 삐뚤빼뚤하게 써서 보낸 시가 신문에 반듯한 활자로 실린 것을 본 순간 서정슬은 글에 대한 매력을 느꼈다. 그리고 심사평에 나온 비상한 시상이라는 칭찬이 그녀에게 글에 대한 자신감을 갖게 했다.

  그 후 그녀는 마치 현미경으로 사물을 들여다보듯이 세밀히 관찰했고, 망원경으로 보듯이 아주 먼 곳까지 내다보았다. 그녀의 현미경과 망원경은 투시력까지 있어 남달리 투명하고 순수한 글을 쓸 수 있게 해 주었다. 그런 글들이 노트의 한 페이지 한 페이지를 메꾸어 갔다. 서정슬은 그것이 시라는 생각을 하지 않았다. 다만 자신의 생각을 짧은 글로 옮겨 적었을 뿐인데 다듬어지면서 점점 훌륭한 동시가 되었다.

> 문상 가는 길일까/성묘 가는 길일까/검정나비//
> 누구의 묘에서/나온 넋일까, 그리움일까/검정나비//
> 산길에만 보이는/검정나비//
>
> _검정나비, 서정슬

  시인의 눈에 들어온 검정나비는 상옷을 입은 것으로 의인화되어 문상도 가고 성묘도 간다. 검정나비는 묘에서 나온 넋이다. 그런데 묘에서 나온 이유는 증오심에 이글거리는 복수가 아닌 누군가를 보고 싶은 그리움이다. 시인은 검정나비 하나를 보고 그녀의 상상 속에 많은 이야기 주머니가 주렁주렁 매달린다. 몸은 멀리 떨어져 있지만 검정나비 옆에서 다정히 사정 얘기를 듣는 듯한 정서가 포근하다.

> 바람이 그네를 타고 있어요/창가에 달아 놓은 파란 발에서//
> 바람이 줄넘기를 하고 있어요/내 키도 닿지 않는 빨랫줄에서//
> 바람이 물놀이를 하고 있어요/나뭇잎을 연못에다 동동 띄우고//
> 바람이 숨바꼭질하고 있어요/꽃나무와 잎 사이로 뛰어다니며//
> 바람도 나처럼 심심한가 봐/여기저기 장난치며 돌아다녀요//
>
> _바람, 서정슬

시인에게 계절은 신세계이다. 시시각각으로 변하는 계절은 시인에게 풍성한 글감을 가져다주었다. 시인은 바람조차 놓치지 않는다. 바람이 그네를 타고, 바람이 줄넘기를 하고, 바람이 물놀이를 하고, 바람이 숨바꼭질을 한다. 이렇게 바람이 이것저것 장난을 치는 것은 시인처럼 심심하기 때문이라고 하여 시인이 장애로 인해 외부 활동을 못하고 있는 현실을 은유하고 있다.

시인에게는 해바라기, 나비, 바람 등 모든 자연이 시의 소재이다. 시인의 눈에 들어오는 모든 자연을 의인화하여 친구로 만들어 놓고 혼잣말로 중얼거리는 것이 문학적 장치인 은유가 된다. 시인은 은유화하는데 천재적이다. 동시이지만 성인의 감성을 간지럽혀서 독자들이 어느덧 시인과 대화를 나누게 만드는 은유의 대가이다.

이렇듯 서정슬 시인은 평생 동심을 잃지 않고 자연을 관찰하며 자연주의 삶을 살았던 세상에 오염되지 않은 순수형 인생이다.

4) 생명주의 은둔형-등나무에 꽃을 피우다

최종진 시인은 평범하지만 자신의 삶에 최선을 다한 덕분에 행복을 가꾸어 가고 있었다. 직장 생활도 만족스럽고 집에 오면 사랑하는 아내가 있어서 더 이상 바랄 것이 없는 행복이었다. 32세가 되던 1월 어느 날 덤프트럭이 그를 덮쳐 전신마비장애인이 될 줄은 그 누구도 상상하지 못했다. 살아서 고맙다는 부모님의 말씀이 원망스러울 정도로 자신의 현실이 고통스러웠다.

한 방울의 눈물도 허락지 않네/모질게 꼬여/눈물겨운 네 꽃이 피기까지/숨한 번 크게 쉬지도 못하였어라//
박토에 뿌리내려/폭염을 가르고/이렇게 그럴싸한 그늘을 만들기까지/목말라 애태운 나날들이/온몸을 비틀어 남긴/무수한 상처 위에/오늘은 마침내/찬연한 꽃사태로 눈부시어라//

_등꽃, 최종진

등꽃을 보지 못하였을지라도 이 시를 보면 등꽃이 어떤 과정을 거쳐서 어떻게 피어 있는지 상상이 된다. 등나무는 많이 꼬여 있을수록 좋다. 그래야 사람들에게 시원한 그늘을 만들어 주기 때문이다. 무더운 여름에도 등나무 안으로 들어가면 곧바로 시원하기 때문에 사람들은 등나무로 모여든다.

누워서 생활하는 동안 그의 몸에 변화가 생기기 시작하였다. 근육이 빠져나간 팔다리가 앙상하게 말라비틀어지더니 등나무처럼 엉켜 버렸다. 한 방울의 눈물도 빠져나오지 않을 정도로 모질게 꼬여 있을 무렵 놀랍게도 등꽃이 피었다. 바로 시가 창작된 것이다. 최종진에게 시는 등꽃이다.

약점 잡아/등을 치는/이 환장할 세상에/새여/너는/앉아 있는 상대는 아랑곳 않고/날아오르는 목표만 쓰러뜨리는/한 자밖에 안 되는/당찬 몸매의/천연기념물//

_황조롱이, 최종진

전신마비로 누워서 5년이란 시간을 보내는 동안 모두 떠나 버렸다. 아내도, 동료도, 형제도 그 곁에 없었다. 상실의 시간을 보내며 감각 없는 왼손에 사인펜을 끼고 글씨를 그린 것이 시가 되었다. 1997년 솟대문학상을 수상하게 한 이 작품은 최종진을 시인으로 만들어 준 시이다.

대학 동아리 활동으로 아동문학을 한 것이 전부였지만 경원대학교 문예창작학과 김삼주 교수는 '독설의 언어, 함축의 언어를 생성하는 그의 시 정신은 늘 현실에 촉수를 드리운다. 그는 오늘날의 일그러진 인간성, 현실사회의 부정적인 면을 날카로운 시신으로 포착하고 비판하는 지열한 시정신을 가진 작가이다.'라고 심사평을 하였다.

완벽한 순수/먼 길을 돌아/잡스런 욕망 걷히고/생경한 논리 사라져/아무도 침범할 수 없는/빛나는 향기//
윤회의 결정/먼 길을 돌아/애틋한 사랑이었다가/불붙는 분노이었다가/아무도 부정할 수 없는/찬란한 생존//

_똥, 최종진

전신마비장애였던 그에게 가장 힘든 일은 대변을 처리하는 방법이었을 것이다. 보통 사람들은 느낌이 오면 화장실에 가서 자연스럽게 해결하지만 감각이 없는 척수마비인들은 관장으로 뽑아내야 하기 때문이다.

사람은 똥을 냄새나는 하찮은 배설물로 생각하지만 시인은 완벽한 순수라고 하였고, 윤회의 결정으로 찬란한 생존의 증거물이라고 예찬하였다. 똥에 대해 이렇게 깊이 생각하며 은유적으로 표현할 수 있는 것은 전신마비 시인이기에 가능하다.

최종진 시인은 자신을 등꽃에 은유하였다. 등꽃은 넝쿨로 꼬이고 꼬여서 다른 나무들처럼 늠름한 모습이 아니지만 여름 뙤약볕을 막아 시원한 그늘을 제공하듯이 자신의 몸은 쓸모없어졌지만 시로 그늘을 만들어 주고 싶다는 시인의 소망을 담고 있다.

그리고 날아오르는 목표만 공격하는 날쌘 황조롱이와 누워서 생활하는 시인을 대비시키면서 우리 사회의 부조리한 현상을 꼬집었다. 또한 똥을 통해 찬란한 생존을 확인하는 생명 존중의 메시지를 진지하게 남겨 주었다.

시인은 철저히 사람들과 격리되어 은둔형 삶을 살았지만 아침에 눈을 뜨며 자신의 생존을 확인했다고 할 정도로 생명주의자이다. 그런 생명 존중 사상으로 시를 지었었기에 그의 삶은 뜨거웠다.

5) 소소한 투사형-세상을 향해 끊임없이 외치다

김옥진 시인은 부모님의 돌봄으로 생활했는데 부모님 연세가 많아지자 부모 사후 혼자 남게 될 자신을 누가 돌볼 것인지에 대한 걱정이 컸지만 정작 시인이 먼저 세상을 떠났다. 그녀는 죽기 3년 전에 대장암 진단을 받았다. 소변은 배를 눌러서 기저귀로 받아내고, 대변은 엄마가 손가락을 항문에 넣어 파내는 방식으로 해결을 했기 때문에 생긴 질병이라고 시인 자신이 말해 주었다. 그녀는 염증이 심해서 항생제를 매일 한 주먹씩 먹었다.

결국 그녀는 2016년 세상을 떠났고, 장례식장에 갔을 때 영정 앞에 신간 〈구름다리 건너 하늘로〉가 놓여 있었다. 자신의 죽음 소식을 듣고 빈소에 찾아온 분들에게 그 마지막 시집을 선물로 주라는 유언을 남겼다고 한다.

  마지막 시집 〈구름다리 건너 하늘로〉는 시인이 암과 투병을 하며 준비한 시집으로 김옥진의 정체성이 담긴 시인의 분신이다.

> 외롭지 마라/동도 서도 쌍둥이다//
> 용꿈 꿔/바다에 낳았다//
> 괭이갈매기/아픈 다리 묶어 주고/바람도 날 저물면/쉬어 가는 곳//
> 동쪽 끝/작은 섬//
> 한반도 지킴이다//
>
> _독도, 김옥진

  한국 사람이라면 누구나 독도를 지켜야 한다는 책임감을 갖고 있다. 독도는 우리나라가 용꿈을 꾸고 바다에 낳은 가장 귀한 존재이다. 그곳은 날갯짓을 하다 다친 갈매기의 다리를 치료해 주고, 바람조차도 쉴 수 있는 우리의 안식처로서 독도가 한반도를 지키고 있다고 시인은 독도의 역할과 가치를 일깨워 주고 있다.
  시인은 자신의 상태를 독도에 은유하였다. 시인은 한 단란한 가정의 장녀로 부모님의 큰 기대 속에서 태어났다. 18세 때 추락사고로 전신마비장애가 생긴 후 세상과 분리되어 혼자서 외로운 시간을 보냈다.
  하지만 그녀는 시를 쓰며 1987년 발간된 〈산골 소녀 옥진이 시집〉을 통해 중도에 장애를 갖게 된 많은 사람들에게 살아야 할 이유를 아름다운 은유로 표현하여 그들의 희망을 지켜 주었다.

> 한 끼니를 싣고/골목을 빠져나간다//
> 몇 개의 목숨이/하루치 목숨 건질 수 있을까//
> 길바닥에 엎드려/호흡을 가다듬는 폐지들//
> 저들의 수명도/늙은 손아귀에 달려 있다//
> 진통제 한 줌 먹고/밥벌이 나서는 손수레//
> 위태롭다/길 위의 할머니//
>
> _노을, 김옥진

노을은 노년기를 은유한다. 폐지를 주워 생활하는 길 위 할머니의 삶이 시에 잘 담겨 있다. '할머니가 하루를 살기 위해서는 몇 장의 폐지가 필요할까?'라는 질문에서 길 위 할머니들의 삶이 얼마나 각박한지를 알 수 있다.

젊은 날 활기차게 살았을 할머니가 진통제 한 줌을 입에 털어 넣고 손수레를 끌고 골목을 빠져나가는 것은 한 끼를 해결하기 위해서라며 시인은 세상을 향해 노인의 빈곤 문제를 외친다. 시인은 길바닥에 나뒹구는 폐지에조차 생명력을 불어넣어 폐지의 수명이 늙은 손아귀에 달려 있다고 하였는데 이는 스스로는 아무것도 할 수 없는 자신을 폐지에 은유하여 자신의 생명도 노모의 손에 달려 있다는 것을 말해 주고 있다.

마지막 연 '위태롭다. 길 위의 할머니'는 도치법으로 위태롭다는 것에 방점을 찍어 길 위의 할머니를 바라보는 독자의 감정을 강하게 흔들어 준다.

김옥진 시인은 첫 시집을 낸 후 서울로 올라와서 편하게 살 수 있었지만 늘 고향이 그리웠다. 언젠가 시인이 고향 집에 갔었는데 자기가 살던 보금자리가 빈집으로 뎅그러니 남아 있더라는 말을 한 적이 있다. 시인은 그 집을 바람의 집이라고 명명한 것이다. 빈집의 기둥이 삭은 뼈처럼 앙상하고, 숭숭 뚫린 구멍마다 바람이 들어가 있어서 아궁이에 불을 지펴 갇힌 바람부터 풀어 줘야 한다고 하였다. 빈집에 누군가가 와서 살아야지 그렇지 않으면 흉가가 되거나 마을이 사라질 것이라며 시골의 인구 감소 문제를 지적하였다.

이 시를 다시 살펴보면 바람의 집이 된 고향 집의 모습이 장애를 갖게 된 시인의 모습을 은유하고 있다. 뼈가 무너진 듯 팔과 다리가 움직여지지 않고 뼈를 감싸고 있던 근육이 빠져 볼품없이 변했지만 이러한 몸이라도 지켜야 한다는 삶의 의지가 느껴진다.

김옥진 시는 독도를 통해 애국심을, 노을을 통해 노인 빈곤 문제를 그리고 시골 빈집을 통해 인구 감소 문제를 은유적으로 드러내고 있다. 소녀시절 장애를 갖게 된 후 집안에서만 생활했지만 사회문제에 관심이 많았다. 시인은 무거울 수도 있는 주제를 섬세한 은유로 표현하여 독자들의 공감을 이끌어 내는 능력이 탁월하다. 김옥진 시인은 자신이 느낀 사회문제를 시를 통하여 세상에 외치고 싶어 했던 소소한 투사형 삶을 살았다.

Ⅳ. 결어-장애인문학의 역할과 과제

문학은 '나'의 고백을 통해, '우리'의 울림으로 확장시킬 수 있는 에너지가 있다는 것에서 장애인문학의 역할이 무엇인지 단적으로 말해 준다. 그런데 장애문인들의 작품에 장애라는 단어는 나오지 않는다. 장애문인들은 은유라는 장치를 통해 창작을 하기 때문에 독자들은 선입견 없이 작품을 감상하다가 은유의 근원을 발견하게 될 것이다.

그래서 장애인문학은 대중에게 장애인의 현실을 알리고 장애인이 독자와 다른 타자가 아닌 함께 살아가는 사회구성원으로 이해시키는데 가장 강력한 도구가 된다.

2024년 대한민국에서 그토록 목말라하던 노벨 문학상을 안겨 준 한강의 작품으로 우리 현대사의 암울한 상처가 치유되고 있듯이 장애인에 대한 편견과 차별을 해소하는데 장애인문학이 큰 역할을 할 것이다.

장애인문학은 장애인예술의 기반이 되지만 장애인예술 정책에서 장애인문학은 그 존재가 미미하다. '장애예술인 창작물 우선구매제도'가 2023년 3월부터 시행되고 있다. 그런데 「장애예술인지원법」 시행령 제5조의2(장애예술인의 창작물 우선구매)에서 창작물을 1. 「공예문화산업진흥법」에 따른 공예품, 2. 「공연법」에 따른 공연, 3. 「문화예술진흥법」에 따른 회화, 조각, 사진,

서예, 벽화, 미디어아트 등 미술품으로 정하고 있어서 문학작품이 빠져 있는 것은 큰 문제이다.

또한 2023년 12월 말부터 「문화예술진흥법」 제15조의2^(장애인 문화예술 활동의 지원)에 따라 국가 및 지방자치단체가 설치한 문화시설은 장애인의 문화예술 활동 기회 보장을 위해 장애예술인의 공연·전시 등을 정기적^(연 1회 이상)으로 실시하도록 규정되어 있는데 여기에서도 역시 문학 활동은 참여할 방법이 없다.

최근 「장애예술인지법」 제11조^(장애예술인 고용지원) '② 사업주는 장애예술인을 고용하여 창작 활동을 할 수 있도록 지원할 수 있다. 이 경우 국가와 지방자치단체는 사업주에게 필요한 비용의 일부를 예산의 범위에서 지원할 수 있다.'는 규정이 있어서 장애예술인 고용이 주 5일 하루 4시간 근무 조건으로 실시되고 있지만 미술과 음악 분야에서만 고용이 이루어지고 문학은 제외되었다.

「장애예술인지법」 제10조^(장애예술인의 참여 확대) '국가와 지방자치단체는 방송, 영화, 출판, 전시, 공연 등 문화예술 활동에 장애예술인의 참여를 확대시키기 위하여 노력하여야 한다.'에는 문학을 생산하는 출판이 분명이 포함되어 있다.

따라서 '장애예술인 창작물 우선구매제도'에 장애인문학이 배제되지 않도록 「장애예술인지법」 시행령^(제5조의2)에 4. 「문학진흥법」에 따른 장애문^(학)인 창작물을 추가해야 한다.

이밖에 세종도서⁵⁾와 아르코문학나눔⁶⁾의 3% 이상을 장애문인 창작물로 배정하는 것이 장애인문학 활성화에 효과적일 것이라는 연구^(한국장애학회, 2022)도 있듯이 장애인문학에 특단의 조치가 요구된다.

---

5) 세종도서는 한국출판문화산업진흥원에서 실시하는 사업으로 교양과 학술 부문에서 약 950종의 우수출판 콘텐츠 도서를 선정하여 도서 정가 90% 금액으로 종당 800만 원 이내에서 도서를 구입하여 배포한다.

6) ARCO문학나눔은 한국문화예술위원회에서 실시하는 도서보급사업으로 시, 소설, 수필, 희곡&평론, 아동(청소년)문학 부문에서 약 500종의 우수작품 도서를 선정하여 도서 정가 90% 금액으로 종당 1,000만 원 이내에서 도서를 구입하여 배포한다.

　장애인문학은 장애인예술의 콘텐츠를 제공할 뿐 아니라 장애인 복지의 목표인 장애인에 대한 인식개선으로 장애인이 더 이상 소외계층이 아닌 주류 사회에 편입될 수 있는 사회적 분위기를 형성하는 역할을 하기에 장애인문학을 활성화시켜야 한다.

　장애문인이 창작 활동을 통해 경제적인 생활을 영위할 수 있게 되면 더욱 좋은 작품이 탄생할 것이고, 문학평론가들은 그런 작품의 평론을 생산하면서 독자들에게 작품의 가치가 전달되는 순환을 통해 장애인문학은 발전해 나갈 수 있을 것이다. 따라서 장애문인의 창작 활동 지원를 위한 장애인문학 정책을 펼쳐야 한다.

📖 참고문헌

권대근(2023), 〈이중의 층위 변용의 시학〉, DK출판사
김홍렬(1991), '장애인문학의 위상과 발전 방향', 『솟대문학』, 1, 29-30
박문재(2021), 〈아리스토텔레스의 시학〉, 현대지성
박옥순(2021), '장애인문학잡지 솟대문학의 성격 연구', 『국제한인문학연구』, 31(4), 95-125
방귀희(1999), '앰뷸런스에서 사랑을 위하여까지', 『솟대문학』, 36, 25-44
방귀희(2018), '장애인문학의 특성과 과제', 『솟대평론』, 2, 8-40
방귀희(2019), 〈장애인문학론〉, 도서출판 솟대
방귀희(2019), 〈장애인예술론〉, 도서출판 솟대
방귀희(2021), '한국의 장애문인 리뷰', 『솟대평론』, 9, 28-62
방귀희(2022), '내러티브가 詩가 되는 장애인문학-이상열편', 『솟대평론』, 10, 4-20
방귀희(2022), '故 김옥진 시인의 삶과 문학', 『솟대평론』, 11, 4-20
방귀희(2023), '아, 떠나셨군요-故 최종진 시인', 『솟대평론』, 12, 4-15
방귀희(2023), '자연을 닮은 시인 서정슬을 기리며', 『솟대평론』, 13, 4-16
방귀희(2024), '모과 같은 시인 남인우', 『솟대평론』, 14, 4-17
송문석(2004), 〈인지시학〉, 푸른사상
양병호(2005), 〈한국현대시의 인지시학적 이해〉, 태학사
이성천(2017), '장애인문학의 선 자리, 나아갈 자리', 『솟대평론』, 1, 143-153
이송렬(2004), 〈비유와 인시〉, 한국문화사
정승혜(2015), 〈광고 연구의 질적 방법론〉, 커뮤니케이션북스
차희정(2023), '장애인문학 비평의 역할과 과제', 『웹진이음』, 42
테리 이글턴(2006), 김현수 역, 〈문학이론입문〉, 창작과비평사
한국사전연구사 편집부(1994), 〈국어국문학자료사전〉, 한국사전연구사 출판부
한국장애학회(2022), '장애예술인의 욕구에 기반한 장애예술인지원법 시행방안 연구', 한국장애인문화예술원

Interpretation of Disability in Disability Literature Through Metaphors
-Focusing on the Poetry of Deceased Disabled Poets

Bang Guihee

(Adjunct Professor at Graduate School of Social Welfare, Soongsil University)

〈Abstract〉

Literature is the work of expressing people's various aspects of life and thoughts, and its way of expression is very strategic. This strategy inVOL.ves the coexistence of universality and particularity. Literature possesses the energy to extend from the confession of the individual ('I') to the resonance of the collective ('we'). Therefore, disability literature enables us to see the specificity of the disabled from the universal perspective in which they are human beings living in a particular era.

In South Korea, disability literature began with the establishment of the disability literature journal 'Sotdae Literature' in 1991. Disability literature is defined as the autonomous literary activities of disabled writers.

This study explored the criticism of disability literature by looking into the works of deceased poets who are Nam In-woo, Lee Sang-yeol, Seo Jeong-seul, Choi Jong-jin, and Kim Ok-jin, and examining their life stories and metaphorically expressed discourses in their works in a narrative research method.

Interpreting disability inherent in disability literature will serve to narrow the gap between disabled and non-disabled individuals by spreading the strength of literature, which is personal confession, to resonate with our collective experiences.

However, despite the recent vitality of disability arts, literature remains largely outside of disability arts policies. For this reason, disability literature fails to fulfill its inherent role. Therefore, this study tries to propose development tasks for disability literature.

• Key Words: Disability Literature, Disabled Writers, Poetry, Narrative, Metaphor

여성 장애문인 시 작품 속 페미니즘과 디스에이블리즘 탐색[1]

방귀희

(숭실사이버대학교 방송문예창작학과 겸임교수)

〈국문 초록〉

'여성이란 누구인가', '장애인이란 누구인가'라는 명제에서 출발한 페미니즘(feminism)과 디스에이블리즘(disableism)이 이론으로 자리 잡았다. 그래서 장애인의 절반을 차지하는 '여성 장애인이란 누구인가?'라는 질문을 던지면서 여성 장애문인 시 작품 속에 나타난 페미니즘과 디스에이블리즘을 탐색하고자 한다.

여성 정체성 확립에 페미니스트 문학 비평이 큰 역할을 하였듯이 여성 장애인 정체성도 여성 장애시인들의 작품 평론을 통해 살펴보기 위해 한국 장애인문학의 초창기부터 지금까지 활동하고 있는 여성 장애시인 5명 김미선, 김옥순, 설미희, 최명숙, 한미순의 시 작품 15편을 연구 대상으로 하였다.

일레인 쇼월터(Elaine Showalter)는 여성이 무엇을 느끼고 경험하는지를 제대로 알기 위해서는 여성의 글쓰기를 연구하는 여성 중심 비평을 지향해야 한다고 하였듯이 본 연구에서도 쇼월터의 여성 중심 비평을 차용하여 여성 장애인 중심 비평을 하고자 한다.

본 연구에 소개된 여성 장애시인들은 오로지 글을 쓰고 싶다는 꿈을 실현하기 위해 어려운 여건 속에서 배움에 대한 욕구를 채우기 위해 노력하였고, 작가가 되기 위해 치열한 경쟁과 맞서서 소중한 작품들을 창작하였다.

한국 장애인문학의 밑거름이 된 장애문인 그중에서도 여성 장애문인들의 작품이 묻혀 버리는 것은 장애인문학의 손실이며, 여성 장애문인들의 창작물에 대한 방기(放棄)이기에 앞으로 장애인문학에 대한 관심을 독자뿐만이 아

---

1) 이 논문은 대구장애인재활협회에서 2024년 발간한 『대구재활연구』 VOL. 56에 게재된 내용이다.

니라 평론계에서도 가져 주길 제안한다.

주제어: 여성, 장애인, 시, 비평

1. 서론

'나는 누구인가?'라는 정체성 찾기 명제에 대한 답을 명쾌하게 내놓을 수 있는 사람은 많지 않을 것이다. 그러나 '나'라는 개체를 모아 '우리'로 범주화를 시키면 조금 더 정체성이 선명해진다. '여성이란 누구인가', '장애인이란 누구인가'라는 명제에서 출발한 페미니즘(feminism)과 디스에이블리즘(disableism)이 이론으로 자리 잡았다.

그래서 장애인의 절반을 차지하는 '여성 장애인이란 누구인가'라는 질문을 던지면서 여성 장애문인들의 시 작품 속에 나타난 페미니즘과 디스에이블리즘을 탐색하고자 한다.

사회적 약자의 소외 문제를 해결하기 위해 평등(equality)을 주장하지만 평등은 그렇게 단순하지 않다. 평등을 실현하기 위해 고려해야 할 문제들이 있다. 평등을 위해 똑같이 서비스한다면 그것은 기회의 평등이고, 각자의 환경에 맞춰서 서비스하는 것은 조건의 평등이다. 여성 장애인의 사회참여 기회를 막지는 않고 있기에 기회의 평등은 이루어졌지만, 여성 장애인이 우리 사회에서 여전히 어려움을 겪고 있는 것은 여성 장애인의 조건을 고려하지 않았기 때문이다. 즉 조건의 평등이 이루어지지 않은 것이다. 이런 조건의 평등을 위해 공평(equity)이란 개념이 등장한다.

멜빈 러너(Melvin Lerner)는 '사람들은 공정한 세상 가설(just-world hypothesis)을 갖고 살고 있는데, 차별의 부당함을 보기보다 차별의 부당함을 외치는 약자를 비난하기 때문에 차별이 사라지지 않아서 공정한 세상은 가설에 머물러 있다.'고 했으며, 수전 오포토우(Susan Opotow)는 어떤 집단이 도덕적 가치, 규칙, 공정성이 적용되지 않는 외부 세계에 존재한다고 인식할 때 도덕적 배제(moral exculusion)가 일어나는데 그런 불평등한 상황을 평등하다고 여기는 모순에 빠진다고 하였다(김지혜, 2019).

이 두 가지 이론에서 사람은 차별이 없는 공정한 사회가 옳다는 것은 알고 있지만 자기와 다른 집단을 배제시키면서 그것이 평등하다고 여기는 오류를 자신도 모르게 저지르고 있다는 것을 알 수 있다.

우리나라는 장애인 복지제도로 형식적 평등(formal equality)은 마련되었지만 실질적 평등(substantive equality)이 이루어지지 않아서 이 땅의 장애인들은 21세기 최첨단 과학시대에 살면서도 아직도 장애인에 대한 인식은 근현대에 머물러 있다. 이런 모순적 상황을 그대로 방치하면 사회 불평등은 해결되지 않는다.

김지혜(2019)는 그의 저서 〈선량한 차별주의자〉에서 '장애인이 차별받지 않기 위한 노력보다 비장애인이 차별하지 않기 위한 노력이 필요하다.'고 하였듯이 이제부터는 장애인 문제를 장애인 당사자들이 스스로 해결하라고 할 것이 아니라 비장애인들이 현실의 불평등한 조건과 다양성이 고려되는 긍정적 조치(affirmative action)를 적극적으로 취해야 한다.

유엔 SDGs(지속가능발전목표)의 슬로건인 '단 한 사람도 뒤에 남겨 두지 않는다(No one left behind).'는 그 누구도 소외시키지 않는다는 뜻으로 모두를 위한 사회(Society for all)를 추구하는 것이다.

바로 이런 모두를 위한 사회로 만들기 위해 본고에서는 장애인계에서조차 차별받고 있는 여성 장애인의 정체성을 좀 더 선명하게 밝히려는 노력으로, 여성 정체성 확립에 페미니스트 문학 비평이 큰 역할을 하였듯이 여성 장애문인들의 시 작품에 대한 비평을 시도하고자 한다.

2. 이론적 배경

1) 여성 장애인

유동철(2017)은 '우리 사회는 여성 장애인에 대한 관심과 이해가 부족하다. 여성 장애인은 여성으로서의 차별과 장애인으로서의 차별을 동시에 받고 있다.'고 갈파하였다.

여성 장애인이란 단어가 법률은 「장애인복지법」 제7조[2]와 「장애인고용 촉진 및 직업 재활에 관한 법률」 제3조[3] 등에 여성 장애인에 대한 언급이 있으나 이들 조항에 대한 제도적 장치가 마련되어 있지 않다. 「장애인차별금지 및 권리구제 등에 관한 법률」(약칭 장애인차별금지법) 제33조에서 장애 여성에 대한 차별금지, 임신, 출산, 양육 등에 있어 차별금지, 직장보육 서비스의 정당한 편의제공, 성폭력 예방교육 등의 항목이 있고, 동 법률 제34조에서 장애 여성 차별금지를 위한 시책 강구, 장애 여성의 참여 보장을 위한 국가 및 지방자치단체의 의무를 규정하고 있다.

「장애인차별금지법」에서는 '장애 여성'으로, 다른 법률에서는 '여성 장애인'으로 용어를 사용하고 있는데, 「장애인복지법」상의 용어인 여성 장애인으로 통일한다.

보건복지부 법인을 받은 유일한 여성 장애인 단체인 (사)한국여성장애인연합에서는 '여성 장애인'이란 용어를 사용하는데 여성 장애인의 가장 큰 문제점은 '기존의 장애인 정책이 성차별적 요소를 고려하지 않았고, 성인지적 관점이 간과되어 제도나 정책에 성별 차이나 영향을 염두에 두지 않았기에 성별통계 구축이 미비하고 성별 예산이 확보되지 않았다.'고 지적하였다.

그래서 본고를 준비하며 정보공개포털을 통해 '2023년 장애인실태조사' 결과에 대한 몇 가지 성별통계를 청구하여 받은 회신(2024년 6월 20일) 내용은 '2023년 장애인실태조사' 결과가 나오기는 하였으나 원자료 공개 전이어서 '2020년 장애인실태조사' 내용으로 자료를 보내 주었다. 그래서 최신 자료는 아니지만 실태조사 결과에 대한 패턴은 거의 동일하다고 판단되기에 '2020년 장애인실태조사'에 근거하여 여성 장애인 실태를 소개하면 다음과 같다.

---

2) 제7조(여성 장애인의 권익보호 등) 국가와 지방자치단체는 여성 장애인의 권익을 보호하고 사회참여를 확대하기 위하여 기초학습과 직업교육 등 필요한 시책을 강구하여야 한다.

3) 제3조(국가와 지방자치단체의 책임) ② 국가와 지방자치단체는 사업주·장애인, 그 밖의 관계자에 대한 지원과 장애인의 특성을 고려한 직업 재활 조치를 강구하여야 하고, 장애인의 고용 촉진을 꾀하기 위하여 필요한 시책을 종합적이고 효과적으로 추진하여야 한다. 이 경우 중증장애인과 여성 장애인에 대한 고용 촉진 및 직업 재활을 중요시하여야 한다.

장애인 인구에서 여성의 비율은 42.2%이며, 장애인 인구 중 65세 이상 노인의 비율은 49.9%인데 이 가운데 여성의 비율은 50.3%로 전체 장애인 인구에서 차지하는 여성 비율보다 8.1%나 높아서 여성 장애인의 고령화[4] 가 심각하다는 것을 알 수 있다. 65세 이상 여성 장애인의 장애 유형별 분포를 보면 지체장애 여성이 54.8%로 지체장애 남성 44.1%보다 10.7% 높아서 여성 지체장애 노인이 많은 것으로 드러났다.

장애인 1인 가구는 27.2%이며, 1인 가구에서 여성 장애인은 54.9%로 혼자 사는 여성 장애인이 훨씬 더 많았고, 장애인 1인 가구에서 노인 비중은 61.9%로 혼자 살고 있는 장애 노인이 많은 것으로 나타났다.

여성 장애인이 필요로 하는 서비스는 자녀양육지원 서비스(13.3%)를 가장 많이 원하였고, 장애인 활동지원 서비스(11.3%), 출산비용지원(10.2%), 건강관리 프로그램(10.0%)에 대한 욕구가 높았다. 연령대별로 20대는 '활동지원 서비스', 30대는 '출산비용지원', 40대는 '자녀양육지원'에 대한 욕구가 높았다.

취업자의 성비는 남성 장애인이 75.4%, 여성 장애인이 24.6%로 남성이 3배나 많는데, 이는 '2021년 장애인경제활동실태조사'에 의하면 장애인고용률은 34.6%이며, 남성 장애인의 취업률은 43.8%인데 반해 여성 장애인 취업률은 22.2%로 절반 수준일 뿐 아니라 83.5%가 비정규직으로 여성 장애인은 불안한 취업상태였다.

이런 기본적인 자료를 통해 여성 장애인의 실태가 얼마나 열악한지 알 수 있으며, 이는 장애인계에서 벌어지고 있는 성별 차별의 심각성을 여실히 드러내는 단면이다.

2) 장애인문학

세계 그 어느 나라에서도 장애인문학을 정의하지 않았지만 장애인예술에 대한 정의는 있다. 영국예술위원회에서 정의한 장애인예술(Disability Arts)은 장애인의 문화와 개성을 통해 장애인에 의해 생산된 예술 작품이고, 예술

---

4) 2023년 장애인실태조사에서 65세 이상 노인의 비율은 54.3%로 3년 전에 비해 4.4% 증가하여 고령화 속도가 빠르게 진행되고 있다.

에 장애인의 참여를 지원해 주는 과정이라고 기술하였다(방귀희, 2019).

이와 같은 장애인예술의 정의에 의하면 장애인문학은 장애인의 문화와 개성을 통해 장애인에 의해 생산된 문학작품이라고 할 수 있다. 그리고 1991년 장애인문학지를 표방하면서 출발한 『솟대문학』에서는 장애인문학을 장애문인의 주체적인 문학 활동으로 정의 내리며 기존의 문학과 차별성을 두었다.

김홍열[1991]은 '문학에 장애인이라는 구획을 그어 버린 것은 스스로에게 장애라는 올가미를 씌우는 것일 수도 있지만 그럼에도 불구하고 장애인문학을 표방한 것은 문학에 목말라하는 장애문인들이 창작 활동을 가로막는 장벽을 허물기 위하여 정체성을 드러낸 하나의 외침이었다.'고 『솟대문학』의 정의에 동의하였고, 차희정[2023]은 '여성문학, 농민문학, 노동문학 등으로 제 이름을 찾았듯이 장애인에 대한 차별, 갈등, 충돌 등을 문학적으로 형상화한 시, 소설, 수필 등의 문학작품을 장애인문학으로 정의할 수 있다.'고 하였다.

문학이야말로 장애에 대하여 자유로운데 문학도 제도권 안에 있는지라 충족시켜야 할 조건이 있고, 장애문인은 장애 때문에 그 조건을 충족시키지 못하여 제도권 안으로 진입하지 못하고 있다. 그래서 문학을 포기할 수 없는 장애문인들이 모여서 1991년 봄호를 창간호로 장애인문학지 『솟대문학』을 창간하여 2015년 겨울 통권 100호 기록을 세웠다. 『솟대문학』 25년 동안의 활동으로 장애인문학이 문학의 한 장르로 형성되는 성과가 있었던 것이다.

장애인문학에서 여성 장애인의 비중이 어느 정도인지를 알 수 있는 전체적인 자료는 없지만 〈2022년 장애예술인수첩〉에 수록된 장애예술인 550명 가운데 여성 장애인이 차지하는 비율은 33%[180명]인데 반해 남성 장애인은 67%로 압도적인 우위를 차지하여 여성 장애인의 예술 활동이 위축되어 있다는 것을 알 수 있다. 장르별로 보면 문학이 차지하는 비율은 21%[115명]이지만 여성 문인은 28.7%[33명]로 다소 높았고, 활동 분야는 시 부문이 45.5%로 가장 많았다.

3) 문학 비평

(1) 페미니즘

페미니즘(feminism)에서 가장 논쟁적인 문제는 여성이 남성과 똑같아지기 위해서 투쟁해야 한다는 평등의 입장과 여성과 남성이 다르다는 것을 인정해야 한다는 차이의 입장의 대립이다(이상화, 1998).

페미니즘 연구 방법으로 텍스트 속에 나타나 있는 여성 이미지의 분석을 통해 여성에 대한 억압적 요소를 밝혀내는 페미니즘 비평(feminist criticism)과 여성의 저술에 나타나는 여성 고유의 특성을 긍정적으로 검토하는 여성 중심의 여성 작가 비평(gynocritics) 그리고 언어학과 정신분석을 통해 여성성(femininity)을 긍정적으로 재현하는 글쓰기의 특성을 설명하는 여성적 글쓰기(ecriture feminine)가 있다(박태상·이상진, 2024).

일레인 쇼월터(Elaine Showalter)는 그의 〈그들만의 문학〉에서 현대 페미니즘 비평의 고전을 지배적 문화 전통인 남성적 기준을 내면화하고 모방하는 여성적 단계(feminine), 여성 차별에 저항하고 여성의 결속을 강화하는 여성 해방 단계(feminist), 여성 자신의 내부로 향해 내적 탐색과 여성미학을 발전시킨 여성(문학)의 단계(female)로 설명하였다.

페미니즘 비평은 여성과 남성은 자유 원리에 입각하여 동등하다는 계몽주의적 페미니즘, 여성적인 것을 긍정하면서 우월한 가치를 부여한 문화적 페미니즘, 여성해방을 지향하는 급진적 페미니즘을 거치면서 페미니즘적 인식에 입각하여 작가와 작품 등을 비평, 여성의 독특한 체험을 이해하기 위해 기존의 비평과 이론을 재평가하고 재규정하는 페미니스트 비평이 나타났다(박태상·이상진, 2024).

또한 주디스 키건 가디너(Judith Kegan Gardiner)는 저서 〈여성의 정체성과 여성의 글〉에서 페미니스트 문학 비평의 중심적 문제는 여성 정체성의 특성을 찾아내는 것이라고 하였다.

이렇듯 페미니즘 비평은 많은 전문가들에 의해 다양한 이론으로 새로운 사조를 구축하면서 발전을 거듭하여 오늘의 여성문학과 페미니즘 비평을 형성하였다.

(2) 디스에이블리즘

장애를 어떻게 정의하느냐에 따라 장애인을 바라보는 관점이 달라지기 때문에 장애에 대한 정의는 매우 중요한데 장애의 개념은 계속 확장되고 있다. 유엔은 1981년을 세계장애인의 해로 정하고 국제장애분류 ICIDH(WHO, 1980)에서 손상(Impairment)으로 인한 기능적 장애, 장애(Disability)의 사회적 결과인 불리함(Handicap)으로 구별하였다(유병철, 2017).

그 후 WHO(2001)가 제시한 장애에 대한 국제표준인 ICF(Internatoinal Classification of Funtioning, Disability and Health)에 따르면 '장애는 신체의 기능과 구조, 활동, 참여와 함께 상황적으로 환경적 요인과 개인적 요인의 영향을 받는다.'고 하였다(유동철, 2017). 상황에 따라 장애가 심각하게 느껴질 수도 있고 전혀 문제가 되지 않는 경우도 있어서 장애인 복지는 장애인의 실제 경험을 반영하여 상황에 따른 장벽을 제거해 주기 위해 장애인 당사자의 자기 결정권이 중요하다는 것이 최근 장애인계의 주장이다.

이와 같은 장애에 대한 정의에 따라 디스에이블리즘(disableism)의 의미를 살펴보면, David Bolt(2018)는 '디스에이블리즘은 배제의 이슈에 주목하는 사람들이 사용하는 개념(Deal, 2007)이고, 그 반대인 에이블리즘(ableism)은 정상성에 대한 이념을 환기시키기 위해 장애인이 사용하는 개념이다(Davis, 1995).'고 하였다.

정상성의 반대는 비정상성이어서 에이블리즘 반대는 언에이블리즘(unableism)으로 이것을 해석하면 불가능, 무능이다. 디스에이블리즘은 장애가 있는 상태, 불편한 상황을 의미한다. 접두사 un은 가능, 불가능처럼 정반대의 개념이지만 접두사 dis는 appear(나타나다), disappear(사라지다), obey(복종), disobey(불복종) 이렇듯 반대 개념이지만 그 의미가 단순하지 않다.

따라서 언에이블리즘(unableism)을 사용하지 않고 디스에이블리즘(disableism)이라고 하는 것이다. 디스에이블리즘(disableism)은 능력이 없는 것이 아니라 능력을 발휘할 수 없는 상황인 것이다.

1960년대 말 공민권 운동과 신사회 운동이 활성화되면서 에이블리즘 자체에 맞선 투쟁이 서서히 형성되었다(킴 닐슨, 2020). 에이블리즘은 비장애중심주의 내지 장애차별주의를 뜻하지만 그 본질은 다름 아닌 능력주의다. 요컨대 비장애중심주의 내지 장애차별주의를 철폐하지 않는 한 능력주의 사회는 결코 무너지지 않는다(김도현, 2022).

여성계에서는 페미니즘이라는 용어를 많이 사용하지만 장애인계에서 디스에이블리즘이란 단어를 사용하지 않는 것은 에이블리즘과 맞서는 개념으로 장애인당사자주의가 확산되었기 때문이다.

이런 배경 속에서 생물학적 개념인 성(sex)과 대비되는 개념으로서 사회적 개념인 젠더(gender)를 사용하듯이 생물학적인 개념에서는 장애이고, 사회적인 개념으로는 장애인지감수성(Disability Cognitive Sensitivity)을 사용하는 것이 합리적이다. 성차별과 성의 불평등을 인지하는 광범위한 능력을 성인지감수성이라고 하듯이 장애인에 대한 차별과 불평등을 인지하는 광범위한 능력을 장애인지감수성이라고 하는 것이다.

(3) 장애인문학 비평

장애인문학을 페미니즘 비평 연구 방법에 대입시키면 장애인과 비장애인은 인권과 자유 원리에 입각하여 동등하다고 보는 계몽주의적 디스에이블리즘, 장애인의 능력을 긍정하면서 동등한 가치를 부여하는 문화적 디스에이블리즘 그리고 장애 해방을 지향하는 급진적 디스에이블리즘으로 설명이 가능하다.

그런데 그다음 단계에 나타난 것이 페미니스트 비평인데 페미니스트(feminist)는 여성의 자유와 권리를 인정하고 남녀평등을 주장하는 사람으로 성차별주의, 마초이즘(machoism) 즉 남성주의 반대 개념인데 반해 디스에이블리스트(disablist)는 장애인에 대해 차별이나 편견을 가진 사람이라는 뜻이어서 사용이 불가하다.

따라서 디스에이블리즘 인식에 입각하여 작가와 작품 등을 비평, 장애인의 독특한 체험을 이해하기 위해 기존의 비평과 이론을 재평가하고 재규정하는 비평 방식을 장애인문학 비평이라는 조작적 정의가 가능하다.

이밖에 샌드라 길버트(Sandra Gilbert)와 수잔 구바(Susan Gubar)는 문학작품에 나오는 여성의 이미지가 남성중심적 시각을 반영한다는 것과 남성중심적 문화 풍토 속에서 여성 작가가 느끼는 갈등과 불안을 분석하는 것이 페미니즘 비평이라고 하였다(박태상·이상진, 2024).

그리고 일레인 쇼월터(Elaine Showalter)는 여성이 무엇을 느끼고 경험하는지를 제대로 알기 위해서는 여성의 글쓰기를 연구하는 여성 중심 비평을 지향해야 한다고 주장하였는데 본 연구에서는 바로 쇼월터의 여성 중심 비평을 차용하여 여성 장애인 중심 비평을 시도하고자 한다.

3. 시 작품 속 페미니즘과 디스에이블리즘

1) 작가 내러티브

① 사회를 바꾸기 위해 글을 쓰는 작가

김미선은 경남 밀양에서 1955년에 태어났다. 소아마비로 목발을 사용하는 그녀는 글을 깨우치면서부터 작가가 되고 싶었다. 그래서 국어 교사가 되기로 하고 계명대학교 국어국문학과에 입학하였다. 임용고사에 합격했지만 '장애인은 공무원 임용을 불허한다.'는 당시 문교부 시행령의 벽에 부딪쳐 면접도 보지 못했다. 그러다 거제도에 있는 남자고등학교에서 일 년 남짓 임시교사로 재직하다가 그 역시 제도가 허락하지 않아서 그만두고 서울에 있는 장애인 이용시설인 정립회관에서 상담교사로 근무하였다.

1994년 동서문학상 단편소설 '그녀의 이중생활'로 신인상을 수상하여 등단한 후 작품 활동에 매진하여 장애인을 주제로 다룬 단편 '눈이 내리네'를 『창작과비평』에 발표하여 '장애인문학의 새 지평을 열 작가'라는 호평도 받았지만 이듬해 『문학사상』에 발표한 단편을 놓고 '장애라는 개인의 문제를 감정적이고 정제되지 않은 글로 휘갈겼다.'는 질책에 충격을 받았다.

2000년 장애 여성인권아카데미를 만들자는 제안을 받고 세상으로 나와 장애인전문 인터넷신문에 칼럼을 쓰고 한국장애인연맹 부회장을 맡는 등 장애인 인권 향상을 위해 앞장섰다.

정립회관에 근무할 때 만난 지체장애 1급인 남편과 결혼하여 아들 하나를 두었다. 남편은 출판물 기획사에서 디자인 일을 하다가 화가로 활동하고 있는 장애인계에서 보기 드문 부부 장애예술인이다.

수필집 〈그녀가 사는 세상〉, 동화집 〈유일한에게 배우는 나눔〉, 소설집 〈눈이 내리네〉와 〈버스 드라이버〉가 있는데 그녀의 작품으로 장애인 소설을 평론한 논문이 발표되는 등 평론계에서 김미선을 주목하고 있다.

나이가 들면서 시작(詩作)에 몰두하여 시 '바리데기 언니'로 2018년 구상솟대문학상을 수상했고, 2023년 시집 〈너도꽃나무〉를 출간하였다.

② 평생 시만 사랑한 문학소녀

김옥순은 1949년 경남 남해에서 태어나 3세 때 소아마비로 보행이 힘들지만 전남 순천에 있는 신학원에서 공부를 할 정도로 배움에 목말라 있었다. 문학소녀여서 글쓰기를 무척 좋아했는데 방송국에 편지를 보내 아나운서가 자신의 사연을 읽어 주면 세상을 다 가진 듯이 기뻤다.

고향 윗마을 아랫마을에 살던 처녀 총각이 지인 소개로 만나게 되었는데 그녀는 결혼은 생각하지도 못했다. 고향 집에서 하는 일도 없이 나이만 먹을 수는 없다는 생각에 서울로 올라왔다. 옷수선 공장에서 일하며 틈틈이 글을 썼다. 마침 고향에서 잠시 만났던 총각도 서울로 오게 되어 본격적으로 사귀기 시작하였다. 마침내 그녀는 30세에 결혼을 했고, 이듬해 아들을 낳았다.

그녀는 아들을 선생 삼아 검정고시 준비를 하여 58세에 한국방송통신대학교 국어국문학과에 입학하였고 환갑이 넘어 졸업하였다. 공부를 하면서 열심히 작품 활동을 하여 2012년 구상솟대문학상 최우수상을 받았고, 제4회 부천시 시가활짝 수상, 제2회 경남고성 국제디카시공모전 수상, 제1회 수주문학제 시사진 공모전 수상 등을 통해 실력을 인정받았다.

한국작가회의 부천지부 부천작가회의 회원, 복사골문학회 회원, 소새시 동인 활동을 하며, 시집 〈날씨 흐려도 꽃은 웃는다〉(2015), 〈11월의 정류장〉(2020)을 출간하였다.

③ 이혼 후 찾은 문학

1965년 경남 삼천포 늑도에서 태어난 설미희는 4세에 뇌성마비에 걸렸다. 언어장애로 소통이 자유롭지 못하여 학창 시절부터 글로 자신의 마음을 표현하였다. 고등학교 졸업 후 뇌성마비복지관 프로그램에 참여하였을 때 그곳에서 만난 자신과 같은 뇌성마비 남성과 결혼하였다. 그 후 아들을 낳았는데 남편의 폭력으로 결혼 생활을 계속할 수 없어서 초등학교 3학년인 아들을 데리고 집을 나와 5년 동안의 이혼 소송 끝에 남편에게서 벗어날 수 있었다.

홀로서기를 하면서 경제적으로는 어려웠지만, 마음만은 여유롭게 살고 싶어 문학에 의지하여 희망을 키웠다. 제대로 문학 공부를 하려고 한국방송통신대학교 국어국문학과에 입학하였고, 졸업 후 사회복지학과에 다시 입학하여 장애인 복지계에서 잠시 일을 하였지만 결국 문학의 꿈을 내려놓지 못하고 전업 작가의 길을 가고 있다.

제19회 대한민국장애인문학상 대상[2009], 제32회 구상솟대문학상[2022] 수상 경력이 있으며, 발표된 작품으로 동화 '아빠, 한강에 갈매기가 날아요', '상민이의 하얀 체육복', '아기 독수리의 비상을 꿈꾸며', '새로운 내 짝 혜은이', 단편소설 '장애 콜, 신기사', '자원봉사자 정림', '그녀의 소리 없는 아우성', 수필집 〈시인이라는 이름이 아름다운 설미희〉[2022], 시집 〈내 마음 여기에…〉[2024]가 있다.

현재 방송통신대학교 문화교양학과 4학년에 재학 중이며 공부로 자신의 부족한 부분을 채워 가면서 장애인예술계에서 쓰임새 있는 역할을 하고 싶은 꿈을 갖고 있다.

④ 뇌성마비 시인들과 도반이 되어

최명숙은 1962년 강원도 춘천에서 태어났다. 의료환경이 열악한 시골에서 조산과 난산으로 태어나는 과정에서 뇌성마비로 인한 뇌병변장애를 갖게 되었다. 동덕여자고등학교를 졸업 후, 한국방송통신대학교 국어국문학과에서 문학 공부를 하면서 보고 느낀 깨달음을 적어 가며 시를 썼다. 1992년 『시와 비평』 신인상을 받은 후 2000년 구상솟대문학상을 수상했으며, 2018년 대한민국장애인문화예술대상 국무총리상을 받았다.

한국뇌성마비복지회에서 근무하며 전문성을 갖추기 위해 경희사이버대학교 사회복지학과를 졸업하는 등 장애인 당사자로서 뇌성마비 복지계에서 리더로 성장하는 중이었으나 25년 동안의 근무를 명예롭게 마쳤다. 현재는 근무처에서 이사를 맡고 있으며, 불교와 문화예술이 있는 장애인 모임 보리수아래 대표, 도서출판 도반의 편집주간으로 일하고 있다.

2021년 한국불교출판협회의 올해의 10대 불서로 선정된 시집 〈심검당 살구꽃〉을 비롯하여 〈인연 밖에서 보다〉, 〈마음이 마음에게〉, 〈산수유 노란 숲길을 가다〉, 〈버리지 않아도 소유한 것들은 절로 떠난다〉, 〈따뜻한 손을 잡았네〉, 〈져 버린 꽃들이 가득했던 적이 있다〉, 수필집 〈구도 시인 최명숙〉 등이 있다.

⑤ 장애가 가져다 준 여유를 즐기며

충남 부여에서 1955년 출생한 한미순은 시골에서 중학교를 마치고, 갓 스무 살에 서울로 올라와 시계 공장에 다니면서, 가난 때문에 진학하지 못한 고등학교와 대학 과정을 혼자 힘으로 마쳤다(방송통신대학교 초등교육과). 공부를 하자 생산직에서 관리직으로 발령을 받았다. 그녀는 퇴근 후 틈틈이 서예와 피아노를 익혀 교사가 부족할 때는 교습소에서 학생들을 지도하기도 했다.

1984년 서른, 결혼을 한 달 앞두고 당한 교통사고는 그때까지 그녀가 꿈꿔 온 삶의 목적을 완전히 깨부순 대형 쓰나미였다. 손가락 하나 까딱할 수 없는 전신마비인데다 고아나 다름없는 가정사로 사면이 꽉 막힌 상황이었다.

그녀를 돌봐 준 사람은 교회 자원봉사자들이었다. 그녀는 뭐라도 해야 숨을 쉴 수 있을 것 같아서 입에 타자봉을 물고 타자기 버튼을 눌러 글을 쓰고, 입에 붓을 물고 그림을 그렸다. 밧줄로 꽁꽁 묶인 듯 꼼짝도 할 수 없는 몸으로 오직 목을 움직여 입으로 글을 쓰고 그림을 그리면서 자유를 느끼게 되었다.

1989년 세계구족화가협회 정회원이 된 후 매달 창작을 지원하는 스칼라십을 받으면서 경제적인 문제를 해결하게 되었다. 개인전, 구족화가 회원전과 초대전, 국·내외 단체전에 참여하며 화가로서의 자리를 굳혔다.

　문학에 대한 열정도 커서 화폭에 담지 못한 이야기들을 글로 썼다. 1995년 대한민국장애인문학상 당선으로 문학적 소양을 인정받았고, 시집 〈땅에서도 하늘을 살아요〉, 시화집 〈수묵화 필 무렵〉, 〈순종의 분량만큼〉, 수필집 〈내 안에 흐르는 강물〉 등을 펴냈다.

2) 작품 속 페미니즘

　여성 장애인이 무엇을 느끼고 경험하는지 여성 장애시인의 작품 속에 잘 나타난다. 소개한 시들은 시인 자신의 마음을 솔직하게 드러낸 것이기에 작품을 있는 그대로 감상하면서 평가하는 여성 장애인 중심 비평 방식으로 여성 장애문인 시 작품 속 페미니즘을 살펴본다.

> 어룽어룽 강물도 그늘이 져야 아름답다/
> 민둣한 물살이/바람과 햇살에 자글자글거려야/더 반짝이나니/
> 시냇물도 조약돌에 흔들려야/더 환해지나니//
> 그러니 당신이여/내가 울 때/울고 있다고 말하지 마시라/나의 눈물이 방긋 웃고 있는 거니까/먼 길을 돌고 돌아/그제야 솟아나는 한 방울 샘물이므로//
> 주름은 웃음의 어머니/눈물이 활짝 웃을 때 열리는 꽃/
> 오랜 근심이 묵어 흘러내릴 때/뒤꼍에서 피어나던 튼튼한 맨드라미처럼/
> 아 아/지극한 그리움이 피워 낸/우담바라 꽃처럼//
>
> 　　　　　　　　　　　　　　　　　　　　　　　_주름, 김미선

　어머니 얼굴에 주름이 많이 잡힌 것을 보고 시인은 오래된 근심이 녹아내렸다고 하면서 어머니의 주름을 그리움이 피워 낸 삼천 년에 한 번 피는 전설의 꽃 우담바라 꽃에 비유한다.

　이제 그때의 어머니 나이가 된 시인의 눈물은 먼 길을 돌아온 한 방울 샘물로 치환하여 눈물은 슬픔의 기표이기도 하지만 삶의 여정을 거쳐 귀한 샘물이 되었다고 시인은 그동안 흘린 눈물이 자신을 성장시켰음을 말해준다.

힐긋힐긋 돌아보며 가는/구부정한 남자 등을/
빨간 석양이 어루만진다/오늘 수고 많이 했다고//

　　　　　　　　　　　　　　　　　　　　　　_집에 가는 남자, 김옥순

　삶의 무게로 등이 구부정해진 남자가 하루 일과를 마치고 집으로 가는
모습을 보며 해가 지면서 생기는 붉은 석양이 남자의 굽은 등을 어루만지
며 오늘도 수고 많이 했다고 다독거려 주는 듯한 광경이 마치 수채화처럼
투명하게 그려진다. 다 늙은 남편의 노고를 안쓰러워하는 아내의 마음이
잘 드러난 시이다. 이 시는 젊은 시절 강했던 남자들이 겪는 노년의 서글
픔을 달래 줄 수 있는 사람이 아내라는 사실로 여성의 따스한 힘이 느껴
진다.

예닐곱 섬 꼬마/우물가에서 조개껍데기에/꿈을 담아 소꿉놀이한다//
언니 오빤 학교에 가고/엄만 장날이라 톳나물 팔러/장에 가고 없다//
재 너머 사는 아가 밴/새댁 물동이 이고/광주리 엎어 놓은 것 같은 배/쑥
내밀며 한 손은 물동이 잡고/한 손은 허리 받치고 가는 모습이/신기해 보였
던지 우물가 맴돌며 까르륵 웃는다//
장날이라/물 뜨러 오는 사람이 없다//
섬 꼬마 소꿉장난한다/텃밭에서 노란 배추로 꽃밥 짓고/도랑 미나리 꺾어
파란 반찬 만들고/조개껍데기에 담아 진수성찬 차려 놓는다//
이건… 햇님 거/이건… 달님 거/이건… 별님 거//

　　　　　　　　　　　　　　　　　　　　　　_소꿉놀이, 설미희

　소꿉놀이를 하는 곳은 우물가이고 소꿉놀이를 하는 때는 어른들이 하나
도 없는 그야말로 아이들만의 세상이다. 그래서 섬꼬마들의 소꿉놀이에
자유가 느껴진다.
　요즘 아이들의 소꿉놀이와는 사뭇 다르다. 그릇은 조개껍데기이고 식재
료는 흙이 묻은 진짜 식물이다. 요즘 아이들의 소꿉놀이 장난감 속에 들어
있는 피자, 치킨 등의 가짜 음식과 달리 촉감이 생생히 느껴지는 예전 아이
들의 소꿉놀이에는 꿈이 담겨 있다.

　이렇게 꿈을 가득 담은 진수성찬의 밥상을 해님, 달님, 별님에게 대접한다. 아이들은 하늘나라 손님들을 맞이하며 이미 꿈나라를 펼쳤을 것이다. 이 얼마나 넉넉한 판타지인가.

> 나무 같은 사람이 있다//
> 함박눈 내리면/그의 품에 눈으로 내리고 싶다//
> 땅 밑에 뿌리 곧게 내리고 서서/둥지 찾는 새들을 바라보다/저물녘보다 붉은 마음을 접는 사람/달빛 좋은 날은/은빛 융단을 깔고 그 곁으로 가고 싶다//
> 그의 시선이 멈춘 곳/내가 걸어온 길 위에/눈부시게 그리는 한 폭의 수묵화//
> 혼자서 밤을 지새다/새벽별이 뜨면/먹빛 잉크로 편지를 쓰는 사람/그의 곁으로 가서/봄볕에 풀리는 강으로 눕고 싶다//
>
> _나무 같은 사람, 최명숙

　시인은 나무 같은 사람이 있었다고 고백한다. 함박눈을 입은 나무를 보면서 자신이 그의 품에 눈으로 내리고 싶고, 달빛 좋은 날에는 은빛 융단을 깔고 그 곁으로 가고 싶으며, 새벽별이 뜰 때 편지를 쓰는 그 사람 곁에 봄볕에 녹는 강으로 눕고 싶다고 하였다.

　시인이 좋아하는 나무 같은 사람은 묵묵히 자신의 위치에서 정직하게 살아가는 늘 한결같은 변함없는 사람이니 다른 이에게 마음을 줄 수 없었을 것이다.

> 피곤한 몸 지쳐 눕는/삶에 쫓기는/그 사람 보면/포근한 어머니 되어/토닥토닥 안쓰러운 팔 다리/시원하게 주무르고 싶었습니다//
> 빨랫감 돌돌 말아 구겨 두는/언제나 숨차게 바쁜/그 사람 보면/자상스런 누나 되어/깨끗하게 손질한 옷/미소로 건네주고 싶었습니다//
> 조반을 거르고 출근하는/동당거리는 발걸음/그 사람 보면/알뜰한 아내 되어/정성 담긴 식탁 차려/부지런한 앞치마를 두르고 싶었습니다//
> 연신 담배만 피워 무는/말없이 쓸쓸한 그 사람 보면/뜨거운 연인이 되어/감미로운 속삭임으로/텅 빈 가슴 채워 주고 싶었습니다//
> 때때로 기웃하며 갈등하는/방황으로 안정 잃은/그 사람 보면/영혼의 친구

되어/우정어린 손 잡고/둘이서 동행하고 싶었습니다//

_여심, 한미순

시인은 한 남자에 대한 사랑을 어머니처럼 도닥거려 주고, 누나처럼 달래 주고, 아내처럼 챙겨 주고, 연인처럼 텅 빈 가슴을 채워 주고 싶다고 하면서 이 모든 것이 다 불가능하기에 영혼의 친구로 우정을 나누고 싶다며 자신의 마음속에서 끓어오르는 격정을 억누른다. 시인은 도도한 여심으로 자신을 흐트러지지 않고 드러나지 않게 사랑을 키우고 있다.

이 모든 장면들이 생생히 떠올라서 한 편의 영화를 본 듯이 많은 이야기로 변주하게 만드는 매력적인 작품이다.

위에서 살펴보았듯이 김미선은 '주름'을 통해 희생하는 여성의 모습을 담았지만 그것이 여성에게 고통을 주었다는 부정적인 시각이 아닌 그 시절 가족을 지킬 수 있었던 것에 보람을 갖고 있으며, 독자로 하여금 여성의 위대함에 공감하도록 한다.

김옥순의 시 '집에 가는 남자'는 가부장적 사회에서 여성의 위치는 많이 위축되어 있었을 텐데 그것을 탓하지 않고, 나이 든 남편을 도닥거려 주는 여유가 멋있다.

설미희의 시 '소꿉놀이'는 여성 특유의 동화적 상상이 독자들을 즐겁게 한다. 요즘 아이들과 달리 땅에 있는 자연을 활용하는 소꿉놀이에는 진짜만이 가질 수 있는 진실이 느껴지고, 맛있는 밥을 지어 하늘에 있는 해님, 달님, 별님에게 대접하며 동화 속 공주가 되는 판타지가 매력적이다.

최명숙의 시 '나무 같은 사람'에서는 보다 성숙한 여성 미학을 발견할 수 있다. 변함없는 모습의 나무 같은 사람을 사랑하면서도 가깝게 다가갈 수 없는 상황도 사랑을 더욱 고귀하게 만든다. 시인의 사랑에 애가 타지만 그 무엇과도 비교할 수 없는 가치 있는 사랑의 극치를 보여 준다.

한미순은 시 '여심'에서 여자로서 가질 수 있는 모든 마음을 절제시키면서 승화된 사랑으로 만든다. 그래야 영원한 사랑으로 사랑하는 이의 곁에 있을 수 있기 때문이다. 연심을 숨기고 우정으로 꾸며서라도 함께하고 싶은 사랑이라서 더욱 애잔하다.

3) 작품 속 디스에이블리즘

캐서린 사프 윌리엄스(Katherine Schaap Williams, 2009)는 '장애에 대한 사회적 태도는 문화적으로 널리 공유된 가치들과 상충되면서 드러난 결과'라고 하였으며, 장애인 당사자 역사학자인 폴 롱모어(Paul Longmore)는 '대중문화 속 장애인에 대한 사회적 표현이 다른 사람들로 하여금 무력함, 연민, 비극의 상징이라는 편견을 갖게 하였다.'고 지적하였다(David Bolt, 2018).

장애인문학 비평은 디스에이블리즘 인식에 입각하여 작가와 작품 등을 비평하고, 장애인의 독특한 체험을 이해하기 위해 기존의 비평과 이론을 재평가하고 재규정하는 것이라는 조작적 정의에 따라 여성 장애문인 시 작품 속 디스에이블리즘을 탐색해 본다.

① 흉터와 눈물의 반전

아스팔트도/어쩌다 구불텅 꺼진 곳 있어/
사락사락 빗줄기/동글동글 무늬로 번져 나네요//
이 마음에도/기우뚱 파인 자리 있어/
당신 그림자/꽃잎으로 흔들립니다//

_흉터, 김미선

우리가 흔히 볼 수 있는 흉터는 물체에도 인간 마음에도 생길 수가 있는데 그것이 보기 흉한 것이 아니라 그로 인해 예쁜 무늬도 만들어지고, 꽃잎으로 흔들거리기도 한다. 시인은 장애로 인해 생긴 마음의 상처를 아픔으로만 볼 것이 아니라 그림자로 은유된 자신의 또 다른 자아를 통해 예쁜 모습으로 거듭나게 한다.

내 몸이 스스로/나를 씻길 때//
때 묻어 깜깜해진/나를 맑히려/
어머니가 멀리서 길어 오시는/정화수 한 동이//

하늘에서 내려오는/별빛 부스러기 몇 움큼//

_눈물, 김미선

장애인이 무수히 흘렸을 눈물은 시인 자신을 정화시킨다. 그것을 우리 어머니 시절 가족의 무탈을 빌기 위해 먼 거리도 마다하지 않고 길어 오신 정화수에 비춰진 별빛 부스러기라고 하였다. 눈물은 아픔의 소산물이 아니라 길한 정화수이고, 그 위에 별빛까지 뿌려졌다고 하여 장애인이 흘린 눈물의 미학을 극대화시켰다.

② 타체(他體) 투영의 대리 만족

창문을 열어 보니/서 있는 것들은 모두 눈을 맞고/움직이는 것들은 길을 낸다//
아이들은 눈을 모아다/다독다독 두 덩이를 붙여 세우고/
눈은 우스워 죽겠다 감아 버린 실눈으로/
입은 양 꼬리를 치켜 합, 웃음 물은 입술로/
왼쪽 가슴엔 파란 나뭇잎 리본을 꽂아/눈사람을 제작했다//
보고 있던 나도 빙그레/입꼬리를 추어올렸다//

_함박눈 오던 날, 김옥순

하늘에서 함박눈이 펑펑 쏟아지면 장애인은 밖에 나갈 수가 없다. 아이들은 즐겁게 눈사람을 만들고, 아이들 손에 의해 모습을 갖추어 가고 있는 눈사람도 좋아서 실눈이 된다.

그 모습을 보며 아이들과 함께하지는 못해도 눈사람이 자기에게 미소 짓는 듯하여 시인도 빙그레 미소 지으며 간접적인 체험을 하고 있다. 시인에게 동심을 잃지 않게 하는 것은 바로 직접 해 보지 못하고 바라보아야만 하는 장애 때문은 아닐까.

이름이 예쁜 것도 아니고/옷을 잘 입은 것도 아닌데/
친근감이 가는 건/깜찍하게 생긴 눈과 꼭 다문 입 때문이다//

> 약하디약한 나뭇가지 사뿐히 앉은 우리 새/
> 소리가 얼마나 찌렁찌렁한지/헐렁한 골짜기를 꽉 메웠더라지/똑똑한지고~//
> _직박구리, 김옥순

직박구리 새는 이름도 모습도 예쁘지 않은 것이 마치 시인 자신의 모습처럼 느껴진 듯하지만 시인은 이내 직박구리의 장점을 발견한다. 가느다란 나뭇가지에 사뿐히 앉을 정도로 약하지만 소리가 찌렁찌렁하여 세상을 호령하는 것을 보니 너무 똑똑하여 흐뭇하다는 대리 만족이다.

③ 고백으로 설득

> 빠르지 않아/눈물이 나는 것이 아니었다/
> 지금 있는 이 자리도/힘겹게 여기 와 있는 것이며/거북이답게 살아온 것이 아닌가//
> 어쩌겠는가//
> 바람도 하늘도 모르게/얼마나 많은 눈물을 흘렸던가//
> 시련 내리는 밤/짧은 목 내밀며/또다시/툴툴 털고 기어 보자//
> 엉금엉금/마지막 그날까지//
> _거북이, 설미희

시인은 뇌성마비로 인해 느리게 걷는 걸음을 거북이에 비유하였다. 그 느린 걸음으로 인해 많은 눈물을 흘렸지만 그 눈물은 빠르지 않아서 흘린 것이 아니라 사람들의 시선 때문이었을 것이다. 그래서 시인은 느리지만 포기하지 않고 죽는 그날까지 천천히 목표를 향해 가겠다는 의지를 보이고 있다.

> 외진 곳/가냘프게 홀로 핀 널 보았어요/그땐 아무 생각 없이 지나갔어요/
> 몇 걸음 더 가/군집 이루며 탐스럽게 핀/너와 같은 꽃을 보았어요/
> 걸음 멈추고 돌아보았어요/스쳐 지나가야 할 너인지/마음에 옮겨 심어야 할 너인지/선뜻 나서지 못했어요/
> 그리고/그다음 날 세찬 비바람이 불었고/또 그다음 날 널 보러 갔어요/

넌 야윈 줄기로/이슬 그리움 품고/수줍게 활짝 피어 있었어요//

_꽃, 그렇게 피어 있었다, 설미희

시인은 자신을 사람의 발길이 거의 없는 외진 곳에 홀로 외롭게 핀 꽃으로 비유하였다. 그래서 자기 자신조차도 지나쳤지만, 군집을 이루어 탐스럽게 핀 꽃을 보고 같은 꽃인데 홀로 핀 꽃에 눈길을 주지 않은 것이 마음에 걸려서 다시 찾아갔을 때 그 꽃은 세찬 비바람으로 더 앙상하게 보였지만 활짝 피어 있어서 아름다웠다고 고백한다.

시인은 자기 자신을 타자화하여 타인들이 자신을 바라보는 시선을 말하고 있는 것인데 중요한 사실은 꽃이 그렇게 피어 있었다는 생명 존재에 대한 인식이다. 감히 누가 그 꽃을 꽃이 아니라고 할 수 있으랴.

④ 비우면서 채우기

아직 사랑을 포기하지 않았어/
사랑의 때가 될 때까지/기다릴 수 있어//
무엇이 중요하고 안 하고를/누가 알며 선택하는 것인지/
누구도 어느 것이라고 단정할 순 없어//
가슴속 아무것도 말을 안 하였을 뿐/듣지 못하고 보지 않았을 뿐//
맘을 열면 보이고/고개를 들면 보이지//
사랑의 선택 그 선택에는/고난과 영혼이 있기에/아직 꿈을 포기하지 않았어//

_말하지 않았을 뿐, 최명숙

시인은 마음을 비우며 사랑을 기다리는 매우 성숙한 인간애를 보이고 있다. 무엇이 중요하고 무엇이 쓸모없는지 누가 알겠느냐며 단정짓지 않는다. 마음을 열면 보이고 고개만 들어도 보이지만 일부러 보지 않고 있다. 사랑의 선택에는 고난이 따르지만 아무리 힘들어도 사랑을 포기하지 않겠다는 의지에서 시인이 장애를 갖고 살아가는 인생의 내공이 느껴진다.

두려워 우지 마라/슬퍼도 하지 마라//

살아서 숨을 쉬다가/지기에 다시 필 수 있는 것//
바람을 붙들어 맨다 한들/강물을 고리에 채운다 한들/잡을 수는 없는 것//
바람 따라 지고/강물 따라 지고//
슬퍼하지 마라/눈물도 보이지 마라//
아름다운 너의 이름이/만발하여 눈부셨을 때만/
세상이 온통 꽃으로 피어난 것을//
아침 햇살을 받고/황홀하게 피었으니//
새벽 별빛 사이에서/아름답게 지는 것을//

_낙화, 최명숙

장애 때문에 어떤 어려움이 생겨도 두려워하지 말고 어떤 고난이 닥쳐도
슬퍼하지 말라고 하면서 세상사는 붙잡는다고 잡히는 것이 아니니 흘려보
내라고 조언한다. 아침 햇살에 환하게 피면 별빛을 받으며 아름답게 지는
윤회의 진리를 설파하고 있는 것이다.

좋은 일을 많이 하여 너의 이름이 빛을 발할 때 세상이 온통 꽃으로 피어
난다고 하면서 자신이 먼저 아름다워져야 우리 사회도 건강한 빛이 비춰
질 수 있다고 조언한다. 이렇듯 그녀의 시에서는 수도자의 경건함이 배어
난다.

⑤ 낮게, 겸손하게

욕심 없는 사랑으로/흰 구름 한 조각 찢어다가/헐렁한 윗도리 지어 입고/
담고 싶은/푸른 하늘 우러른/평화로운 가난한 마음이여/
추한 모습 무섭다고/얄미운 참새 동무 달아나도/소중한 임의 입김//
바람으로 전해 오면/날고 싶어/즐거워 춤추는/행복한 천진스런 기쁨이여/
빈 채로 서서/소유하지 않아도 두 팔 벌려/바라만 보고 있어도/황금물결
풍요를 한껏 누리는
가을의 사람아/부러운 사람아//

_허수아비, 한미순

바람에 따라 흔들리는 허수아비는 소유욕이 없어서 헐렁한 옷을 입고 두

팔 벌려 자기 역할을 즐겁게 하고 있는데 참새들은 허수아비가 무섭다고 도망간다. 시인은 장애가 너무나 중증이라서 세상 밖으로 나오기 어렵기에 황금물결의 풍요를 누리고 있는 허수아비가 부럽다고 하였다.

> 연약한 풀잎으로 살지라도/키 작아 땅에 붙어 살지라도/생명 있음을 감사하자//
> 끈질긴 힘줄 뻗어/무리져 화합 이루고/겸손의 자리 펴서/향기 그윽한 쉼터 만들자//
> 화사한 모양새는 아닐지라도/꽃피워 익은 사랑/씨앗이 아니어도/까아만 씨앗처럼 웃으련다//
> 열매가 아니어도/풍요로운 가슴으로 살련다//
>
> _잔디, 한미순

교통사고로 전신마비가 된 시인은 거의 누워서 생활을 하기에 자기 자신을 잔디에 비유하였다. 잔디는 키가 작아 땅에 붙어서 살지만 무리지어 쉼터를 만들어 주듯이 자신도 생명이 있는 것에 감사하면서 겸손의 자리를 펴놓고 사람들을 맞이하고 싶다고 하였다. 잔디는 화사하지도 않고, 열매도 없어서 초라해 보일 수 있지만 끈질긴 생명력을 유지하듯이 자신도 풍요로운 마음으로 베풀면서 살고 싶다는 소박한 소망을 밝히고 있다.

김미선은 시 '흉터'와 '눈물'에서 흉터를 통해 생기는 아름다움과 눈물 위에 뿌려진 햇살 부스러기의 찬란함을 노래하였다. 흉터는 장애를, 눈물은 장애 때문에 받은 아픔을 은유하지만 누구를 원망하거나 부당함을 주장하는 것이 아니라 아름답게 승화시켰다.

김옥순은 시 '함박눈 오던 날'과 '직박구리'에서 자기가 하지 못하는 것을 한탄하지 않고 눈사람의 실눈을 보면서 미소 짓고, 직박구리의 큰 지저귐이 세상을 향해 당당히 호령하는 것 같아서 뿌듯하다며 간접 경험이 주는 대리 만족도 기쁨이 될 수 있다고 역설한다.

설미희는 시 '거북이'와 '꽃, 그렇게 피어 있었다'에서 자신의 사정을 조근조근 낮은 목소리로 전달하여 공감을 불러일으킨다. 거북이가 살 수 없는 사회라고 저항하지 않고 시인은 자신이 빠르지는 않지만 느리더라도 계속 전진하겠다고 자기 결심을 밝히면서 상대를 설득시킨다.

그리고 자기 자신도 장애를 받아들이기 힘들 때가 있지만 모진 풍파 속에서도 생명의 꽃을 피운 자신을 발견하고 다시 자기 자신의 소중함을 깨닫게 되었다고 고백하면서 대중의 관심을 이끌어 내고 있다.

최명숙은 시 '말하지 않았을 뿐'과 '낙화'에서 비워야 채워지는 삶의 본질을 일깨워 준다. 현대인들은 너무나 많은 말을 쏟아 내고 있지만 말하지 않는 진실이 더 깊고, 말하지 않았다고 포기한 것은 아니라는 묵직한 메시지를 주고 있다.

시인은 불교의 윤회사상을 낙화를 통해 극명하게 드러낸다. 꽃이 떨어졌다고 사라진 것이 아니라 다시 꽃피울 수 있는 기회가 있다는 것을 강조하여 눈앞에 보이는 당장의 이익에 매달리는 모습이 얼마나 어리석은지를 깨닫게 한다. 장애 역시 당장 보기에는 고통이지만 장애로 인해 체화되는 인간의 무한한 잠재력이 있다는 것을 넌지시 보여 준다.

한미순은 시 '허수아비'와 '잔디'에서 중도에 장애를 갖게 된 후 변화된 자신의 모습이 허수아비처럼 스스로는 움직일 수 없어서 사람의 도움을 받아야 하고, 잔디처럼 밑바닥에 깔려 있는 인생처럼 느껴지지만 허수아비가 참새를 쫓아서 작물을 보호하고, 잔디도 사람이 앉아서 쉴 수 있는 쉼터를 마련해 주듯이 자신도 누군가에게 도움이 되는 풍요로운 가슴을 가진 사람이 되고 싶다고 말하며 장애를 긍정적으로 수용한 것은 물론 살아 있음에 감사한 삶을 살고 있다.

4. 장애인문학 어떻게 읽을 것인가

미국의 신비평이론가인 윔샛(W. K. Wimsatt)과 비어즐리(M. C. Beardsley)가 공동으로 집필한 〈의도의 오류〉(1946)에서 의도의 오류(The Intentional Fallacy)를 이렇게 설명하였다. 문학작품의 의미에는 작품 자체가 갖고 있는 의미와 작가가 작품에서 표현하려고 의도한 의미가 있는데, 이 둘을 구별하지 않으면 의도의 오류에 빠질 수 있다는 것이다.

또한 의도의 오류와 함께 영향론적 오류인 감동의 오류(The Affective Fallacy)도 지적하였는데 이것은 문학작품의 의미나 가치를 작품에 대한 독자의 정서적 반응이나 영향에서 찾는 것에 오류가 생긴다는 것이다(박태상·이상진, 2024).

여성 장애문인들은 여성 장애인들이 여성과 장애라는 이중의 어려운 조건 속에서 남다른 노력을 기울이며 살아왔지만 여성이기 때문에 또는 장애인이기 때문에 인간으로서의 삶이 비극적인 불행의 요인이 되었다기보다는 그저 보통의 삶 속에서 자신의 역할에 최선을 다한 성숙함이 드러난다.
 그래서 여성 장애문인들의 시 세계는 지극히 온화하고 긍정적이고 순수하여 여성 장애인들이 갖고 있을 것이라고 예측했던 불안, 불만, 복수, 좌절, 우울, 부정 등의 요소는 발견되지 않았다.

 독자들은 장애문인들의 작품은 자신의 처지를 하소연하며 장애 때문에 왜곡된 시선으로 사회적 불만을 쏟아 내어 대체적으로 어둡고 비관적인 내용이라서 관심을 두지 않거나, 장애 속에서 비장애인도 하기 힘든 일을 해낸 영웅담일 것이기에 너무나 뻔한 내용이라서 작품을 읽게 되지 않는다고 말한다.
 이것이야말로 윔샛과 비어즐리가 말한 감동의 오류로 독자 개인이 갖고 있는 장애인에 대한 정서로 장애인문학을 평가하는 것은 오류를 범할 우려가 크다. 이 감동의 오류는 작품 자체가 갖고 있는 의미와 작가가 작품에서 표현하려고 의도한 의미를 구별하지 않는 의도의 오류에서 비롯되었다고 볼 수 있다.
 작가가 작품을 쓸 때는 작품을 통해 독자들에게 전하고 싶은 메시지가 있는데 그 메시지를 찾을 생각을 하지 않고 독자 개인이 갖고 있는 장애인에 대한 정보나 인식으로 작품을 평가하여 '의도의 오류'와 '감동의 오류' 두 가지 모두 발생하였기에 장애인문학이 제대로 인정을 받지 못하였다.
 그래서 장애인의 문학작품을 읽을 때는 작가가 장애인이라는 것을 전제로 하고 읽을 것이 아니라 그저 문학작품으로 감상을 하면서 작가가 독자에게 전달하고자 하는 메시지를 찾는 것이 옳은 작품 읽기이다.

‘의도의 오류’나 ‘감동의 오류’에 빠지지 않는다면 장애인문학을 통해 그 동안 갖고 있었던 장애인에 대한 편견에서 벗어나 장애인과 함께하는 일이 당연하고 자연스러운 일상이 될 것이다.

하푸르(Hapur, 2012)는 ‘언어와 문화를 바꾸는 것이 장애인의 평등을 위한 투쟁의 무기가 될 수 있으며, 사회적 태도의 변화는 언어학적 개념과 단어의 수정에서부터 시작된다.’고 하여 언어의 중요성을 강조하였다(David Bolt, 2018).

문학은 언어의 표현이기에 장애인문학은 장애인의 공정한 평등을 구현하는 강력한 도구가 되며, 장애인에게 차별적 단어가 수정되고 언어학적 개념이 장애인지감수성에 따라 형성되면 장애인에 대한 사회적 태도의 변화가 일어날 것이다.

본고에서 소개된 여성 장애시인들은 오로지 글을 쓰고 싶다는 꿈을 실현하기 위해 어려운 여건 속에서 배움에 대한 욕구를 채우기 위해 노력하였고, 작가가 되기 위해 치열한 경쟁과 맞서서 소중한 작품들을 창작하였다.

한국 장애인문학의 밑거름이 된 장애문인 그중에서도 여성 장애문인들의 작품이 묻혀 버리는 것은 장애인문학의 손실이며, 여성 장애문인들의 창작물에 대한 방기이기에 앞으로 장애인문학에 대한 관심을 독자뿐만이 아니라 평론계에서도 가져 주길 제안한다.

본 연구의 대상인 5명의 여성 장애문인들은 여성 장애인에게 가장 불친절했던 시기를 살았기에 사회적 복지 서비스 없이 힘겨운 시절을 보냈지만, 문학에 대한 꿈을 버리지 않고 인고(忍苦)의 시절을 버텨 냈기에 그들은 시인이란 정체성을 갖게 되었다. 그것은 여성으로서 장애인으로서 받아야 했던 편견과 차별을 뛰어넘어 문학적 성과를 만들어 낼 수 있었다. 미국의 심리학자 매슬로우(Maslow)의 인간 욕구 5단계 이론의 최상의 단계인 자아실현의 욕구를 성취한 아름다운 승리의 월계수가 그녀들의 머리에 씌워진 것이다.

📖 참고문헌

김경수 외(1994), 〈페미니즘과 문학 비평〉, 고려원
김도현(2022), 〈장애학의 도전〉, 오월의 봄
김열규(1990), 〈페미니즘과 문학〉, 문예출판사
김지혜(2019), 〈선량한 차별주의자〉, 창비
데이비드 볼트(David Bolt, 2018), 전지혜 역, 〈장애 인문학-장애에 대한 사회적 태도의 변화〉, 학지사
로지 브라이도티(Rosi Braidotti, 2011), 김은주, 박미선, 이현재 공역, 〈트랜스포지션: 유목적 윤리학
            (Transpositions: on nomadic ethics)〉, 문화과학사
박태상 · 이상진(2024), 〈문학 비평론〉, 한국방송통신대학교 출판문화원
방귀희(2019), 〈장애인문학론〉, 도서출판 솟대
방귀희(2019), 〈장애인예술론〉, 도서출판 솟대
양병호(2005), 〈한국현대시의 인지시학적 이해〉, 태학사
유동철(2017), 〈인권 관점에서 보는 장애인 복지〉, 학지사: 서울
이상화(1998), 〈페미니즘과 차이의 정치학-철학과 현실〉
이종렬(2004), 〈비유와 인지〉, 한국문화사
킴 닐슨(Kim E. Nielsen, 2012), 김승섭 역, 〈장애의 역사(A Disability History of the US)〉, 동아시아
테리 이글턴(Terry Eagleton, 2006), 김현수 역, 〈문학이론입문〉, 인간사랑

김홍렬(1991), '장애인문학의 위상과 발전 방향', 『솟대문학』, no1, pp29-30
박옥순(2021), '장애인문학잡지 솟대문학의 성격 연구', 『국제한인문학연구』, no31(4), pp95-125
방귀희(2018), '장애인문학의 특성과 과제', 『솟대평론』, no2, pp8-40
차희정(2023), '장애인문학 비평의 역할과 과제', 웹진이음, no42
이성천(2017), '장애인문학의 선 자리, 나아갈 자리', 『솟대평론』, no1, pp143-153
한국사전연구사 편집부(1994), 〈국어국문학자료사전〉, 한국사전연구사 출판부
한국장애학회(2022), '장애예술인의 욕구에 기반한 장애예술인지원법 시행방안 연구'
한국장애예술인협회(2022), 〈2022년 장애예술인수첩〉

「장애인 고용 촉진 및 직업 재활에 관한 법률」
「장애인복지법」
「장애인차별금지 및 권리구제 등에 관한 법률」

2020년 장애인실태조사
2021년 장애인경제활동실태조사
2023년 장애인실태조사
정보공개포털 정보공개청구(2024년 6월 20일), '2023년 장애인실태조사의 성비율 통계'

김미선(2019), 〈너도 꽃나무〉, 푸른사상
김옥순(2020), 〈11월의 정류장〉, 부크크
설미희(2024), 〈내 마음 여기에…〉, 연인M&B
최명숙(2028), 〈마음이 마음에게〉, 도반
한미순(1990), 〈땅에서도 하늘을 살아요〉, 예찬사
한미순(1993), 〈수묵화 필 무렵〉, 한국밀알선교단 출판부

Explorating Feminism and Disableism in the Poetry Written by Female Writers with Disabilities

Bang, Guihee

(Adjunct Professor at Graduate School of Social Welfare, Soongsil University)

〈Abstract〉

Feminism and disableism, originating from the questions, "Who is a woman?"and "Who is a person with a disability?", have settled as theories. Therefore, this study aims at exploring feminism and disableism in the poetry written by female writers with disabilities by asking "Who is a woman with a disability", accounting for a half of the population of persons with disability.

Since feminist literary criticism has played a key role in the establishment of women's identity, this study examined 15 poems by five Korean female poets with disabilities — Kim Mi-sun, Kim Ok-soon, Seol Mi-hee, Choi Myoung-sook, and Han Mi-soon — who have been active from the early days of Korean disability literature to the present.

Elaine Showalter said that to fully understand what women feel and experience, it is important to have a women-centered criticism to study women's writing. Just as said, it adopts Showalter's women-centered criticism to a disability-centered criticism.

The female poets with disabilities, examined in this study, have dedicated themselves solely for their dreams of writing, striving to satisfy their deep desire for learning despite difficulties in reality and engaging in fierce competition and in the end, have managed to come up with their works.

It would be a huge loss to the disability literature if the works of writers with disabilities, especially women writers, creating the foundation of Korean disability literature, are left in negligence. Therefore, it would be important for not only readers, but also the field of literary criticism to show more interest in disability literature.

• Key Word: Women, The Disabled, Poetry, Criticism

이솝 우화 속 약자 편들기 코드 탐색[1]

방귀희

(숭실사이버대학교 방송문예창작학과 겸임교수)

1. 시작하며

동서고금을 막론하여 가장 많이 알려진 이름은 이솝일 것이다. 전 세계 어린이들은 이솝 우화 이야기를 들으며 성장하기 때문이다. 이솝 우화는 구전되어 오다가 아리스토텔레스, 플라톤 등의 저서에 조금씩 수록되어 있는 것들을 14세기에 이르러 정리하여 편찬되었다.

이솝 우화에는 의인화된 동물들이 등장하여 인간 세상에서 일어날 수 있는 상황들을 소개하며 인간의 삶의 모습을 적나라하게 보여 준다. 이솝 우화에 등장하는 인물은 강자와 약자의 구도 속에서 강자가 약자를 잡아먹는 약육강식의 상황이 벌어졌을 때 약자가 살아남을 수 있는 지혜를 주면서 약자를 편든다. 또한 현실 속에서 어쩔 수 없이 강자가 이겨도 그것은 진정한 승리가 아니라고 말해 준다.

이솝 우화는 현실 속에서 유리하게 처세할 수 있는 법을 가르치는 것이 특징이다. 현실에 대한 비판적인 의도가 있지만 그렇다고 약자가 강자를 굴복시키는 보복으로 문제를 해결하는 것이 아니다. 강자라고 항상 이기는 것도 아니며 약자라고 매번 지는 것도 아니니 서로 협력하면서 함께 살아가기를 권하고 있다.

그래서 이솝 우화는 생애주기별로 꺼내어 새겨 볼 필요가 있다. 어린 시절에는 재미있는 이야기를 통해 선과 악을 구분하게 만들고, 청소년기에

[1] 이 글은 한국장애예술인협회에서 2024년 발간한 『솟대평론』 VOL. 15에 게재된 내용이다.

는 인간이 갖추어야 할 도덕적 교훈을 얻는다. 그런데 장년기에는 강자와 약자의 투쟁을 사회적 배경으로 해석하게 되더니 노년기에는 내 안에 있는 또 다른 나를 발견하여 자기 안에서 끊임없이 일어나는 실상과 허상의 싸움이 더 심각했음을 깨닫게 만든다.

이렇듯 이솝 우화에는 다양한 프리즘으로 바라보면서 인간의 삶을 성숙시키는 코드가 있기에 본 연구에서는 이솝 우화 속에 나타난 약자와 강자의 모습을 통해 보편적인 약자 편들기 양상을 탐색하여 이솝 우화의 가치를 새롭게 조명해 보고자 한다.

이솝 우화는 현실적인 문제 해결이라는 교육성과 문학적 상상의 표출이란 예술성이 있어서 시대에 따라 새로운 가치를 창출하며 앞으로도 계속 이어져 나갈 것이기에 이솝 우화에 대한 연구는 지속적으로 이루어져야 한다.

2. 이론적 배경

1) 이솝(Aesop)은 누구인가

소크라테스나 아리스토텔레스, 플라톤 같은 철학자들이 이솝 우화를 소중히 여겼다. 소크라테스는 이솝 우화를 운문으로 정리해야 한다며 제자인 아리스토텔레스에게 이솝 우화를 수집하여 체계화하라는 유언을 남길 정도로 이솝 우화의 가치를 인정하였다. 이 유언에 따라 아리스토텔레스는 이솝 우화를 수집하여 운문으로 기록하는 노력을 게을리하지 않았다.[2]

그런데 우리가 가장 모르고 있었던 것은 바로 이솝이란 인물 자체이다. 14세기 프라누데스의 〈이솝전〉에 의하면 그는 척추장애인이었고, 천부의 기지, 해학, 화술로써 노예에서 해방되어 우화작가로 이름을 떨쳤다고 한다. 이솝의 외모에 대해 이런 기술이 있다.

머리는 반짝반짝한 대머리이고, 눈은 단춧구멍만한 데다 툭 튀어 나왔다. 코는 납작할 대로 납작한 데다 콧구멍이 유난히 커서 벌름거렸다. 입

2) 이솝 저, 박문재 역(2023), 〈이솝 우화전집〉, 현대지성

은 앞으로 돌출된 데다 입술이 두꺼워 얼굴에 온통 입만 있는 것처럼 보였
다. 얼굴이 가슴에 파묻힌 듯 목이 없어 답답하기 이를 데 없었고, 키가 유
난히 작은 데다 배는 볼록 튀어나와 걷는 모습이 마치 뒤뚱거리는 원숭이
같았다.[3]

이솝의 흉상을 보면 앞가슴이 볼록하게 튀어나온 모습이다. 이솝전기에
는 가슴과 등에 큰 혹이 짐처럼 붙어 있으며 키가 작다고 하여 척추장애의
신체적 특성을 갖고 있다는 것을 알 수 있다.

고대 그리스 철학자 아리스토텔레스(B.C. 384~322)를 비롯한 초기 그리스 자
료에 의하면 원래 이름은 아이소포스(Aisopos, B.C. 620~564)로 이솝(Aesop)은 후
대에 붙여진 이름이다. 이솝은 흑해 연안에 있는 트라키아에서 태어났다.
트라키아는 아리스토텔레스의 출신지이기도 하다.

이솝은 기원전 6세기 초반 인물로 사모스섬에 살던 이아드몬의 노예였
다. 이솝은 그리스 고대의 도시국가들이 서로 전쟁을 치르던 도중에 포로
로 잡혀 노예가 된 것이다. 이솝은 장애 때문에 힘든 일은 할 수 없었을 것
으로 추측된다. 전기에 의하면 이솝은 노동에 시달리는 동료들을 위해 늘
재미있는 이야기를 해 주었는데 그의 이야기에는 약자의 승리나 당한 일을
되돌려 주는 유쾌한 복수가 있어서 노예들을 힐링시키며 자신도 그렇게 될
수 있다는 희망을 주었을 것이다.

고대 그리스 저술가인 플루타르코스(Plutarchos, 46~120년경)에 의하면 노예 이
솝이 주인을 변호해 준 공로로 자유민이 된 후 기원전 6세기경 고대 그리
스에서 활동하던 일곱 현인과 어울렸고, 기원전 6세기 후반에는 그리스에
서 이솝을 모르는 사람이 없을 정도로 유명하였다고 전했다.

급기야 이솝은 리디아왕 크로이소스의 정치 자문 역할을 하였다. 노예에
서 왕의 최측근이 된 것은 오롯이 그가 이야기를 잘 지어 내는 기지와 해학
이 있는 데다 뛰어난 말솜씨로 협상이나 논쟁에서 재치 있는 우화로 상대
방을 꼼짝 못하게 만드는 특별한 재주가 있었기 때문이다. 그 능력을 인정

---

3) 이솝 저, 유종호 역(2013), 〈이솝 우화집〉, 민음사

받아 리디아왕 크로이소스의 총애를 받는다.

그러나 왕의 외교사절로 델포이에 파견되었다가 불경죄로 낭떠러지 아래로 던져졌다. 아폴로의 신탁으로 유명한 델포이 사람들의 손에 의해 죽임을 당했는데 왕의 신임이 두터워지자 정쟁으로 희생을 당한 것으로 해석된다.[4]

2) 이솝 우화는 어떻게 만들어졌나

구전해 오던 이솝 우화를 라틴어로 번역해서 책으로 펴낸 사람은 기원후 1세기 인물인 파이드루스(Phaedrus)로 그는 로마 황제 아우구스투스의 해방 노예였다. 이후 10세기에는 우화작가 로물루스가 이솝 우화를 책으로 펴냈고, 14세기 프라누데스에 의해 이솝 우화 700여 편이 실린 책이 나왔다.[5]

1927년 프랑스 에밀 샹브리(Emile Chambry)가 358편의 우화를 담은 〈이솝 우화집〉을 펴냈고, 이 가운데 150편을 삭제하여 어린이용 책으로 발간하여 널리 보급되었다.[6]

20세기 이솝 연구자 페리(B.E. Perry)는 원래 이솝 우화에는 신화적인 요소가 있었는데 후대에 갈수록 비신화화 과정을 거치면서 인간적인 삶 속에 필요한 지혜를 담고 있다고 하였다.[7]

그리스의 수사학자들은 우화에 동물을 등장시킴으로서 그들의 특정 의도를 아무런 편견 없이 전달하는데 성공하였다. 전형적으로 천적 관계에 있는 동물을 사용하여 복잡한 인간 세상에 나타나는 갈등 관계를 도식적으로 단순하게 보여 줄 수 있을 뿐 아니라 모든 개인적, 역사적, 지역적인 연관 관계에서 벗어날 수 있었다(양경욱, 2013).

등장하는 동물에게 고유 이름을 붙이지 않고 그 동물의 특성에 따른 장점과 단점을 부각시켰다. 즉 주어진 상황을 분명하게 설명하기 위해 상황

4) 이솝 저, 박문재 역(2023), 〈이솝 우화전집〉, 현대지성
5) 이솝 저, 유종호 역(2013), 〈이솝 우화집〉, 믿음사
6) 이솝 저, 박문재 역(2023), 〈이솝 우화전집〉, 현대지성
7) 상동(上同)

모델로 동물을 이용했던 것이다.

중세의 수도원에서 수도자들이 대중에게 기독교 교리를 설교하는데 우화를 인용하면서 우화문학이 확산되었는데 우화는 도덕적이고 교육적인 목적을 달성하는데 아주 훌륭한 도구가 되었다.[8]

Russell[1991]은 인간의 선과 악을 상징화하는 인물로서 동물을 이용한 간단한 이야기로 우화를 정의했고, Rothlein[1991]은 우화는 인간이 지니고 있는 천성인 강인함과 나약함을 그대로 반영하기 때문에 인간 본성에 대한 이해를 도와준다고 하였다[양경욱, 2013].

우화는 보편적 주제를 명확하고 복잡하지 않은 이야기 구성으로 표현하여 오랜 시간을 통해 생활 속에 스며든 친숙한 문학의 한 장르로 작가는 이야기에 담긴 암시적인 힘과 매력적인 모습을 독자에게 전달하기 위해 등장인물을 동물로 변신시켜 놀라움을 전달하는 우화 형식을 선택하였을 텐데 그런 시도는 현대에도 이루어지고 있다.

요즘은 문학작품에서 판타지[fantasy]가 대세이다. 초현실적인 인물과 사건 즉 우리가 사는 세상과는 다른 세계, 일반 법칙이 적용되지 않는 SF공상과학으로 마블[Marvel] 세계를 창조해 낸다. 특히 AI 등 과학기술의 발달로 문자를 떠나 영상으로 수많은 시각적 장치를 만들어 놓고 독자들에게 그 상징의 비밀을 푸는 재미를 주고 있지만 역시 오늘날의 판타지도 독자들에게 희망을 주는 이야기라는 측면에서는 우화와 다를 바가 없다.

이렇듯 이솝 우화는 기원전 6세기부터 오늘날까지 세상을 살아가는 지혜와 교훈을 판타지로 전달하고 있어서 어린이들이 좋아하지만 어른들두 사례를 들 때 이솝 우화를 인용하며 꾸준히 사랑받고 있다.

3. 이솝 우화 분석

이솝 우화는 동물이나 식물을 의인화하여 인간 세상에서 일어날 수 있는 두려움, 용기, 희망, 사랑, 성취 등을 강함과 약함의 대결 구도로 간결하게

8) 이솝 저, 박문재 역(2023), 〈이솝 우화전집〉, 현대지성

설명하여 사람들에게 교훈을 주는 이야기로 타인 존중, 상황 파악, 포기와 양보 등의 삶의 지혜를 얻을 수 있다. 이솝 우화 가운데 많이 알려진 11편[9]을 예술적, 문화적 그리고 복지적 측면에서 탐색해 보고자 한다.

1) 예술적 측면

벽과 말뚝-숨은 권력의 괴롭힘 ··
말뚝이 벽을 무지막지하게 뚫고 들어오자 벽이 소리쳤다.
"내가 너를 괴롭힌 적도 없는데 너는 왜 나를 이렇게 아프게 하는 거야?"
말뚝이 말했다.
"너를 괴롭히는 것은 내가 아니라 내 뒤에서 나를 세게 치는 사람이야."
_이솝 저, 박문재 역(2023), 〈이솝 우화전집〉, 401p

그렇다. 나를 괴롭히는 것은 내 앞에서 행동하는 네가 아니라 내가 모르는 제3자이다. 하지만 우리는 우리 눈앞에 당장 보이는 것만 원망한다. 알고 보면 그도 피해자이니 원망 대신 고통의 원인을 찾아서 함께 해결해야 너와 나 우리 모두 고통에서 벗어날 수 있다는 교훈을 담고 있는데 말뚝박기를 통해 숨은 권력의 존재를 드러내는 것은 예술이다.

꿀벌과 제우스 신-지나친 욕심이 부른 화 ································
꿀벌은 인간이 자신의 꿀을 꺼내 가는 것이 못마땅해서 제우스 신에게 꿀을 훔치려고 벌집에 접근하는 사람을 죽일 수 있도록 힘을 달라고 부탁했다. 제우스 신은 꿀벌들의 이런 이기적인 요구에 화가 나서 벌이 누군가를 쏘고 난 뒤에는 스스로 죽게 만들었다.
_이솝 저, 박문재 역(2023), 〈이솝 우화전집〉, 288p

욕심이 너무 지나치면 오히려 화가 된다는 교훈을 주고 있다. 다른 사람을 무너뜨리려다 자기가 무너지는 경우이다. 자기가 했던 일들이 남한테 해가 되는 것이면 그것은 더 큰 부메랑이 되어 자기가 더 큰 피해를 보게

---

9) 상동(上同)

된다는 사실을 일깨워 주고 있다.

　일벌이 침을 사용하고 나면 죽게 되는 생태적 증상을 보고 꿀벌이 자신의 침으로 사람을 죽게 해 달라고 부탁하자 제우스 신이 오히려 꿀벌에게 벌을 주었다는 발상은 예술의 영역이다.

박쥐와 족제비들-판단을 잘 하면 위기 극복

　땅에 떨어진 박쥐 한 마리가 족제비에게 붙잡혔다. 박쥐는 살려 달라고 애원했다. 족제비가 '우리 족제비들은 원래 모든 새들의 적이다.'라고 거절했다.
　그러자 박쥐는 '저는 새가 아니라, 쥐랍니다.'라고 말해 가까스로 풀려날 수 있었다.
　얼마 후 그 박쥐가 또 땅에 떨어졌는데 이번에는 다른 족제비에게 붙잡혔다. 박쥐는 이번에도 '저를 잡아먹지 말아 주세요.'라고 애원하자 족제비가 '우리 족제비들은 쥐들에게 나쁜 감정이 있다.'고 으름장을 놓자 박쥐가 '저는 쥐가 아니라, 새랍니다.'라고 말해 또다시 풀려날 수 있었다.
　　　　　　　　　　_이솝 저, 박문재 역(2023), 〈이솝 우화전집〉, 307p

　똑같은 상황이라도 어떻게 대응하느냐에 따라서 위기를 벗어날 수 있다. 같은 말이라도 어떻게 표현하느냐에 따라서 상대방의 마음을 얻을 수도 있고 잃을 수도 있다. 그런 판단을 잘하기 위해서는 현명해야 한다. 살다 보면 수없이 많은 위기에 봉착하는데 어떤 판단을 내려야 할 순간이 오면 상대방의 의중을 정확히 파악하는 것이 중요하다.

　큰 노력을 하지 않고 그 상황에 맞는 말로 목숨을 구할 수 있는 힘은 다름 아닌 창조적 능력이다. 박쥐는 새를 싫어한다고 하면 쥐라고 했고, 쥐를 싫어한다고 하면 새라고 했다. 이것은 거짓말이라기보다 생존을 위한 기지의 발휘로 보아야 한다.

원숭이와 돌고래-거짓말의 가장 큰 피해자는 거짓말 한 사람

　먼 항해를 떠나게 된 뱃사람이 뱃길의 지루함을 달래기 위해 원숭이 한 마리를 데려갔다. 그런데 항해하는 동안, 심한 폭풍이 몰아쳐 배가 난파되자 사람들이 물에 빠져 허우적거렸다.
　돌고래들이 사람들을 구조하고 있었는데 한 돌고래가 원숭이를 사람이라

고 생각하고 다가와서 자신의 등에 태우고 해변가로 헤엄쳐 갔다. 돌고래는
원숭이에게 아테네 사람이냐고 물었다. 그러자 원숭이는 자기는 아테네에서
가장 명망 높은 가문 출신이라고 말했다.
　그러자 돌고래는 피레우스를 아느냐고 물었다. 피레우스를 사람 이름으로
생각한 원숭이는 피레우스와는 아주 절친한 친구 사이라고 대답했다. 피레
우스는 아테네에 있는 항구 이름이기에 원숭이의 거짓말에 화가 난 돌고래
는 바다 밑으로 들어가 버렸고, 원숭이는 물에 빠져 죽었다.
_이솝 저, 박문재 역(2023), 〈이솝 우화전집〉, 366p

　우리 주변에는 크고 작은 거짓말을 하는 사람들이 있다. 자기를 과시하
기 위해 거짓말을 할 경우 거짓임이 밝혀지면 더욱 초라해진다. 오히려 솔
직히 말하며 도움을 요청하는 것이 더 좋은 결과를 가져온다. 상대방이 자
신의 거짓말에 속는다고 거짓말을 이어 가다가 나락으로 떨어지는 경우가
있다. 거짓말의 가장 큰 피해자는 거짓말을 한 당자자라는 것을 잊어서는
안 된다.
　돌고래는 바다에 살기 때문에 원숭이를 사람으로 생각할 수 있다. 상대
방의 어리숙함을 이용하여 거짓말로 잘난 척을 하다가 추락하는 것은 오
늘날 사기꾼들이 사용하는 방법인데 거짓은 곧 드러난다는 것을 아주 극
적으로 표현하였다.

2) 문화적 측면

당나귀와 매미-다름을 인정해야 ·····························
　매미 소리를 들은 당나귀는 그 목소리가 부러워서 그토록 아름다운 소리를
내기 위해 어떤 음식을 먹고사는지 물어보았다. 그들은 하나같이 이슬을 먹
는다고 대답했다. 그 후 당나귀는 이슬만 먹다가 굶어 죽었다.
_이솝 저, 박문재 역(2023), 〈이솝 우화전집〉, 338p

　외모지상주의 사회에서 살을 빼기 위해 다이어트를 하다가 건강을 해친
사람들을 보게 된다. 상대방이 가진 것을 자기도 갖고 싶어 욕심을 부리다

가 자신의 장점을 살리지 못하면 인생을 망치게 된다. 사람은 서로 다르다는 것을 인정하고 그 다름을 매력 자본으로 만들려는 노력이 필요하다.

요즘 우리 사회에 가장 필요한 교훈이 바로 다름을 인정하는 것이다. 현대사회의 가치는 다양성에 있다. 서로 다른 다양한 사람들이 함께 살면서 다양한 문화를 형성하고 있는 것이다.

까마귀와 여우-아첨에 속으면 손해 본다

까마귀가 고기 한 점을 낚아채서 나무에 앉았다. 이를 본 여우가 까마귀에게 다가가 말을 걸었다.

"당신은 정말 아름다운 풍채를 갖고 있군요. 목소리마저 아름답다면 당신은 이 숲의 주인인 불사조가 될 거예요."

까마귀가 자신의 아름다운 목소리를 들려주려고 입을 열자 그 순간, 고기 한 점이 땅에 떨어졌다. 여우는 고기를 낚아채며 말했다.

"까마귀야, 네가 현명함만 갖추었더라면 새의 왕이 되기에 부족함이 없었을 거야."

_이솝 저, 박문재 역(2023), 〈이솝 우화전집〉, 203p

자기에게 듣기 좋은 말은 독이라는 것을 상기시키게 한다. 우리 주위에서 환심을 사려고 아첨을 하는 사람들을 보게 되는데 그런 아부는 반드시 해가 된다. 뭔가를 빼앗아 가기 위해 자기 주위에 모여들어서 경쟁적으로 아첨을 하는 상황을 느꼈다면 바로 정신 차려야 한다.

아첨에 속은 사람들은 분노심에 가득차 욕을 하기 바쁘다. 그런 사람은 또다시 아첨에 속게 되니까 깊은 자기 반성이 필요하다.

직장 상사에게 아첨하는 사람들 때문에 갑질 문화가 생겨났다고 볼 수 있는데 갑질도 결국 가해자가 잃는 것이 더 많다. 갑질로 대기업 총수에서 물러나는 뉴스를 접하게 되지 않는가. 갑질이든 아첨이든 모두 현명하지 못한 야만적 문화이다.

고깃덩어리를 입에 문 개-허상을 쫓다가 낭패

개 한 마리가 입에 고깃덩어리를 물고 냇물을 건너고 있었다. 짐짓 물 위에 비춰진 자기 그림자를 보고 다른 개가 고깃덩어리를 물고 있다고 생각하고 그 고깃덩어리를 빼앗기 위해 달려들었다.

그 순간 자기가 물고 있던 고깃덩어리는 입에서 떨어졌고, 자기가 빼앗아 물었는 줄 알았던 고깃덩어리는 온데간데 없었다.

_이솝 저, 박문재 역(2023), 〈이솝 우화전집〉, 225p

우리는 우리가 보고 있는 것이 실체라고 생각하지만 잘 꾸며진 허상 즉 가짜인 경우가 많다. 그래서 허상을 쫓다가 자기가 갖고 있는 실체마저도 잃고 큰 좌절에 빠지게 된다. 그런데 이것은 자신의 어리석음 때문이기에 누구를 탓할 수도 없다. 이 어리석음은 다름 아닌 욕심에서 비롯되었다.

어찌 보면 허상은 욕심이 만든 인간의 덫이다. 끝없는 욕망이 결국 파멸에 이르게 한다는 것은 이미 우리가 잘 알고 있는 도덕적 규범 문화이다. 그런데 아무리 욕심이 많다고 할지라도 현명했더라면 허상을 쫓지는 않을 것이다. 그래서 사람에게 치명적인 문제는 어리석음이라는 것도 이 우화는 말해 주고 있다.

요즘은 가짜뉴스를 진짜라고 믿는 확증편향의 오류에서 벗어나기 위해 팩트 체크 문화가 필요하다.

3) 복지적 측면

토끼와 거북이-값진 승리 ....

옛날 옛적에, 토끼와 거북이가 살고 있었다. 어느 날 토끼가 거북이를 느림 보라고 놀려 대자, 언쟁이 벌어졌고 결국 달리기 경주를 하게 되었다. 토끼는 거북이가 한참 뒤쳐진 것을 보고 잠시 쉬다가 낮잠을 잔다. 잠에서 깬 토끼 는 거북이가 자신을 추월했다는 사실을 알고 빨리 뛰어가 보지만 결과는 쉬 지 않고 경주에 임한 거북이의 승리였다.

_이솝 저, 박문재 역(2023), 〈이솝 우화전집〉, 417p

이솝 우화에서의 원래 제목은 '더디나 착실하게'이듯이 꾸준히 노력하는 자가 승리한다는 교훈이 담겨 있는 이야기이다. 토끼는 신체적으로 우월한 조건을 갖고 태어났다. 부모 덕에 많은 강점을 갖고 있는 사람을 요즘 세태에서 금수저라고 하는데 토끼는 바로 금수저이다. 그에 반해 거북이는 신체적인 약점이 있어서 장애인으로 인식될 수도 있고, 흙수저라고 할 수 있다.

장애인과 비장애인 그리고 흙수저와 금수저 문제는 개인의 문제가 아니다. 사회적 문제이기에 정치적으로 풀어야 한다. 토끼와 거북이가 경주를 한다는 발상은 예술 영역이다. 현실에서는 경기가 이루어지지 않는다. 토끼가 거북이에게 패배한 것은 자만심 때문이다. 상대를 얕잡아보는 교만이 어이없는 실패를 만들어 냈다. 이렇듯 노력하면 승리하는 결과는 문화 영역이다.

문화는 그 사회가 수용하는 관습이어서 노력에 대한 보상이 있다는 문화가 형성되면 공정한 사회가 된다. 그런데 현실에서는 도저히 거북이가 토끼를 이길 수 없다. 그래서 거북이가 이길 수 있는 환경을 마련해 주는 복지 영역이 필요하다. 사회 안전망을 깔아 주는 것이다. 복지는 사회적 약자에 대한 당연한 서비스이다.

조금 더 깊이 생각해 보면 토끼와 거북이는 나와 타자의 경쟁이 아니라 내 안에 있는 부지런함과 게으름의 경쟁인지도 모른다. 근면한 마음이 강할 때는 열심히 노력하게 되지만, 어느 순간 쉬고 싶고, 일하기 싫어서 나태함에 빠지기도 한다.

그러니까 경기는 타자와 하는 것이 아니라 자기 자신과 하는 것이다. 긍정적 사고로 이기면 성실함으로 인생이 빛나고, 부정적 생각이 더 강하면 게을러져서 인생을 낭비하게 된다.

여우와 황새-입장 바꾸어 배려해야 ···

심술꾸러기 여우가 황새에게 '식사 대접을 할 테니 우리 집에 놀러와.'라고 하면서 황새를 자신의 집으로 초대했다. 여우는 황새에게 일부러 납작한 접시에 담긴 수프를 내밀었다. 황새는 부리가 길기 때문에 수프를 먹을 수 없었다. 이 모습을 보면서 여우는 맛있게 수프를 먹었다.

얼마 후 황새가 여우에게 '예전에 음식 대접을 잘 받아서 고마웠어. 이번에는 우리 집에 와.’라며 여우를 자신의 집으로 초대했다. 황새는 여우에게 일부러 주둥이가 긴 병에 담긴 고기를 내밀었다. 여우는 부리가 없기 때문에 고기를 먹을 수 없었다. 황새는 여우가 그랬던 것처럼 맛있게 고기를 집어먹었다.[10]

이솝 우화에서의 원래 제목은 ‘대갚음’인데 황새의 통쾌한 반격이다. 여우와 황새 둘 중 누가 더 강점이 있느냐를 따질 필요가 없다. 이것이야말로 다양성의 문제이다. 여우와 황새는 먹는 방식이 완전히 다르다. 어느 것이 더 좋고 어느 것이 더 나쁘다고 말할 수 없다. 그저 다를 뿐이다.

여우가 순수한 마음으로 황새를 초대했다면 손님을 위해 황새가 좋아하는 것은 무엇이고 황새에게 필요한 것은 무엇인지를 세세히 살펴서 준비를 했겠지만 여우는 처음부터 그럴 마음이 없었다. 황새를 약올려 주는 것이 목적이었다. 황새도 여우의 속마음을 잘 알기에 똑같은 방식으로 응징을 했던 것이다.

우리 사회는 갑과 을로 나뉘어서 갑은 갑질을 하고 을은 을질을 한다고 서로를 공격한다. 사용자와 근로자가 존재하지만 그 역할이 다를 뿐 갑질과 을질이라는 비정상적인 행위를 할 필요는 없다. 장애인과 비장애인도 마찬가지이다. 장애 때문에 인간의 본질이 달라지진 않는다. 장애를 보완해 주는 니즈(needs)가 필요한 것뿐이다. 다르다는 것이 갈등의 요인이 되어서는 안 된다. 이것은 서로를 배려해 주면 아주 간단히 해결될 문제이다.

개미와 쇠똥구리-평소에 성실히 살아야··

여름 내내 개미는 들판을 돌아다니며 곡식을 모아 겨울을 준비했다. 다른 동물들이 일을 멈추고 휴식을 취할 때에도 힘들게 일하는 개미를 보며 쇠똥구리는 빈정거렸지만 개미는 묵묵히 일만 했다.

겨울이 되자 먹을 것이 없어진 쇠똥구리는 배가 고파서 개미에게 음식을 조금만 꾸어 달라고 부탁했다. 그러자 개미가 말했다.

“이봐, 내가 힘들게 일할 때 자네도 날 비웃는 대신에 나처럼 일을 했더라면

---

10) 이솝 저, 박문재 역(2023), 〈이솝 우화전집〉에는 ‘여우와 황새’ 이야기가 수록되어 있지 않아서 페이지를 명기하지 못했다.

이 이솝 우화의 원래 제목인 ‘게으름뱅이여, 개미한테 가 보라’에서 알 수 있듯이 게으르면 남한테 아쉬운 소리를 할 때가 반드시 온다는 것이다. 모든 것이 풍요로울 때는 그 풍요로움이 영원할 것이라고 생각하지만 어려운 시절을 대비하지 않으면 고통을 받게 된다.

우리에게 많이 알려진 ‘개미와 베짱이’(원제: 매미와 개미들)도 같은 맥락의 이야기이다. 매미가 여름 내내 일을 하지 않고 노래만 부르다가 겨울에 개미에게 구걸을 왔다는 내용이다.

개미는 힘이 없는 약자를 뜻한다. 개미는 힘이 없기 때문에 여름 내내 땀을 흘리며 일을 했다. 겨울이 오면 일거리가 없어지기 때문에 개미는 미리 겨울을 준비한 것이다. 하지만 쇠똥구리는 당장 눈앞에 먹을 것이 풍부하니까 미래에 일어날 일을 생각하지 않는다.

오히려 약자의 노력을 비난한다. ‘저 사람들은 노력한다고 달라지는 것도 없는데 왜 저렇게 아등바등하며 사는지’라며 땀 흘려 얻는 노동의 대가에 대하여 이해를 못한다. 하지만 티끌 모아 태산이라는 속담처럼 성실하면 그 결실은 반드시 있다. 꾸준히 노력해서 스스로 살아갈 수 있는 힘을 키운 소시민의 삶을 높이 평가해야 한다.

사슴과 사자-자랑거리가 발목잡는다

사슴은 자신의 자랑거리였던 큰 뿔 때문에 위기에 봉착하게 된다. 사람도 마찬가지이다. 부모 찬스를 사용한다거나 자신의 외모나 화술을 이용해서 쉽게 출세를 하려고 했다가는 오히려 실패하기 십상이다. 부모 찬스가 자녀에게 독이 되기도 하고 외모와 화술이 자신의 발목을 잡을 때도 있다.

이 우화는 자신이 가진 우월한 조건에 자만하지 말라고 강력하게 경고를 한다. 세상에 우월한 조건이란 존재하지 않는지도 모른다. 자기가 갖지 못한 것을 부러워한다거나 자신이 갖고 있는 것만 믿고 있다가는 낭패를 보는 일이 생긴다는 것을 일깨워 주는 소중한 가르침이다.

4. 이솝 우화 약자 편들기

이솝 우화에는 약자와 강자가 등장하는데 힘이 센 강자만 이기는 것이 아니라 약자에게도 장점이 많아서 그 장점을 잘 활용하면 강자를 이길 수 있다고 말해 준다. 그리고 강자의 약점을 찾아서 강자는 왜 무너지는지를 설명해 준다. 그래서 약자가 가진 장점과 강자가 가진 약점이 어떤 작용을 하는지 6편의 이솝 우화를 통해 살펴보면서 이솝이 우화로 남긴 비밀을 풀어 본다.

1) 약자가 가진 장점

위기를 만났을 때 거물들이 더 큰 피해를 본다는 것을 알 수 있는 우화이다. 평범한 사람들은 위기 또한 평범하다. 그래서 삶이 평탄하다. 하지만 사회적 거물들은 한순간 추락한다. 자신의 권력으로 넓은 세상을 호령할 수도 있지만 언제라도 그물망에 걸릴 위험도 크다. 그물에 한번 걸리면 빠져나갈 수가 없다. 그것이 거물의 비애이다.

그러니까 권력을 잡으려고 정당하지 못한 방법까지 쓰면서 애쓰지 말고 평범한 행복을 가꾸는 것이 훨씬 현명한 인생살이라는 뜻이다. 소시민이어서 다행스러울 때도 있는 것이다.

배부른 늑대와 양-정직이 최선

배부른 늑대가 누워 있는 양을 보았다. 양은 겁에 질려 꼼짝도 못하고 있었다. 늑대는 배가 불러서인지 양에게 다가가 안심시키면서 만일 양이 세 가지 진실을 말한다면 잡아먹지 않고 놓아 주기로 약속했다.

그러자 양은 다시는 늑대를 만나고 싶지 않다고 첫 번째 진실을 말했다. 두 번째는 늑대가 눈이 안 보였으면 좋겠다고 했으며 마지막 세 번째로 양이 말한 진실은 늑대가 죽어서 더 이상 양들이 괴롭힘을 당하지 않았으면 좋겠다고 했다. 그러자 늑대는 양의 솔직한 마음을 알고 놓아 주었다.

_이솝 저, 박문재 역(2023), 〈이솝 우화전집〉, 284p

진실은 사람을 감동시킨다. 만약 양이 늑대를 찬양했더라면 양은 목숨을 부지하기 힘들었을 것이다. 그런데 요즘 사람들은 진실의 가치를 무시한다. 심지어 진실하면 손해를 본다고 말한다.

진실의 상실 시대에 살고 있는 우리는 그 누구도 감동시킬 수 없는 나약한 존재이다. 진실을 외면하고 있는 우리는 언제 늑대의 먹이가 될지 모르는 위험 속에 있다. 강자를 이기는 방법은 정직함으로 맞서는 것이다. 강자가 무너지는 것은 정직하지 않기 때문이다.

사자와 생쥐-작은 능력도 큰 능력이 된다

동물의 왕자 사자가 따스한 봄날 풀밭에 누워 잠을 자고 있었는데 생쥐 한 마리가 그만 사자의 발을 밟고 말았다. "누구야?" 잠자던 사자가 깨어서 소리를 질렀다. 생쥐는 '사자님! 살려 주시면 그 은혜 꼭 갚을게요.'라고 간청했다. 사자는 콧방귀를 뀌면서 귀찮다는 듯이 생쥐를 보내 주었다.

그러던 어느 날 사자의 울음소리가 들려서 생쥐가 얼른 가 보니 사자가 사냥꾼이 설치한 그물에 걸려 꼼짝달싹 못하고 있었다. 생쥐는 자신의 이빨로

'세상에 버릴 사람은 아무도 없다.'는 세종대왕의 애민 사상이 떠오른다. 여기서 생쥐는 약자이고, 사자는 강자이다. 강자가 약자의 도움을 받는 일이 생길 것으로 생각하지 않는데 이솝은 아주 이야기를 잘 만들었다.

생쥐가 사자의 단잠을 깨웠을 때 사자는 생쥐를 잡아먹을 수도 있었지만 살려 준 것은 자비를 베풀었다기보다 귀찮아서 그냥 돌려보낸 것이다. 생쥐가 은혜를 갚겠다고 했을 때 가소롭게 생각했다.

하지만 사자가 큰 위기에 처했을 때 생쥐가 나타나서 사자의 온몸을 결박한 그물을 작은 이빨로 잘라 내어 구해 주었다. 생쥐가 아니었으면 사자는 사냥꾼에게 꼼짝없이 잡혀갈 신세였다. 사자가 생쥐에게 감사의 인사를 하자 생쥐는 은혜를 갚은 것이니 당연하다고 말한다.

우리 사회에서 부자들이 약자를 위해 기부금을 내놓는 자선 행위는 부자들에게는 그리 어려운 일이 아니다. 기부를 통해 세금 혜택을 받기도 한다. 하지만 그 기부금을 받은 약자들은 살아갈 길을 찾게 된다. 그렇게 살아서 사회에 공헌하는 인물이 되기도 한다. 이렇듯 꼭 필요한 지원으로 약자의 장점이 발휘될 수 있는 사회가 되면 정말 살기 좋은 나라가 될 것이다.

강자는 강자끼리, 약자는 약자끼리 살아갈 것이 아니라 강자와 약자가 함께 더불어 살아갈 때 우리 사회는 구성원 모두가 행복해질 수 있다.

2) 강자가 가진 약점

늑대와 어린 양-불통으로 보는 손해 ···

어요."
"작년에 네가 우리 아버지를 욕했지."
"전 작년에 태어나지도 않은 걸요."
그러자 늑대는 다짜고짜 어린 양을 움켜잡더니 꿀꺽 잡아먹었다.
_이솝 저, 박문재 역(2023), 〈이솝 우화전집〉, 273p

욕심이 많은 권력자는 소통이 되지 않는다. 서로 말이 통하지 않는 것이다. 다른 사람의 말을 듣지 않고 자신의 뜻을 관철시키는데 그런 불통이 주는 피해는 억울한 사람이 생기는 것은 물론이고 결과적으로 본인도 열 개를 얻을 수 있는데 한 개밖에 얻지 못하는 손해를 보게 된다. 따라서 눈앞에 있는 당장의 이익에 집착해서는 안 된다.

늑대는 오로지 힘과 권력에만 의지하는 비열한 인간으로 힘은 아주 막강하지만 매우 아둔한 존재인 반면 어린 양은 진실하고 똑똑하며 그의 행동은 정당하다. 그러나 어린 양은 약자이기 때문에 힘으로는 이길 수 있는 방법이 없다.

그런데 한 가지 희망적인 것은 강자가 힘을 이용하여 횡포를 부릴 때 아무리 악당이라도 악한 행동을 할 때는 핑곗거리를 찾는다는 것이다. 이것은 악당에게도 약간의 양심이 존재한다는 것을 의미한다.

그래서 늑대도 어린 양을 보자마자 힘으로 누르지 않고 이런저런 핑계를 대며 시비를 걸었다. 말로 이기지를 못하자 본성을 드러내고 말았지만 이 이야기에서 승자는 어린 양이다. 늑대는 없는 사실을 거짓으로 만들다가 논리에서 어린 양에게 지고 말았다. 그래서 화풀이로 어린 양을 힘으로 눌렀던 것이다. 그래도 마음속으로는 양심에 설려 마음이 편지 않았을 것이다.

말과 당나귀-남의 고통을 무시하다 더 큰 고통 짊어지다 ·····················
어떤 사람이 말 한 마리와 당나귀 한 마리를 갖고 있었다. 어느 날 짐을 싣고 가고 있을 때 당나귀가 말에게 말했다.
"죽을 것 같아. 내 짐을 조금만 덜어 줄래?"
말은 들은 체도 하지 않았고 급기야 당나귀는 지칠 대로 지쳐 쓰러져 죽고 말았다. 그러자 주인은 당나귀의 짐을 모두 말에게 옮겨 실었다. 그뿐만 아니라 당나귀에게서 벗겨 낸 가죽까지도 그 위에 얹었다. 말은 한숨을 쉬며 이렇게 중얼거렸다.

"아아, 된통 당하는군! 모든 짐을 나 혼자 지고, 게다가 그 녀석의 가죽까지!"

_이솝 저, 박문재 역(2023), 〈이솝 우화전집〉, 178p

우리가 남의 고통을 덜어 주어야 하는 이유가 바로 여기에 있다. 내 고통을 줄이기 위해 남의 고통을 함께 나누어야 하는 것이다. 그런데 우리는 남의 고통을 쉽게 외면하고 즐기기까지 한다.

결국 그 고통이 자신의 몫이 된다는 것을 까맣게 모르고 당장 편한 것만 좋아한다. 남의 고통을 덜어 주는 것이 자기 행복에 대한 저축이라는 사실을 잊어서는 안 될 것이다.

만약 당나귀가 힘들어할 때 말이 당나귀를 도와주었더라면 당나귀는 지쳐서 죽지 않았을 것이다. 그런데 말이 당나귀의 고통을 외면했기 때문에 말은 결국 당나귀의 짐까지 떠맡아지게 된 후에야 후회를 한다. 이런 때늦은 후회를 하지 않도록 힘이 있을 때 어려운 사람을 도와야 한다고 말해 주고 있다.

해와 바람-힘 자랑하다가 패배하다 ·······························

해와 바람이 누가 더 센지 말싸움을 하다가 땅에서 외투를 입고 걸어가는 한 나그네를 보며 저 나그네 외투를 벗기는 사람이 승리하는 것으로 하자고 내기를 한다. 먼저 바람이 심한 돌풍을 일으켰다. 그러자 나그네는 외투가 벗겨지지 않도록 옷자락을 여미었다.

해는 나그네에게 햇볕을 내리쬐었다. 그러자 나그네는 땀을 흘리며 외투를 벗었다.

_이솝 저, 박문재 역(2023), 〈이솝 우화전집〉, 105p

이솝 우화에서의 원래 제목은 '부드러운 설득 방법'이듯이 목적을 이루는 방식이 서로 다를 수 있다. 바람처럼 강압적인 방식과 해처럼 스스로 결정하도록 하는 자율적인 방식이 있는데 결과는 동기부여로 자발적으로 실행하도록 하는 것이 더 효과적이라는 것이다.

흔히 부드러운 설득 방법이 약하다고 생각하지만 결과는 그 정반대로 나타난다. 힘을 이용한 설득은 오히려 반감만 불러일으킨다는 것을 말해 주고 있다.

그런데 요즘은 설득이 없다. 오로지 힘으로 밀어붙인다. 이 우화는 정치인들에게 필요한 내용이다. 자신의 의견을 설명하고, 다른 생각을 갖고 있는 사람을 설득시키면서 서로 다른 의견의 합일점을 찾으려는 노력을 하는 대신 다수의 힘을 발휘하다가 국민들로부터 비난을 받는다.

이솝 우화 속 약자 편들기 코드는 성실, 진실, 강점, 졌지만 이긴 승리의 4가지 유형으로 분석된다.

첫째, 성실하면 약자도 성공적인 삶을 살 수 있다는 것은 '토끼와 거북이', '개미와 쇠똥구리'에서 말해 주고 있다. 느림보 거북이가 토끼와의 경주에서 승리하고, 개미가 여름 내내 땀 흘리며 노력한 덕분에 겨울을 배불리 보낼 수 있는 것은 오로지 성실한 노력 덕분이었다.

둘째, 진실이 생존 전략임을 담은 '배부른 늑대와 양'은 진실이 가장 강력한 힘이라는 것을 잘 보여 주어 진실하면 강해질 수 있다는 메시지를 주고 있다.

셋째, 약자가 더 유리할 때가 있음을 '어부와 큰 물고기, 작은 물고기', '사자와 생쥐'에서 말하고 있는데 약자라고 항상 피해만 보는 것도 아니고 아무 역할도 하지 못하는 무능력자가 아니라며 약자의 강점을 소개한다.

넷째, 이겨도 진 것과 같다는 것을 '늑대와 어린 양', '말과 당나귀'에서 설명하며 약자 편을 들고 있다. 늑대는 힘으로 어린 양을 죽이지만 남는 것은 어린 양은 똑똑하고 늑대는 무식하다는 사실이다. 그리고 당나귀는 지쳐서 죽지만 당나귀 짐까지 다 짊어진 말은 후회를 하니 진 것과 다름이 없다. 어린 양과 당나귀는 졌지만 이긴 승리자이다.

이렇듯 이솝 우화는 약자의 역할을 통해 약자를 결코 얕볼 수 없게 만든다. 이것이 이솝 우화가 갖고 있는 교훈적 메시지로 독자들에게 매력적인 이야기로 끌리게 만든다.

5. 이솝 우화 새롭게 읽기

이솝 우화는 시대에 따라 계속 그 시대에 맞는 시각으로 재구성되어 창작되었다. 이솝에 이어 파이드루스(Phaedrus)가 이솝 우화를 정리하고, 16세기 독일의 종교개혁가 마르틴 루터(Martin Luther)는 종교 비판의 도구로 이솝 우화를 집필했고, 17세기 작가 라 퐁텐(La Fontaine)은 프랑스의 귀족 사회를 꼬집는 우화집을 세상에 내놓았다. 라 퐁텐은 '동물 이야기는 우화의 몸체이고 교훈은 우화의 혼'이라고 하며 1668년에서 1694년에 거쳐 이솝 우화를 재해석하여 새로운 버전의 '라 퐁텐 우화(Fables de La Fontaine)'로 탄생시켰다.

그리고 18세기인 1759년에 레씽(Gotthold Ephraim Lessing)은 3권으로 이루어진 우화집을 발간하면서 우화는 계속 재창작하도록 해야 한다고 주장했다. 즉 옛 우화들을 변형 보완시켜서 새로운 모랄(moral)이 드러나도록 해야 한다는 것이다(이규영, 2006).

만약 '토끼와 거북이' 이야기를 다시 쓴다면 필자는 이렇게 구성하고 싶다. 잠에서 깨어난 토끼는 전속력을 다해 달리기 시작한다. 거북이와 토끼의 거리가 점점 좁혀져 가고 있었다. 그것을 하늘에서 본 까마귀 떼들이 자신의 몸을 붙여서 거북이가 미끄러지듯 이동할 수 있도록 에스컬레이터를 만들어 주었다. 까마귀는 토끼가 잘난 척이 심하고 상대를 얕잡아보는 것이 얄미워서 토끼에게 당하고 있는 거북이에게 자신들의 작은 힘을 모아 승리로 이끌어 주었던 것이다.

약자에게 강한 의지로 도전하여 성공하라고 하는 것은 온당치 않다. 주위에서 환경을 만들어 주어야 한다. 물론 독수리가 나타나서 삽시간에 목적지까지 데려다줄 수도 있지만 그보다는 여럿이 힘을 모아서 함께 성취해 나가는 것이 더 의미가 있다.

'여우와 황새' 이야기는 이렇게 수정을 하고 싶다. 여우가 얄밉기는 했지만 황새는 여우와 똑같은 방식으로 손님을 맞이하는 것은 예의가 아니라고 생각한다. 그래서 황새는 뷔페식으로 음식을 장만하고 그릇도 여러 종류로 준비하였다. 여우는 황새의 초대에 매우 만족해하며 자신도 다음에 황새를 초대하면 다양한 음식과 그릇으로 상을 차려야겠다고 결심하면서 세심한 배려가 최고의 대접이라는 사실을 깨닫는다. 물론 응징을 하는 쾌감은 없지만 여우가 뼈아픈 반성을 하도록 하는 것이 더 통쾌한 반격일지도 모른다.

'사슴과 사자' 이야기는 주인공 사슴이 다리를 다치는 사고부터 시작한다. 친구들이 병문안을 와서 물었다.

"어쩌다 다리를 다친 거니?"
"뿔을 보호하려다가 넘어졌어."
그 말을 듣고 한 친구가 이렇게 말한다.
"그렇게 누워 있으니까 네 뿔이 참 초라해 보인다. 우리들 중에는 그래도 네 뿔이 가장 멋있었는데 말야."

누워 있는 사슴의 표정이 일그러지자 분위기를 바꾸려는 듯 다른 친구가 말했다.

"야, 오늘 우리 마을 숲속에 아주 멋진 손님이 온다고 하는데 우리 가서 구경하자."

사슴 친구들은 놀고 싶어서 우르르 나가 버렸다. 사슴들은 연못가에서 자신의 뿔을 연못 물에 비춰 보며 누구 뿔이 가장 멋있는지 서로 평가를 하고 있었다. 바로 그때 사자가 나타난 것이다.

나중에 얄밉게 말하던 친구가 희생되었다는 소식을 들었다. 사슴은 자신이 다리를 다친 것이 오히려 목숨을 건진 행운이었다는 것을 알고, 그 후로는 뿔에 대한 자랑을 하지 않았다. 자신이 볼품없다고 생각했던 다리 덕분에 자신은 살았고, 자기 뿔이 멋있다고 자랑하던 사슴은 그 뿔 때문에 목숨을 잃은 것은 정말 아이러니(irony)이다.

　우화작가는 동물을 이야기에 등장시켜 다양한 상황과 사건들을 통해 인간으로 하여금 반성과 함께 어떻게 살아야 할 것인지에 대해 생각하게 한다. 그런 점에서 우화는 재창조를 통해 지속적으로 발전시켜 나갈 필요가 있다.

　문학은 언어를 매개로 하여 개인의 사상과 감정 등을 표현하고, 독자와 끊임없이 소통하면서 인간의 삶 자체를 반영한다. 문학은 근본적인 인간의 문제를 다루면서 풍부하고 다양한 의미를 만들어 내기 때문에 가치가 있으며, 문학작품은 인간적인 참여를 촉진시킨다. 일반적으로 독자들은 문학작품을 읽으면서 자신의 언어와 경험, 문화, 지식을 토대로 하여 글을 내면화한다(양경욱, 2013).

　예전에는 토끼와 거북이가 경주를 할 수 있었지만 현대사회에서는 거북이를 토끼들의 경주에 끼워 주지 않는다. 그냥 한적한 곳에 편한 공간을 만들어 줄 테니까 그곳에서 거북이들끼리 경주를 하라고 한다.

　그리고 여우는 황새를 초대하지 않는다. 황새를 초대하면 신경 쓸 것이 많아서 차라리 황새가 좋아하는 음식을 만들어서 황새에게 갖다주는 것이 더 황새를 위하는 일이라고 생각한다(방귀희, 2019).

　이렇듯 상대를 위해 하는 행동이 차별이 되기 때문에 〈선량한 차별주의자〉의 저자 김지혜 작가는 그것을 선량한 차별주의라고 하였는데 그 말이 우리 사회에서 장애인이 갖고 있는 문제를 너무나 극명하게 지적해 주고 있다.

　우리 사회에는 같은 사람이 단 한 명도 없을 정도로 정말 다양한 사람들이 살고 있다. 그런데 안타깝게도 사람들은 다양성을 매우 낯설어하며 거부하려고 한다. 다양성을 받아들이지 못하는 것을 파커 파머(Parker J. Pamer)는 민주적인 마음의 습관이 부족하기 때문이라고 하였다(김지혜, 2019). 민주적 마음의 습관을 가지면 다양성의 긴장에 친숙하고 낯선 사람을 환대하게 되는데 우리는 다양성 때문에 생기는 긴장을 부담스러워하고, 낯선 사람을 거부하는 성향이 있다.

그래서 서로 불신하고 갈라져서 반목하는 문화가 생겼다. 이 불행한 문화를 행복한 문화로 바꾸기 위해서는 이솝 우화에서 말하려고 하는 약자 편들기 즉 배려의 미학을 배워서 실천해야 할 것이다.

이렇듯 문학은 만들어 낸 이야기이다. 그래서 문학의 출발을 우화에서 찾기도 하는데 그렇다면 문학의 창시자는 이솝이고, 문학의 원조는 장애인이었다는 해석이 가능해진다.

장애인문학이 외면당하고 있는 오늘날 이솝이 장애인이었다는 사실은 독자들에게 새로운 시각으로 문학과 장애인을 바라보게 할 것이다.

6. 이솝 우화 속 장애인 역할

〈이솝 우화전집〉(2023)에서 장애인이 등장하는 우화 다섯 편을 골라 이솝 우화에서는 장애인을 어떻게 묘사했는지 알아보고자 한다. 원문에는 시각 장애를 '눈먼'이라고 하였고, 지체장애를 '절뚝발이'로 표기했기에 「장애인복지법」 상의 용어로 바꾸었다는 것을 밝혀 둔다.

앞을 볼 수 없는 사람-제3의 눈으로 보다 ·····························
시각장애인이 있었는데 그는 사람들이 자기 앞에 어떤 짐승을 갖다 놓을 때마다 손으로 만져 보고 그것이 어떤 종류인지를 어김없이 말해 주곤 했다.
어느 날 어떤 사람이 늑대 새끼를 갖다 놓자 그는 손으로 만져 보더니 미심쩍어하며 말했다.
"이게 늑대 새끼인지, 여우 새끼인지 아니면 그런 종류의 다른 짐승 새끼인지는 모르겠지만 양 떼와 함께 두면 안 된다는 것은 확실히 알겠소."
_이솝 저, 박문재 역(2023), 〈이솝 우화전집〉, 80p

시각장애인은 손으로 만져 보며 사물의 모양이나 재질 등을 판단한다. 고대의 시각장애인도 사물을 만져서 알아보았는데 그것이 신기하여 늑대 새끼를 갖다주며 어떤 종류인지 맞춰 보라고 하였던 것이다. 새끼는 모두 연약하고 부드럽지만 시각장애인은 늑대인지 여우 새끼인지는 모르겠지만 양 떼들과 함께 두면 안 된다고 하면서 사나운 성질의 동물이라는 것은 맞추었다.

이것은 시각장애인이 현명하다는 것을 말해 준다. 안 보이니까 속여도 모르겠지 했다가는 큰 코 다친다. 저자는 악인들의 속내는 겉만 보아도 알 수 있다고 해석하였지만 필자는 시각장애인이 앞을 못 보는 것이 아니라 다른 방법으로 본다는 것을 알려 주고 싶다.

〈오감 프레임〉(2011) 저자이자 수년간 시각장애인의 사물인지 방법을 연구해 왔던 미국 캘리포니아대학교 심리학과 로렌스 로젠블룸(Laurence. D. Rosenblum) 교수는 시각장애인이 청각이 발달해서 잘 듣는 것이 아니라 소리에 집중하기 때문이고 시각을 제외한 다른 감각기관을 활용하여 시각장애인이 터득한 방식대로 이해하고 해석하는 능력 즉 '제3의 눈'으로 세상을 보고 있다고 하였다.

헤르메스와 테이레시아스-시각장애는 무능이 아니다··························

먼저, 두 인물에 대해 간단히 소개하면 헤르메스는 제우스와 마이아 사이에서 태어난 아들로 문학과 제사에서 항상 소와 양을 보호하는 신이고, 테이레시아스는 고대 그리스의 전설적인 시각장애 예언자이다. 그는 그리스 전역에서 모르는 사람이 없을 정도로 유명했다. 시각장애가 있어서 딸을 데리고 다니면서 새들이 날아가는 모습을 자신에게 설명해 주게 한 뒤 그 징조를 해석하여 미래를 예언하였다.

테이레시아스에게 예언하는 능력이 있다는 것이 사실인지 시험해 보고 싶었던 헤르메스는 들판에 있는 테이레시아스의 소를 몰래 데려가 숨긴 후에 사람으로 변장하고 성내에 있는 그의 집으로 찾아가 하루를 묵게 되었다.

자신의 소가 없어졌다는 말을 전해 들은 테이레시아스는 누가 소를 훔쳐갔는지 알아내기 위해 나그네로 가장한 헤르메스를 데리고 밖으로 나간 뒤 어떤 새가 보이는지 말해 달라고 부탁했다.

헤르메스가 처음에 독수리가 왼쪽에서 오른쪽으로 날아가는 것을 보고 그대로 말해 주었더니 테이레시아스는 자신과는 아무런 상관이 없다고 말했다. 다음에는 까마귀가 나무 위에 앉아 위를 쳐다보았다가 땅을 굽어보았다가 하는 중이라고 말했다.

그러자 테이레시아스는 말했다.

"내가 소들을 되찾는 것은 당신이 원하느냐 원하지 않느냐에 달려 있다고 그 까마귀는 하늘과 땅에 맹세하면서 말하는 것이오."
_이솝 저, 박문재 역(2023), 〈이솝 우화전집〉, 145p

고대 사람들은 시각장애인이 시각을 잃은 대신 다른 영험한 능력이 있다고 믿어서 예언자로서 존경했다. 〈일리아스〉와 〈오디세이아〉의 저자 호메로스의 활동 시기인 기원전 800~750년경은 그리스의 정치와 문화가 역동적으로 성장하던 시기였다.

호메로스는 안과 질환이 있었는데 여행 중 실명을 했다. 그의 시각장애는 그의 능력의 탁월함을 상징하여 그의 작품은 그리스 문화를 꽃피우는 원동력이 되었다.

테이레시아스는 호메로스 이전에 활동을 하였는데 그때도 역시 시각장애인은 신성한 인물로 숭배를 받았다. 그는 앞을 볼 수 없기에 딸이 하늘을 나는 새의 모습을 설명해 주면 그것으로 기후나 지진 같은 천재지변에 대해 말해 주었기 때문에 예언자라고 생각했던 것이다. 실제로 자연 변화는 새나 벌 또는 개미 같은 미물들의 변화를 통해 예측된다.

꿀벌 연구로 유명한 펜실베이니아 주립대학교 곤충학자 그레그 후버(Greg Hoover)는 17세 때 앞을 볼 수 없게 된 시각장애인이지만 부인이 꿀벌의 움직임을 보이는 대로 설명해 주면 후버는 그것을 머릿속에 담아 자기만의 방식으로 관찰하며 연구를 한 것이다. 후버는 곤충이 내는 소리만 듣고도 곤충을 눈으로 본 듯이 관찰할 수 있었다.

이솝 우화에서 시각장애인 테이레시아스의 예언을 의심한 헤르메스는 그의 소를 먼 곳으로 보내 놓고 소를 훔쳐 간 사람을 알아내는지 실험하기 위해 변장을 하고 그의 집에 찾아가서 들판에 소가 보이지 않는다고 말해 주었다. 그러자 테이레시아스는 새들을 관찰하기 위해 변장한 헤르메스와 함께 밖으로 나간다.

변장한 헤르메스가 독수리의 비행 방향을 설명해 주자 이 사건과 상관이 없다고 했지만 까마귀가 나무에 앉아서 위아래를 번갈아 본다고 말해 주자 테이레시아스는 단호하게 예언한다.

 자신이 소들을 되찾는 것은 당신이 원하느냐 원하지 않느냐에 달려 있다고 하여 헤르메스가 한 행동을 다 알고 있다는 것을 넌지시 암시하면서 까마귀의 행동 특성을 하늘과 땅에 맹세하고 있다는 것이라고 하여 이 사건은 인간 사이의 문제가 아니라 하늘과 땅의 신도 알고 있어서 헤르메스가 더 이상 거짓말을 할 수 없도록 하였다.

 책의 저자는 이 이야기가 남의 것을 훔치지 말라고 충고하는 것이라고 하였지만 필자는 시각장애인이 무능한 사람이라는 인식에 대해 정면으로 반박하는 경고라고 본다. 1993년 시각장애인 최초로 연세대학교 사회복지학과 교수로 임용된 이익섭 박사는 학생들이 출석 체크 후 교실을 나가 버리는 경우가 있었다고 하며 그때 이렇게 말했다고 한다.

 "지금 두 명의 학생이 교실을 이탈했습니다. 솔직히 누구인지는 지금 당장 모르지만 어디에 앉아 있었던 학생인지는 압니다."

 이익섭 교수는 간암으로 2010년 세상을 떠나 많은 사람들을 안타깝게 하였다.

> **나그네들과 까마귀-징크스는 없다** ··
> 일을 하기 위해 함께 먼 길을 떠나던 사람들이 한쪽 눈이 없는 까마귀를 보았다.
> 사람들은 불길한 징조이니 되돌아가자고 하였다. 그러자 한 사람이 말했다.
> "자기 눈을 잃지 않도록 미리 조치를 취하지도 못한 까마귀가 어떻게 우리 앞날을 예언할 수 있겠소?"
> _이솝 저, 박문재 역(2023), 〈이솝 우화전집〉, 314p

 한쪽 눈이 없는 까마귀를 보고 불길하다고 생각하는 것이 옳지 않음을 말해 주고 있다. 사람들은 자신의 미래를 미리 알고 싶어서 어떤 징크스를 만들어 미래에 생길 일을 판단하려고 한다. 예전에는 아침에 시각장애인을 보면 재수가 없다는 말들을 하였는데 그것은 전혀 근거가 없는 얘기이다.

 정창권 교수는 조선 시대 시각장애 독경사가 새해 아침에 일 년 동안 무탈하게 해 달라고 안택경(安宅經)을 독경하고 나온 집에서는 1년 운수를 보려고 무당을 부르지 않기 때문에 아침에 시각장애인을 보면 재수가 없다는 말을 지어내었다고 하였다.

 이 우화는 까마귀가 자기 눈을 잃을 것도 몰라서 미리 예방을 못했는데 사람의 앞날을 어떻게 알겠느냐고 하여 미래를 미리 예단하는 것은 옳지 않다고 한 것인데 이 책의 저자는 자기 일도 제대로 하지 못하는 사람은 남의 일에 조언할 자격이 없다고 해석하였다.

다리를 저는 체한 당나귀와 늑대-고통의 무게에 공감하기 ················

 초지에서 풀을 뜯던 당나귀가 달려오는 늑대를 보고는 다리를 저는 체했다. 가까이 온 늑대가 당나귀에게 왜 다리를 저느냐고 묻자, 당나귀는 울타리를 넘다가 뾰족한 것을 밟았다고 대답했다.
 자기를 잡아먹기 전에 그 뾰족한 것을 뽑지 않으면 입을 찔리게 될 것이라고 말해 주었다.
 그 말을 들은 늑대가 당나귀의 발을 들어 발굽을 유심히 살펴보는데 당나귀는 그때 늑대의 턱을 세게 가격하여 이빨을 다 부숴 버렸다. 그러자 늑대가 말했다.
 "아버지에게 백정 일을 배운 내가 의사 일을 하려고 했으니 이런 일을 당해도 싸지."

_이솝 저, 박문재 역(2023), 〈이솝 우화전집〉, 341p

 당나귀가 늑대에게 잡혀먹지 않기 위해 다리를 저는 척하면서 발바닥에 뾰족한 것이 박혀 있기 때문에 그것을 빼야 늑대 입이 찔리지 않을 것이라고 했다. 그래서 늑대가 당나귀 발굽에 박힌 가시를 빼려고 하다가 당나귀가 발로 차는 바람에 이빨이 모두 부러졌다. 당나귀는 다리를 저는 척 즉 어떤 문제가 생긴 것으로 가장하여 위기에서 벗어날 수 있었을 뿐 지체장애라고 해석할 필요는 없다.

늑대는 자신의 본성을 잠시 잊고 의사처럼 행동하다가 당했다고 후회를 한다.

책의 저자는 자기 일에 맞지 않는 일에 손을 대는 사람은 화를 당한다고 해석하였는데 그보다 사람들은 타인에게 피해를 줄 때는 그 사람의 아픔에 대해 무관심하지만 자기는 작은 피해도 보지 않으려고 전전긍긍한다는 것에 방점이 있다.

나의 고통은 크고 남의 고통은 작은 것이 아니라 고통의 크기는 똑같이 느끼는 공감 능력이 필요하다는 것을 뜻한다.

공탁금을 받은 사람과 맹세의 신-거짓말로 신뢰를 잃으면 끝이다 ·········
친구의 공탁금을 맡은 사람이 그 돈을 가로챌 생각을 하고 있을 때 친구가 법정에 나와서 맹세하라고 소환하자 불안해진 그는 길을 떠났다. 성문에 이르렀을 때 자기처럼 성을 떠나려는 한 지체장애인을 보고는 당신은 누구이며 어디로 가느냐고 물었다.

지체장애인이 말하기를 자기는 맹세의 신인데 맹세를 어겨 불경죄를 범한 자들을 잡으러 가는 것이라고 하자, 어느 정도의 시간이 지나야 성으로 돌아오느냐고 다시 물었다.

맹세의 신은 40년이 지나서 돌아오기도 하고, 어떤 때는 30년이 지나서 돌아오기도 한다고 대답했다. 그는 다음 날 법정에 출석하여 자기는 공탁금을 맡지 않았다고 맹세했다. 그런데 곧바로 맹세의 신이 나타나 그를 낭떠러지 위로 끌고 올라갔다.

맹세의 신이 적어도 30년이 지나서야 돌아온다고 말해 놓고는 아무 걱정 없이 보낼 시간을 단 하루도 주지 않았다고 비난했다. 그러자 맹세의 신이 말했다.

"나를 화나게 하면 나는 그날 바로 다시 돌아오지."
_이솝 저, 박문재 역(2023), 〈이솝 우화전집〉, 358p

맹세의 신이 지체장애인이었다는 것은 의미하는 바가 크다. 맹세를 깨는 사람을 처단하는 신은 몸집이 우람할 것 같아도 실제로 다리가 불편한 상태라는 것은 어떤 약점이 아니라 맹세라는 신뢰를 심판하는 강인함을 상징한다.

친구의 공탁금을 가로챈 사람이 도망을 가다가 다리를 저는 사람을 만났는데 그는 불편한 모습을 보고 경계심 없이 말을 걸었다. 알고 보니 그 지체장애인은 맹세의 신이었고, 그가 길을 떠나는 이유는 신에게 맹세를 해 놓고 그것을 어기는 불경죄를 지은 사람을 잡으러 간다고 하면서 다시 돌아오는데 3~40년이 걸린다고 하였다.

그 말에 수십 년 동안은 안전할 듯하여 다음 날 법정에 가서 자기는 공탁금을 맡지 않았다고 맹세하였다. 그러자 맹세의 신이 나타나서 그를 높은 산으로 끌고 올라가서는 낭떠러지 아래로 밀어 버리는 형벌을 주려고 하자 그는 맹세의 신에게 삼사십 년이 걸린다고 하더니 어찌 단 하루의 시간도 주지 않느냐고 신이 거짓말을 했다고 비난했다. 그러자 맹세의 신은 자기를 화나게 하여 바로 돌아왔다고 했다.

책의 저자는 신이 불경죄를 저지른 사람을 벌하는 데는 정해진 날짜가 없다고 설명하였지만 다른 신도 아니고 약속을 지키겠다고 맹세한 신을 속인 것은 신뢰를 완전히 잃은 것이니 구제될 수가 없다는 의미이다.

맹세의 신을 지체장애인으로 설정한 배경이 궁금했다. 맹세한 약속을 아무렇지도 않게 어기는 것은 타인들이 모를 것이라고 생각하기 때문이다. 그래서 약자들을 속이는데 그것은 마치 지체장애가 있어서 도망치면 못 따라오겠지 하고 얕잡아 보는 심리에서라고 할 수 있다.

하지만 맹세의 신은 자신을 화나게 하면 바로 쫓아와서 벌을 준다고 하여 거짓말로 속이거나 맹세한 것을 지키지 않으면 위험하다고 하는 것을 분명히 말해 준다.

이솝 우화 속 장애인의 역할은 긍정적이다. 사람들이 앞을 못 보니 모를 것이라고 생각하지만 시각장애인은 못 보는 것이 아니라 다른 방법으로 보고 있기 때문에 알아맞히는 것이 아니라 판단을 하는 것이다. 그 판단이 정확하고 보면 시각장애가 무능의 조건이 아니라는 것에 동의를 해야 한다.

그리고 시각장애가 어떤 불길한 징크스로 작용하지 않는다는 것을 분명히 하고 있다. 고대에는 시각장애인에게 예지력이 있다고 숭배를 했는데 시간이 지나면서 불길한 징조로 인식을 하였지만 요즘은 그런 생각을 하는 사람은 없는 듯하다.

또한 지체장애인을 맹세의 신으로 등장시켜서 인간에게 신뢰의 가치를 일깨워 주며 다리가 불편한 척하면서 위기에서 벗어나는 기지로 남의 고통과 자신의 고통의 무게가 같다는 공감 능력의 중요성을 강조하고 있다.

이솝 우화 속에 장애인이 등장하는 것으로 장애인은 인류 역사에서 늘 함께하고 있었으며 장애인의 역할은 공동체 사람들에게 지혜를 주면서 서로 돕는 역할을 했다는 것을 알 수 있다.

참고문헌

고 산(2007), 〈이솝 우화전집〉, 동서문화사
김지혜(2019), 〈선량한 차별주의자〉, 창비
방귀희(2015), 〈세계장애인물사〉, 솟대
방귀희(2019), 〈장애인문학론〉, 솟대
방귀희(2019), 〈장애인예술론〉, 솟대
안용백(2005), 〈이솝 우화〉, 넥서스
이솝 저, 유종호 역(2013), 〈이솝 우화집〉, 믿음사
이솝 저, 박문재 역(2023), 〈이솝 우화전집〉, 현대지성
양경욱(2013), "이솝 우화를 활용한 중등영어읽기 지도방안", 건국대학교교육대학원 교육학과 영어교육 전공
이규영(2006), "'늑대와 어린 양' 우화에 관한 비교연구-이솝, 파에드루스, 라 퐁텐, 루터, 레씽을 중심으로', 『독일어문학』, 제35집, pp 113~132
정인수(2005), "우화 활용 교육 활동이 유아의 우정 개념에 미치는 영향", 한국교원대 교육대학원 석사 학위 논문
정창권(2011), 〈역사 속 장애인은 어떻게 살았을까〉, 글항아리

드라마 〈이상한 변호사 우영우〉가 보여 준 장애인 주변 인물 역할의 중요성[1]

방귀희

(숭실사이버대학교 방송문예창작학과 겸임교수)

〈국문 초록〉

드라마 〈이상한 변호사 우영우〉(줄여서 우영우)는 장애인 캐릭터가 주인공인 드라마는 성공하지 못한다는 징크스를 깨고, 큰 성공을 거두었다. 주인공 우영우는 로스쿨을 수석으로 졸업한 인재이나 자폐스펙트럼으로 사회성이 부족하여 대형 로펌 신입 변호사로 근무하며 많은 어려움을 겪지만 자신만의 방식으로 사건을 해결해 나가는 소신이 강한 인물이다.

본 연구는 〈우영우〉에 나온 대사들을 텍스트로 장애인을 성장시키는데 장애인 주변 인물이 어떤 역할을 하는지를 탐색한 것이다. 시니어 변호사는 우영우를 처음 만났을 때 우영우의 장애를 의식하지만 우영우가 능력을 발휘할 수 있도록 지지해 주었고, 우영우를 사랑하는 남자는 그저 우영우와 함께 있는 것이 행복하기 때문에 그녀를 지켜 주었다.

친구들은 친구로서, 동료는 동료로서 우영우와 한 팀이 되었고, 부모는 부모니까 우영우를 보호해 주었다. 그리고 타인들도 우영우 편이 되어 주었기에 자폐스펙트럼의 우영우는 변호사로서 안정된 직장 생활을 하고, 포용 의자 같은 남자와 사랑도 하게 되었다.

〈우영우〉는 장애인에 대한 인식개선에 큰 영향을 미쳤다. 이런 변화를 확장시키기 위해서 드라마의 장애인 캐릭터에 대한 담론이 활성화되어야 한다.

주제어: 자폐스펙트럼, 우정, 동료애, 사랑

1) 이 논문은 한국미래문화연구소에서 2023년 발간한 『미래문화』 VOL. 56에 게재된 내용이다.

1. 시작하며

드라마 〈이상한 변호사 우영우〉(극본 문지원, 연출 유인식)는 착한 드라마는 시청률이 높지 않다는 징크스를 깨고 대박 드라마가 되었다. 방영채널 ENA는 인지도가 낮지만 시청자들이 찾아들어와 본방을 사수하며 2022년 6월 29일 방영된 첫 화 시청률은 0.95%이었지만 4화부터 수직 상승하여 8월 18일 마지막 16화 시청률이 17.53%로 대성공을 기록하였다.

드라마 주인공 우영우는 2013년 드라마 〈굿닥터〉의 주인공 박시온처럼 자폐증의 특성인 서번트신드롬으로 천재성을 가졌다. 〈굿닥터〉의 박시온은 외과의사였고, 〈이상한 변호사 우영우〉(앞으로 줄여서 〈우영우〉)에서는 변호사이다. 둘 다 연기의 톤은 비슷하지만 우영우가 좀 더 자폐증의 행동 특성을 디테일하게 보여 주었다. 당시 〈굿닥터〉는 관심이 있는 사람들 사이에서 많이 회자되었을 뿐, 〈우영우〉처럼 시청률을 갱신하며 기사가 매주 쏟아져 나오지는 않았다. 〈우영우〉가 장애인계보다 비장애인들에서 더 큰 관심을 보였던 것이 〈굿닥터〉와 다르다. 이것은 시청자가 성장한 것을 뜻한다. 이제 우리 시청자들은 장애인이 등장하면 무조건 재미없다고 외면하지 않는다. 정말 좋은 드라마는 시청자들이 알아본다.

그렇다면 〈우영우〉의 성공 요인은 무엇일까?

바로 주인공 주변 인물들이 스마트하다는 것이다. 장애인에 대한 편견도 세련되게 드러내고, 장애인 편들기도 아주 은근하다. 선과 악이 있지만 과하지 않고 자연스럽다. 그래서 시청자들이 장애인을 부담 없이 보면서 장애의 특성 때문에 생기는 에피소드에 공감하게 되었다.

이렇게 국민적 공감대가 형성된 〈우영우〉가 남긴 것은 무엇일까?

〈우영우〉를 본 시청자들은 자폐인 더 나아가 장애인과의 거리가 좁혀졌다. 함께 있어도 불편하지 않은 유능하고, 유쾌한 사람이라는 인식을 갖게 된 것은 큰 성과이다. 그리고 우영우를 능력 있는 변호사로, 사랑스러운 사람으로 만든 것은 주변 인물이라는 것을 알 수 있다.

본고에서는 〈우영우〉 주변 캐릭터를 통해 장애인 주변 인물의 역할이 얼마나 중요한지를 탐색하여 '아, 나도 저런 장애인의 친구가 되어야겠다.',

‘직장 동료가 되면 저렇게 하면 되겠구나.’, ‘저런 사랑을 하고 싶다.’ 하는 장애인과의 소통에 긍정적인 변화가 일어나기를 기대한다.

2. 드라마 장애인 캐릭터

1) 장애인 캐릭터 실태와 역할

드라마는 현실의 투영이자 미래에 대한 방향 제시이기도 하여 우리나라 드라마에서 장애인이 어떤 모습으로 그려지고 있는지 점검해 보고, 앞으로 어떤 장애인 캐릭터가 요구되는지 제시하는 노력이 필요하기에 우리나라 드라마 속에 나타난 장애인 캐릭터를 분석하여 장애인 캐릭터에 나타난 장애인 인식의 양상을 살펴보고자 한다.

우리나라 드라마의 역사는 방송의 역사와 함께하지만 장애인이 등장하는 드라마는 최근 몇 년 사이에 부쩍 많아졌다. 방귀희[2019]는 2011년부터 2018년까지 방영된 드라마에서 장애인이 등장하는 드라마 68편을 분석하였는데 그 결과, 드라마에 가장 많이 등장하는 장애인 캐릭터의 장애 유형은 지체장애가 48%로 압도적으로 많았으며 시각과 청각장애가 그 뒤를 이었다.

장애인 캐릭터의 남녀 비율은 남자가 52%로 약간 많았는데 실제 장애인 실태조사에서도 남성의 비율이 항상 높게 나타난다. 조연이 73%로 우리나라 드라마에서 장애인 캐릭터는 아직 주연 위치가 아닌 조연, 그것도 사례로 삼시 인용되고 있었다. 드라마 속 장애인 캐릭터는 17개 유형으로 분류되는데 긍정형 6개, 부정형 11개로 나타나 부정형 캐릭터가 65%로 훨씬 많다는 것을 알 수 있다.

장애인 캐릭터가 보여 준 부정적인 측면에도 불구하고 장애인 캐릭터가 등장하는 드라마는 반드시 필요하다. 조원일[2016]은 ‘드라마의 결과와는 역설적으로 장애인이 문화적으로 기여할 수 있는 지식과 관점 또한 분명히 존재한다는 사실을 확인하였다.’고 하였듯이 드라마 속 장애인 캐릭터는

장애인에게 관심을 갖도록 촉구한다.[2]

　허숙민 외[2012]는 공중파 3사 드라마 중 장애인이 주인공으로 등장하는 인기 드라마 3편 KBS 〈웃어라 동해야〉[2011], MBC 〈내 마음이 들리니〉[2011], SBS 〈바보 엄마〉[2012]를 대상으로 장애인에 대한 인식을 분석하였는데 〈웃어라 동해야〉와 〈바보 엄마〉는 주인공이 여성 지적장애인으로 미혼 상태에서 아이를 낳아, 〈웃어라 동해야〉에서는 아들을 아들이라고 말하지 못하고, 〈바보 엄마〉에서는 딸에게 언니로 불리우며 사는 것으로 설정하여 여성 지적장애인의 낮은 자립도를 보여 주고 있다. 〈내 마음이 들리니〉는 주인공이 청각장애 남성인데 패션회사 대표로 당당하게 사회활동을 하지만 안 들린다는 사실을 숨기기에 급급하다.

　내용을 분석하면 69%가 개인적 모델[3]로 차별이 드러났고, 17%는 사회적 모델[4]로 나타나서 아직도 우리 사회에서는 장애인을 주체적 삶의 주인공으로 보기보다는 병리적 현상과 비극으로 봄으로써 장애인을 불완전하고 열등한 존재로 본다고 하였다.[5]

　드라마는 어떤 사회현상에 대한 시청자의 공감을 이끌어 내는데 가장 큰 영향력을 행사하고 있으며, 일상성이 강하고 생활 속으로 스며드는 속도가 매우 빠른 특징을 가지고 반복적으로 그 속의 의미와 이데올로기를 전달하고 있다. TV 드라마는 우리 사회가 가지는 장애인에 대한 편견과 차별에 대한 인식개선을 위해 중요한 역할을 한다. TV 드라마에서 재현되고 있는 장애인에 대한 여러 차별적 장치와 부정적 자아의식 형성 과정은 드라마를 보는 사람들로 하여금 그것을 또 다른 형태의 현실로 받아들이도록 하여 장애인에 대한 차별과 장애인의 부정적 자아의식을 당연한 현실인

---

2) 방귀희, 〈장애인문학론〉, 솟대, 2019, 236~252쪽

3) 개인적 모델은 장애의 개념적 모델의 하나로 장애는 개인의 문제이고, 따라서 의료적 재활이 필요하다는 이론이다. 유동철, 〈인권 관점에서 보는 장애인 복지〉, 학지사, 2017, 71~75쪽

4) 사회적 모델은 개인적 모델의 문제점을 지적하며 제기된 이론으로 장애는 사회적 문제로 물리적, 제도적 장벽을 해결해 주어야 한다는 내용이다. 상동(上同)

5) 허숙민·박진화·김문수, 'TV 드라마 속 장애인 이미지 분석: 장애이론 모델과 미디어 프레임 방식을 중심으로', 『한국장애인 복지학』 19권, 한국장애인 복지학회, 2012, 1~22쪽

것처럼 생각하게 만든다는 점에서 심각한 문제를 내포하고 있다.[6]

따라서 허숙민 외[2012]는 드라마 제작자는 장애인에 대한 바람직한 인식을 형성할 수 있도록 장애인에 대한 역할 모델에 신중을 기해야 하며, 지나친 미화도 불필요한 동정도 아닌 있는 그대로의 모습을 편견 없이 보여 주어야 한다고 하였다.

유영희·김수영[2016]은 드라마 〈굿닥터〉에서 보여 주는 장애인의 편견에 대해 연구하였는데 주인공 박시온은 어린 시절 자폐증 진단을 받았으나 17세에 완치된 것으로 나온다. 하지만 자폐 성향과 서번트증후군이 있는 캐릭터로 의사 시험에 합격하였으나 레지던트로 받아 주는 곳이 없어 어려움을 겪다가 박시온이 살던 동네 보건소에 근무하며 어린 시절의 박시온을 지켜보았던 의사가 병원장으로 있는 종합병원의 외과에서 근무하게 된다.

장애로 전문직을 수행하기 어려울 것이라는 편견적 시각으로 외과 과장은 논문을 줄줄이 외우는 박시온에게 의사가 아니라 그저 로봇에 불과하다고 박시온의 진단을 무시한다. 병원에서 어려운 일이 생길 때마다 박시온을 지지해 주는 선배 차윤서는 어느덧 그를 사랑하게 된다. 하지만 두 사람이 사귄다는 것을 안 주위 사람들은 헤어지라고 충고한다.

박시온을 무시하고 따돌리는 사람들이 있는 반면 그를 이해하며 받아들이는 사람도 있어서 박시온이 의사로서 성공하고 사랑도 얻게 된다는 스토리이다. 〈굿닥터〉가 전반적으로 다뤘던 관점은 장애를 갖고 있어도 주변의 이해와 지지를 받으면서 전문직을 수행할 수 있다는 것이다.[7]

2) 〈우영우〉 속 인물

본 연구는 한국 최초로 자폐스펙트럼을 가진 주인공이 대형 로펌에서 변호사로서 성장해 가는 과정을 그린 드라마 〈이상한 변호사 우영우〉를 텍스트로 하였고[8], 연구 대상을 우영우 성장을 지지한 주변 인물로 정하여

---

6) 방귀희, 〈장애인문학론〉, 솟대, 2019, 236~252쪽

7) 유영희·김수영, '한국 TV 의학드라마의 서사 분석: 〈굿닥터〉를 중심으로', 『지방자치연구』 19권, 전북대학교 지방자치연구소, 2016, 143~168쪽

8) 문지원, 〈이상한 변호사 우영우〉, 1화~16화(2022년 6월 29일–8월 18일), ENA, 2022

주변인물이 장애인에게 미치는 영향을 살펴보고자 한다.

(1) 등장인물

주인공

- 우영우/27세, 자폐스펙트럼 신입 변호사. 로스쿨을 수석으로 졸업한 그녀는 법무법인 한바다의 인턴 변호사가 된다. 사회성이 부족하고 감정 표현이 서툴지만 자신만의 방식으로 사건을 해결해 나가는 소신이 강한 인물이다.

우영우 직장 사람들

- 이준호/29세, 한바다 송무팀 직원. 소송에 관한 다양한 업무를 보조하고, 사건 현장에서 추가 증거를 확보하는 역할을 수행한다. 훈훈한 외모와 다정한 성격으로 모두의 시선을 한몸에 받지만 항상 겸손하다. 신입 사원 우영우와 업무를 진행하며 사랑을 느낀다.

- 정명석/43세, 한바다 시니어 변호사. 따뜻하고 부지런한 상사로 존경받는다. 그에게 신입 변호사 우영우가 맡겨지는데 그는 우영우의 장점을 존중하며 우영우가 변호사로 성장할 수 있도록 하는 멘토가 되어 준다.

- 권민우/29세, 영우의 동료, 준호의 친구. 우영우에게 경쟁의식과 생존 본능을 가지고 있다. 권민우는 우영우에게 위험한 경쟁자이지만 우영우의 천재성을 인정하는 동료가 된다.

우영우 친구

- 동그라미/27세, 영우의 고교 동창, 가수 지망생. 우영우의 유일한 친구이자, 부족한 사회성을 가르쳐 주는 스승이다. 자유로운 영혼의 소유자로 영우의 아지트인 작은 주점에서 아르바이트를 하며, 그녀가 고민을 털어놓으면 사장과 함께 해결책을 알려 준다.

- 최수연/27세, 로스쿨 동기이자 동료. 대학 시절 아무리 노력해도 우영우에게 1등을 빼앗겼던 아픔이 있지만 우영우가 '봄날의 햇살 같은 존재'

라고 할 정도로 우영우가 겪는 사회적 편견을 보면 그것이 잘못되었다고 목소리를 높인다.

(2) 캐릭터 분석

① 내조형 사랑꾼

우영우에게 특별한 감정을 느끼는 이준호는 우영우가 힘들어하는 것 즉 회전문을 들어갈 때 왈츠를 추듯이 박자를 세자고 한다거나, 같은 편이 되고 싶다고 하며 그만두려고 하는 우영우의 마음을 되돌린다. 그리고 우영우가 좋아하는 고래 이야기를 둘이 있을 때는 해도 되지 않겠느냐는 제안을 하며 우영우에게 아주 은근히 다가간다. 로맨스가 화끈하지 않아서 그 숨결이 더 진하게 느껴지는 사랑을 한다.

서로 힘들어질까 봐 무섭다 ···

"좋아하는 그다음이 상상이 잘 안 가. 보통 일이 아니라는 생각이 들고, 엄청난 각오가 있어야 할 것 같고, 괜히 시작했다가 서로 힘들어질까 봐 무섭다."

"얼마 못 갈 것 같은 마음으로는 시작을 하면 안 돼, 이 사람은." _9화

이준호는 우영우에게 느끼는 감정이 무엇인지 알면서도 우영우를 위해 자기 감정을 쉽게 드러내지 않는다. 우영우에게 상처를 주는 일이 생겨서는 안 되기에 자기 마음을 계속 확인하는 신중한 남자이다. 사귀는 데 있어 흔히 장애 여성이기에 가볍게 생각하기도 하는데 이런 신중함이 이준호가 갖고 있는 사랑의 무게를 느끼게 한다.

② 무한 신뢰 협조자

정명석은 정말 스마트한 캐릭터이다. 장애인에 대한 편견은 갖고 있었지만 우영우의 능력을 파악하고는 일을 맡기며 지지를 아끼지 않는 멋진 상사이다. 우영우를 가장 힘들게 할 줄 알았던 정명석이 너무나 쿨하게 우영우를 받아들인 점이 시청자들의 마음을 움직여서 정명석 역을 맡은 탤런트

강기영의 인기가 높아졌다.

'그깟 탈북자 하나'라고 생각하진 말자

"그래도 '그깟 공익 사건', '그깟 탈북자 하나'라고 생각하진 말자. 수십 억 짜리 사건처럼은 아니더라도 열심히 하자." _6화

이것은 탈북자 계향심 사건 때문에 수십 억짜리 고객을 놓친 것을 장승준(정명석과 경쟁 관계) 변호사가 노발대발하자 사과하는 우영우와 최수연에게 정명석이 한 말이다. 정명석은 모든 사람들을 대할 때 그깟 한 명이라고 가볍게 여기지 않는 휴머니스트이다.

③ 화끈한 해결사와 까칠한 지원자

동그라미는 표현을 하지 않는 우영우의 마음을 읽어 준다. 우영우에게 찾아온 사랑을 먼저 알고 우영우가 그 사랑을 받아들이도록 유도한다. 최수연은 까칠한 듯해도 우영우의 햇살 역할을 한다. 우영우가 피해를 보지 않도록 적극적으로 지지해 준다.

스킨십을 해 봐

이준호에 대한 자기 마음을 잘 모르겠다고 하자 동그라미는 좋아하는 감정을 확인하고 싶다면 '그럼, 스킨십을 해 봐. 가슴이 바운스 바운스 하는지.'라고 말해 준다. _7화

그런 약해빠진 소리 하지 마라

"누군가 나를 좋아하는 건 쉽지 않아. 너는 선녀지만 나는 자페인이잖아."
"너는 그런 약해빠진 소리 하지 마라. 쉽지 않긴 뭐가 쉽지 않냐." _7화

니 성적으로 아무 데도 못 가는 게 부정이야

"아무래도 나한테는 자페가 있으니까…."
"야! 장애인차별은 법으로 금지돼 있어. 니 성적으로 아무 데도 못 가는 게 차별이고, 부정이고 비리야!" _8화

우영우가 부정 취업했다는 오해를 인정하며 움츠러들자 최수연이 한 말이다. 동그라미 역시 평범한 캐릭터는 아니다. 그래서 우영우처럼 항상 도드라지는 행동을 하여 친구들과 어울리지 못했다. 하지만 최수연은 그야말로 엄친아이며 금수저인데 우영우에게 햇살 같은 존재가 되어 준 것이 시사하는 바가 크다. 우리 사회에서 엘리트는 보통 이기적인데, 최수연은 우영우를 인간적으로 대한다.

④ 딸바보 아빠와 냉철한 여자 후배들

아버지 우광호는 미혼부이다. 결혼 전 낳은 아이를 책임지기 위해 서울법대를 졸업하고서도 분식집을 운영하며 산다. 보통 혼전 아이는 여자가 키워서 미혼모가 되는데 미혼부 설정 역시 착한 남자의 전형 캐릭터이다.

우광호와 한선영 그리고 태수미는 동창으로 두 여자는 경쟁 관계이다. 그래서 한선영은 우영우를 자기 로펌에서 근무하도록 한다. 태수미가 장관이 되는 것을 막기 위해 우영우를 이용하려는 것이다. 그리고 태수미는 우영우가 자기 혼외 자식이라는 것을 감추기 위해 우영우 가족을 미국으로 보내려고 한다.

태수미와 한선영의 관계는 드라마에서 흔히 볼 수 있는 캐릭터이지만, 유치하지 않게 경쟁을 하여 불편하지 않다.

아빠가 능력을 가졌어야 했어 ···
"아빠는 지금 후회한다. 영우가 아무 데도 취업 못할 때 많이 후회했어. 아빠가 능력을 가졌어야 했어."_8화

⑤ 현실형 경쟁자

이 드라마에서 악역은 없지만 밉상은 권민우이다. 우영우를 경쟁자로 생각하여 정보를 공유하지 않는 등 골탕을 먹이지만 그것이 장애인이기 때문이 아니라 우영우가 뛰어나서 자기가 질까 봐 우영우를 힘들게 하는데 그것 역시 과하지 않아서 좋다.

우영우 변호사 낙하산 맞네 ··

권민우 변호사는 우영우 아버지가 한선영 대표실에서 나오는 것을 보고, '우영우 변호사 낙하산 맞네. 어쩐지 이상하더라니 역시 빽이 있었구나!'라며 분노한다.

권민우는 '이 게임은 공정하지 않다. 우영우는 매번 우리를 이기는데, 정작 우리는 우영우를 공격하면 안 된다. 왜? 우영우는 자폐인이니까. 우리는 우 변을 늘 배려하고 돕고 양보한다. 우영우가 약자라는 거 다 착각이다.'고 따진다. _7화

권민우가 '우영우가 약자라는 것은 착각'이라고 소리칠 때 약자는 장애로 정해지는 것이 아니라 경쟁에서 지는 사람이 약자라는 새로운 해석을 하게 한다. 우영우를 공격하면 안 되고, 늘 배려하고 도와야 한다는 생각 때문에 사람들이 장애인을 부담스러워한다는 사실도 일깨워 준다.

3. 〈우영우〉 속 장애인 인식

1) 장애 특성

(1) 특별함

"모든 부모에게는 한 번쯤 내 아이가 특별한 거 아닐까? 싶은 날이 찾아온다고 합니다. 딸인 내가 자폐를 가진 천재라는…." _1화

시니어 변호사 정명석은 우영우가 '제 이름은 똑바로 읽어도 거꾸로 읽어도 우영우입니다. 기러기, 토마토, 스위스, 별똥별, 인도인, 우영우….'라고 인사를 하자 깜짝 놀란다. _1화

시작과 끝이 같은 단어를 열거하는 우영우의 인사법과 한 공간에서 다른 공간으로 넘어가는 충격이 너무 크게 느껴져서 문을 열고 바로 들어가지 못하고 속으로 하나, 둘, 셋을 세며 숨을 고른 뒤 들어가는 공간 출입법은 드라마 내내 나오는 장애 특성이다.

자폐성장애 가운데 서번트신드롬으로 암기 능력이 뛰어난 경우 천재라

고 생각하지만 자기 직업과 연결시키는 응용력과 낯선 사람과 관계를 형성하는 사회성 부족으로 암기력을 활용하지 못하는 것이 현실이다. 하지만 우영우는 천재성을 창의적으로 풀어내어 남들이 생각하지 못한 해결책을 내놓는다.

(2) 장애의 무게

의대생이 죽고 자페인이 살면 국가적 손실 ·······································

"나치의 관점에서 살 가치가 없는 사람은 장애인, 불치병 환자, 자폐를 포함한 정신질환자 등이었습니다. 80년 전만 해도 나와 김정훈 씨(의대생 형 살해 혐의를 받고 있는 의뢰인 자페인)는 살 가치가 없는 사람들이었어요. 지금도 수백 명의 사람이 '의대생이 죽고 자페인이 살면 국가적 손실'이라는 글에 '좋아요'를 누릅니다. 그게 우리가 짊어진 이 장애의 무게입니다." _3화

자페증을 연구한 아스퍼거는 자폐증은 훗날 놀라운 성과를 이룰 수 있다고 예측하면서도 나치 부역자가 되어 자폐증을 살 가치가 없는 사람으로 진단하였다. 그런데 80년이 지난 지금도 의대생이 죽고 자페인이 살면 국가적 손실이라고 생각한다. 여전히 쓸모없는 존재인 것이다.

나로만 이루어진 세계···

"사람들은 나와 너로 이루어진 세계에 살지만, 자페인은 나로만 이루어진 세계에 사는 데 익숙합니다." _5화

자페인은 나로만 이루어진 세계에 살고 있어서 타인과 관계를 만들고 유지해 가는데 어려움이 있다. 바로 이것이 우리 사회에서 장애가 되는 것이다.

(3) 하나의 성향

우영우 같은 판사도 있다 ··

라온의 가입자가 전 국민이라고 하자 80%라고 하고, '사법'이 아니라 '사법'으로 발음해야 한다고 말하는 우영우에게 장승준 변호사는 화를 냈지만

라온 사건 판사도 바로 이런 점을 지적한다. 자폐가 아니어도 우영우같이 분명한 것을 좋아하는 사람도 있다.
최수연은 영우와 똑같은 말을 하는 판사여서 영우의 주장이 통할 것 같아 영우가 말한 대로 변론하여 3,000억의 과징금 대신 소정의 과태료를 물게 되는 결과를 이끌어 낸다. _15화

자폐성장애가 아니어도 성격상 분명한 것을 좋아해서 사소한 오류도 지적하는 사람이 있다는 것으로 자폐 성향을 일종의 성격으로 확장시킨다. 이 드라마에서 우영우의 이상함이 장애가 아니고 성향으로 해석할 수 있음을 보여 주었다.

2) 장애로 생기는 일

(1) 직업에서

의뢰인과의 상담을 할 수 있을지

정명석 변호사는 신입 변호사 우영우가 자폐스펙트럼이라는 사실에 곧장 대표 변호사 한선영에게 가서 우영우의 장애에 대해 염려하자 한선영은 '서울대 로스쿨 수석 졸업에 변호사 시험 성적 1,500점 이상인데, 이런 인재를 우리가 아니면 누가 데리고 가냐.'고 한다.
정명석은 우영우 변호사가 과연 의뢰인과의 상담을 할 수 있을지 의문을 가지며 첫 사건 재판 결과를 놓고 우영우의 거취를 결정하기로 한다. _1화

그냥 보통 변호사

현장에 나갈 때 송무팀 직원하고 함께 가라고 하자 우영우가 특유의 '엥?'이라며 이상해하자 그냥 보통 변호사도 다 그렇게 한다는 말을 하고 나서
"미안해요. '그냥 보통 변호사'라는 말은 좀 실례인 거 같네요."
"아, 괜찮습니다. 저는 그냥 보통 변호사가 아니니까요." _1화

우영우가 자폐인으로 직장에서 겪는 다양한 사례를 소개하고 있다. 신입 변호사가 자폐성장애가 있다는 것을 안 정명석 변호사가 가장 먼저 걱정한 것은 의뢰인과 상담을 할 수 있는 사회성이 있는가였다. 그래서 현장에 나갈 때 송무팀 직원과 함께 가라고 하면서 보통 변호사들도 다 그렇게 한

다고 말한다. 장애 때문에 배려한 것이 아니고 일상적으로 그렇게 한다고 말한 것인데 보통 변호사는 장애인 변호사와 대립적인 의미로 받아들이게 된다.

(2) 사랑에서

아직도 봉사 활동하는구나

우영우가 이준호와 함께 현장에 가는 중 우연히 준호 학교 후배를 만난다. 후배는 영우와 함께 있는 준호에게 '아직도 봉사 활동하느냐?'고 물었고, 우영우에게는 '파이팅'이라고 응원의 뜻을 전한다. _3화

사랑에서 우영우 배제

룸메이트인 권민우와 술을 마시다 취한 이준호는 '어떤 사람이 있는데 내가 그 사람을 안 좋아한다고 그 사람이 생각하게끔 만드는 것 같다.'고 털어놓는다. 권민우는 '혹시 사내 연애? 송무팀이구나? 우영우는 아닐 거고.'라고 우영우를 가장 먼저 배제시킨 권민우에게 이준호는 '넌 바보야.'라고 답답해 한다. _6화

우변은 그런 거 잘 모르나?

권민우는 서로 웃으며 대화하는 이준호와 최수연을 보며, 우영우에게 이준호와 최수연이 잘 어울리지 않냐면서 '준호가 좋아한다는 사람이 수연 씨 같다.'고 말해 놓고, '우변은 그런 거 잘 모르나?'라며 가 버린다. 우영우는 다정해 보이는 이준호와 최수연을 보며 심란해하면서도 차 안에서 두 사람이 같이 앉도록 자리를 바꾸자고 한다. _6화

일반적으로 학교 선배 옆에 같은 연배의 여성이 있다면 '선배, 여친?' 이렇게 추측을 하는데, 그 여성에게 장애가 있다는 이유 하나로 자원봉사 활동이라고 확정짓는다. 그리고 친구에게 여자가 생긴 것을 알고 그 상대를 찾을 때 장애 여성은 배제 일순위이다. 그리고 자폐인은 누가 누구와 연애를 하는지 알아채는 능력이 없다고 생각한다. 이것은 자폐인은 사랑 감정을 느끼지 못한다고 확대 해석될 수 있다. 하지만 4화에서 친구 동그라미를 회사에 보내 이준호에게 서류를 전달하게 했을 때 동그라미가 이준호가 어

떻게 생겼느냐고 묻자 우영우는 '잘 생겼어.'라고 호감을 드러낸 바 있다.

3) 관계 형성

(1) 가족애의 희생 관계

이 세상은 영우한테 기회를 주지 않아

"이 세상은 영우한테 기회를 주지 않아. 서울대 로스쿨 수석, 변호사 시험 만점을 받아도 면접조차 볼 기회가 없었어. 자폐인은 안 된대. 그런 딸을 보면서 아무것도 못해 주는 내 마음은… 나 그냥 나쁜 아빠 할래. 내 딸 이용할 생각인 나쁜 후배와 결탁을 해서라도 난 영우한테 기회 줄래." _7화

한 번 데려와 봐. 어떤 놈인지

우영우가 집 앞에서 키스하는 모습을 목격한 우광호는 '누구야, 한 번 데려와 봐. 어떤 놈인지 아빠가 한 번 봐야 되겠어.'라고 화를 낸다. _12화

우영우 아버지는 딸의 장애를 고스란히 느끼며 살고 있다. 딸이 똑똑하지만 장애 때문에 딸에게 취업의 기회가 오지 않는 현실을 한탄한다. 그리고 딸이 상처를 받을까 봐 딸의 연애 상대도 눈으로 확인하고 싶어 한다.

(2) 우정이란 풋풋한 관계

너랑 있으면 내가 안전해

어느 날 아이들이 건네준 쪽지에 있는 질문을 우영우가 대신하여 교생 선생님에게 따귀를 맞는다. 이때 한 친구가 '미안, 전교 1등이 질문하면 괜찮을 줄 알았지.'라고 하자, 뒤에서 지켜보던 동그라미가 나서서 그 친구의 뒤통수를 세게 치고 난 후 '미안, 돌대가리라서 때려도 괜찮을 줄 알았지.'라고 우영우을 대신해 응징해 준다. 이후 우영우는 동그라미에게 '너랑 있으면… 내가 안전해.'라며 다가간다. _4화

동그라미는 우영우가 아이들에게 집단 괴롭힘을 당할 때 친구를 지켜 준다. 친구를 대신해서 응징을 해 준다. 학교를 졸업한 후에는 사회생활을 할 때 필요한 대응 방법을 가르쳐 주고, 데이트하는 방법, 이준호 누나 집에 가면 어떻게 처신하라는 등 우영우가 주변 인물과 관계를 형성해 가는

데 많은 도움을 준다.

봄날의 햇살 최수연이야

자기도 별명 하나 만들어 달라는 최수연에게 우영우는 진지하게 말한다.

"너는 봄날의 햇살 같아. 로스쿨 다닐 때부터 그렇게 생각했어. 너는 나한테 강의실의 위치와 휴강 정보 그리고 바뀐 시험 범위를 알려 주고, 동기들이 날 놀리거나 속이거나 따돌리지 못하게 하려고 노력해. 지금도 너는 내 물병을 열어 주고, 다음에 구내식당에 또 김밥이 나오면 나한테 알려 주겠다고 해. 너는 밝고 따뜻하고 착하고 다정한 사람이야. 봄날의 햇살 최수연이야." _5화

우영우에게 상처 줄 거면

"영우 고래 얘기 듣는 거 진심 재미있어요. 고래 얘기 평생 들어줄 것처럼 굴다가 1년도 못 참고 닥치라고 그렇게 영우한테 상처나 줄 거면 아예 시작도 하지 말아야죠. 얼마 못 갈 거 같은 마음이면 잘해 주지 말라고요."

"저 얼마 못 갈 거 같은 마음 아니에요."

"그럼 영우한테 가서 말해요. 얼마 못 갈 거 같은 마음 아니라고!" _7화

대학 동창인 최수연은 우영우의 변호사 생활에 없어서는 안 될 지지자이다. 그래서 우영우는 최수연을 '봄날의 햇살'이라고 말한다. 봄날의 햇살이 겨울 동안 꽁꽁 얼어붙은 대지를 사르르 녹여 주어 새싹을 돋게 하듯이 최수연은 우영우에게 상처받을 일이 생기지 않도록 막아 주고 새로운 일을 할 수 있도록 도와주는 역할을 한다.

(3) 동료애란 신뢰 관계

원래 동료들끼리 배우는 거잖아

정명석은 우영우를 견제하는 신입 권민우에게 '난 우영우 변호사가 꽤 잘하고 있다고 보는데? 사건에 집요하게 매달리는 힘도 좋고 발상도 창의적이고, 잘 보면 권민우 변호사도 우변한테 배울 점이 있을 거예요. 원래 동료들끼리 배우는 거잖아.'라고 타이른다. _4화

난 그렇게 일 안 합니다

"그때는 우변이 무단결근을 해서 패널티를 줘야 한다고 했었죠. 권민우 변호사 패널티 되게 좋아하네. 그래서 게시판에도 그런 글(우영우 낙하산으로 입사)을 쓴 겁니까? 아니, 같이 일하다가 의견이 안 맞고, 문제가 생기면 서로 얘기를 해서 풀고 해결을 해야죠. 매사에 잘잘못을 가려서 상 주고 벌 주고, 난 그렇게 일 안 합니다." _9화

우영우 변호사는 그냥 보통 변호사가 아니니깐

"우영우 변호사는 정명석 변호사가 아니잖아요. 나랑은 완전히 다른 사람인데 내가 무슨 조언을 하겠어요. 난 그저 우영우 변호사의 결정이 궁금할 뿐이예요. 우영우 변호사는 그냥 보통 변호사가 아니니깐." _16화

정명석 변호사는 우영우를 그냥 보통 변호사가 아니고 보통 이상의 변호사라고 평가한다. 1화에서 보통 변호사라는 말을 할 때는 장애가 없는 변호사를 의미했지만, 16화에서 보통 이상의 변호사로 그 의미가 바뀐 것은 장애인과 함께 일하면서 고정관념이 깨질 수 있다는 것을 말해 준다. 그는 우영우의 문제를 지적하는 동료 변호사를 은근히 타이르며 우영우와 진짜 동료가 되도록 한다.

지금은 상황이 달라요

권민우는 '지금은 상황이 달라요. 정명석 변호사님은 우변한테 너그럽잖아요. 이상한 소리 해도 넘어가고 다 받아 주고.'라며 모든 사람들이 정명석 변호사처럼 우영우를 대해 주지 않는 현실을 지적해 준다. _15화

모든 사람이 정명석 변호사처럼 우영우를 대해 주지 않는다는 권민우의 말은 아주 중요한 지적이다. 장애인에게 너그럽지 않은 사람과 어떻게 관계를 유지할 것인지에 대한 준비도 필요하다.

(4) 사랑이란 친밀한 관계

고래 이야기 말고 저한테 하고 싶은 말은 없으세요?

'변호사님은 고래 이야기 말고 저한테 하고 싶은 말은 없으세요?'라며 우영

우가 자기에게 어떤 마음을 갖고 있는지 은근히 떠본다. _2화

나는 변호사님이랑 같은 편 하고 싶어요

이준호는 우영우가 왜 변호사를 그만두려고 하는지 조심스럽게 물었다.
"제가 '변호사 우영우'로서 일하고 있을 때도 사람들 눈에 저는 그냥 '자폐인 우영우'인 것 같습니다. 자폐인 우영우는 깍두기입니다. 같은 편 하면 져요. 내가 끼지 않는 게 더 낫습니다."
"나는 변호사님이랑 같은 편 하고 싶어요. 변호사님 같은 변호사가 내 편을 들어주면 좋겠어요." _4화

한번 만져 봐도 되겠습니까?

"저, 이준호 씨? 제가 이준호 씨를 한번 만져 봐도 되겠습니까? 제가 이준호 씨를 좋아하는 건지 아닌지 확인하고 싶습니다. 이준호 씨를 만질 때 제 심장이 얼마나 빨리 뛰는지, 분당 심박수를 재 볼려고 합니다."
"저를 만져 봐야만 확인하실 수 있나요? 그럼 절 만지지 않으면 심장이 빨리 뛰지 않는 건가요? 저랑 같이 있어도? 섭섭한데요." _7화

좋아하는 게 맞는 것 같습니다

'그날 잘 가셨어요?' 하며 우영우에게 가깝게 다가간 이준호를 뿌리치고 뛰쳐나간 것을 상기시킨다. 우영우는 이준호에게 '그날… 제 분당 심박수가 엄청났습니다. 그렇다면 좋아하는 게 맞는 것 같습니다.'라고 고백한다. _8화

드라마에 로맨스가 빠지면 재미가 없다. 드라마뿐만 아니라 인간사에도 로맨스는 반드시 있다. 그래서 사랑은 중요한 콘텐츠이다. 자폐인과의 사랑은 흔한 소재가 아니어서 시청자들에게 신선한 재미를 주었다. 우영우가 변호사로서 문제를 해결하는 것은 자폐인의 서번트신드롬에서 생긴 천재성이기에 어느 정도 예측을 했지만, 사랑의 감정을 확인하기 위해 한번 만져 보겠다고 하고 심박수가 엄청 빨랐다며 좋아하는 것이 맞다고 고백하는 것은 처음 보는 장면이다.

이준호는 우영우에게 끊임없이 자신의 감정을 드러낸다. 고래 얘기 말고 자기한테 할 말이 없느냐 묻고, 서로 같은 편이 되면 좋겠다는 관계 설정

을 한다.

(5) 차별 혹은 지지하는 타인 관계

① 차별하는 타인

그래 봤자 너도 자폐잖아! ·······································

"너 좀 조용히 해! 넌 뭐가 그렇게 잘나서 남의 귀한 아들을 누구 씨 누구 씨 건방지게 불러가며 평가질이야? 그래 봤자 너도 자폐잖아! 됐고, 그냥 관 둡시다. 내 아들 모욕하지 않는 변호사한테 사건 다시 맡길 겁니다." _3화

같은 자폐인이니 변호인도 심신 미약이다 ·····························

검사는 '피고인이 자폐가 있어서 심신 미약이라고 생각하냐. 그럼 변호인도 심신 미약이라고 생각하냐.'고 우영우를 물고 늘어지며 자폐가 있으니 봐달 라는 주장을 못하게 만든다. _3화

이 세상 장애인들 마음은 다 알 것 같아요? ·························

지적장애 여성의 성폭행 사건을 사랑이라고 주장하자 재판이 끝난 후 피해 자의 어머니는 우영우를 향해 '자폐가 있다고 이 세상 장애인들 마음은 다 알 것 같아요? 어쭙잖게 공감대 형성하는 척하지 마요. 아시겠어요?'라고 소 리친다. _10화

그거 사랑 아니다 ··

우영우와 만난다는 사실을 알게 된 이준호의 친구는 술자리에서 '그거 사 랑 아니야. 도와주고 싶은 불쌍한 여자 만나는 거, 그거 사랑 아니라고, 그거 연민이다.'라고 충고한다. _10화

네가 보살펴야 하는 여자 말고 ····································

이준호 누나는 '부모님한테는 안 보여 줄 거지? 결혼할 것도 아닌데, 엄마 아빠 쓰러지신다. 나도 부모님도 너 행복해지길 바라는 거 몰라? 너를 행복 하게 만들어 줄 수 있는 여자를 데려와야지. 네가 보살펴야 하는 여자 말고' 라며 동생의 연애를 말린다. _13화

너그럽지 못한 상사 ···

정명석 변호사가 병원에 입원해 있어서 장승준 변호사와 일을 하게 되는데

그는 조목조목 설명하는 우영우가 거슬린다.

"앞으로 우변이 지켜야 될 규칙은 딱 하나예요. 묻지 않은 말 하지 않고, 시키지 않은 일 하지 않기. 알아들었습니까?" _15화

그렇게 잘났으면 너 혼자 하세요 ······································

"네가 법을 그렇게 잘 알아? 건방지게 누구를 가르치려고 해. 그렇게 잘났으면 너 혼자 하세요. 오늘부로 우영우 변호사는 이 사건에서 제외합니다. 당장 나가!" _15화

우영우는 낯선 타인과의 관계에서 여지없이 편견이 드러난다. 장애를 이해하지 못하는 상사를 만나면 그 어떤 의견도 내지 못하도록 입을 막아 버리고 아예 사건에서 배제시킨다. 장애인 부모조차도 자폐인 자식의 사건을 의뢰하며 자폐인 변호사를 달가워하지 않고, 변호사 교체를 요구한다. 그리고 법정에서는 검사가 우영우를 변호사가 아닌 자폐증 환자로 치부한다.

친구가 사랑하는 상대가 장애인인 것을 알고 그것은 사랑이 아니라 연민이라고 말한다거나 가족마저도 너를 행복하게 만들어 줄 여자를 데려오라고 우영우를 받아들이지 않는다.

② 지지하는 타인

더 멋진 곳에서 일할 줄 알았다 ·································

상대편 류재숙 변호사는 '우영우 씨를 신문에서 봤다. 국내 최초 자폐스펙트럼 변호사. 더 멋진 곳에서 일할 줄 알았는데…,'라며, 변호사는 의뢰인 옆에서 그를 지지해 주고 손을 잡아 주는 것이기에 어느 사람을 변호할 것인지 잘 결정해야 한다고 말해 준다. _12화

안 먹히는 우영우 쫓아내기 미션 ·······························

우영우를 쫓아내야 하는 미션을 수행하기 위해 재판과 관련된 한바다 서류를 우영우 이름으로 상대편 변호사에게 보내지만 류재숙 변호사가 그 자료가 아닌 다른 자료를 판사에게 제출하는 것을 보고 권민우는 크게 놀란다. _12화

우영우를 지지하는 타인도 있다. 재판의 상대편 변호사가 '나는 당신 지지한다.'며 우영우를 쫓아내기 위해 권민우가 보내 준 증거 자료를 재판에 사용하지 않는다. 이런 사람이 현실에도 존재한다면 정말 살맛나는 세상이 될 것이다.

4) 성장 과정

(1) 어른 되기

보고 싶어서 기다렸습니다

첫 키스를 한 다음 날 회사 입구에서 이준호를 기다리던 우영우는 이준호를 보고 미소를 지었고, 이준호는 그런 우영우를 보고 다가온다. 우영우는 '이준호 씨를 보고 싶어서 기다렸다.'고 말해 이준호를 행복하게 해 준다. _11화

이준호 씨를 행복하게 만들어 줄 수 있는 사람일까요?

아버지가 이준호를 데리고 오라고 한 이유가 '우리 딸 행복하게 해 줄 수 있는지, 잘 챙겨 줄 수 있는지 보려고 그랬지.'라고 하자

"이준호 씨는 그런 사람입니다. 저를 행복하게 만들어 줄 수 있고, 아버지처럼 잘 챙겨 줄 수 있는 사람입니다. 문제는 저예요. 저는… 이준호 씨를 행복하게 만들어 줄 수 있는 사람일까요? 이준호 씨를 외롭게 만들지는 않을까요?" _14화

우영우는 자기가 좋아하는 사람에게 좋아한다고 말하고, 보고 싶어서 기다렸다는 솔직함을 보인다. 하지만 자기가 좋아하는 사람을 외롭게 만들고, 행복하게 만들어 줄 수 없다는 생각을 하는 등 타인의 행복을 생각하는 사랑의 성숙함이 엿보인다.

오롯이 좌절하고 싶습니다

"좌절해야 한다면, 저 혼자서 오롯이 좌절하고 싶습니다. 저는 어른이잖아요. 아버지가 이렇게 나서서 좌절까지도 막아 주는 건 싫습니다. 하지 마세요." _7화

가치 있고 아름답습니다

"저는 낯선 바다에서 낯선 흰고래들과 함께 살고 있어요. 모두가 저와 다르

니까 적응하기 쉽지 않고 저를 싫어하는 고래들도 많습니다. 그래도 괜찮습니다. 이게 제 삶이니까요. 제 삶은 이상하고 별나지만 가치 있고 아름답습니다.”_16화

뿌듯함

“저는 오늘부터 법무법인 한바다의 정규직 변호사 우영우입니다.”
“오늘 아침 제가 느끼는 이 감정은 바로 뿌듯함입니다.”_16화

우영우는 장애 때문에 좌절하는 것은 자기 몫이라고 말한다. 아버지가 좌절까지 막아 주는 것은 싫다고 하면서 그 이유를 ‘자기는 자기 삶을 책임져야 하는 어른이기 때문’이라고 하여 성숙해지고 있음을 알 수 있다.

비장애인 속에서 장애인으로 산다는 것은 쉽지 않은 일이지만 이것이 자기 삶이기 때문에 있는 그대로 받아들이고 있으며, 장애인의 삶은 비장애인이 보기에는 이상해도 가치 있고 아름답다고 당당히 말한다.

아버지에게 정규직이 되었다는 소식을 알리고 출근을 하는 우영우는 첫 출근을 할 때와는 달리 회전문을 안전하게 통과한다. 회전문 통과는 홀로서기 모습이다. 그걸 알려 준 사람이 이준호였는데 회전문을 통과한 순간 이준호가 반갑게 달려온다.

회전문 앞에서 둘이 서로 마주 보며 환한 미소를 지어 두 사람의 진정한 사랑을 느끼게 해 준다. 그때 우영우가 말한다. 자신의 감정이 뿌듯함이라고, 이런 감정을 흔히 보람이라고 하는데 뿌듯함은 보람보다는 양적으로는 작지만 질적으로는 큰 자존감이다.

(2) 직장 적응

왈츠를 추듯 통과

첫 출근 날, 회사 안으로 들어가기 위해 통과해야 할 회전문 앞에서 곤란해하는 우영우를 위해 회전문을 잡아 주고, 정명석 변호사가 있는 곳까지 안내해 준 사람이 이준호이다. 첫 업무 지시를 받고 회사 밖으로 나가기 위해 회전문 앞에서 머뭇거리자 이준호는 우영우에게
“왈츠를 춘다고 생각하시면 어때요? 회전문을 통과할 때, 리듬을 타면 쉽

거든요. 쿵 짝짝, 쿵 짝짝….” _1화

우영우의 직장 생활 적응은 회전문을 통과하는 과제부터 시작한다. 그 과제를 풀어 준 사람이 이준호로 장애인에게 관심만 있으면 그 누구라도 장애인에게 생긴 어려움을 해결해 줄 수 있다는 것을 보여 준다.

피고인을 존중하는 마음만은 여느 변호사와 다르지 않습니다 ··············
우영우의 첫 재판이 시작되었다. 변론에 앞서 우영우는 이렇게 말한다.
“모두 진술에 앞서 양해 말씀드립니다. 저는 자폐스펙트럼 장애를 가지고 있어 여러분이 보시기에 말이 어눌하고 행동이 어색할 수 있습니다. 하지만 법을 사랑하고, 피고인을 존중하는 마음만은 여느 변호사와 다르지 않습니다. 변호인으로서, 피고인을 도와 사건의 진실을 밝힐 수 있도록 최선을 다하겠습니다.” _1화

변호사로서 첫 재판 때 우영우가 법정에서 한 이 말은 아주 중요한 직업 관이다. 자신의 장애로 인해 발생할 수 있는 문제에 대해 먼저 양해를 구하고, 자신이 맡은 업무에 최선을 다하겠다고 약속한다면 장애를 문제 삼지 못할 것이다.

저는, 피고인에게 도움이 되는 변호사가 아닙니다 ···················
“저의 자폐와 피고인의 자폐가 무엇이 같고 무엇이 다른지 저한테는 보이지만, 검사는 보지 못합니다. 그렇다면, 판사들도 마찬가지일 겁니다. 저는 피고인에게 도움이 되는 변호사가 아닙니다.” _3화

이기고 싶어서요. 부끄럽습니다 ·····························
“모두 계약을 독점하기 위한 거짓된 행동이었는데 저는 그 행동을 오히려 말리지 못하고 도왔습니다. 게다가 저는 그걸 이미 알고 있었던 것 같습니다. 결국 저는 진실을 알면서도 모르는 척 저 자신을 속였던 겁니다. 이기고 싶어서요. 부끄럽습니다.” _5화

우영우는 피고인에게 도움이 안 된다고 생각하여 사직서를 내고, 재판에

서 이기고 싶어 진실을 알면서도 의뢰인 편에서 변론을 하는 모습에서 우영우도 다른 변호사들과 다르지 않다는 것을 알 수 있다.

이 권모술수 권민우가

우영우는 페어플레이하지 않는 권민우에게 '다음부터는 깜빡하지 말고 자료 공유해 달라.'고 당부하지만, 권민우는 '내가 왜 경쟁자랑 자료를 공유해야 되지? 우영우 변호사나 나나 1년짜리 계약직이고 재계약하려면 고과를 잘 받아야 하는데.'라고 노골적으로 경쟁심을 드러낸다. '가만 보면 우영우 변호사는 조용히 해결하는 사건이 없는 것 같아. 무슨 우당탕탕 우영우도 아니고.'라며 빈정거리자, 우영우는 '이 권모술수 권민우가?'라며 반격을 한다. _5화

우영우는 자기에게 피해를 주는 동료에게 주눅들지 않고, 요구할 것은 요구하고, 상대가 공격을 하면 반격을 하는 일반적인 직장인의 모습을 보여 주었다.

(3) 사랑 형성

이준호는 우영우를 좋아한다. 사실입니까?

이준호는 거짓말을 하는 사람들의 행동 특징을 말해 주면서 한번 연습을 해 보자고 제안한다. 우영우는 이준호와 '참참참'을 하기 위해 가방에서 뿅망치를 꺼내 '이준호는 우영우를 좋아한다. 사실입니까?'라는 질문으로 이준호의 말문을 막히게 한다. _5화

너무 좋아해서 제 속이 꼭 병든 것 같아요

이준호는 우영우를 찾아가서 '좋아해요. 너무 좋아해서 제 속이 꼭 병든 것 같아요.'라고 고백한다. _9화

아직도 나를 좋아합니까?

이준호의 고백을 듣고 도망쳤던 우영우는 퇴근길에 준호를 기다렸다가 '아직도 나를 좋아합니까?'라고 묻는다. 이준호는 '네, 좋아해요. 저번에 그냥 가 버리셔서 섭섭했어요.'라고 말한다. 우영우는 '아직도 나를 좋아하면 바로 사귀지 말고 먼저 데이트를 해 보면서 서로를 알아 가면 어떻겠습니까?'라고

제안한다. _10화

우영우는 자신에 대한 이준호의 마음을 알고 싶어 한다. 그래서 은근히 상대의 마음을 떠본다. 이준호의 고백을 듣고 그 자리에서 답변을 하지 못한 우영우는 다음 날 이준호에게 아직도 자기를 좋아하면 사귀지 말고 데이트를 하자고 제안한다.

손잡기는 다음에

데이트를 시작하며 이준호가 집에 데려다주는 길에 손잡기를 은근히 제안하자 우영우는 손잡기가 쉽지 않지만 57초라도 잡겠느냐며 손을 내민다. 우영우가 오래 버티지 못하고 먼저 손을 놓으며 사과하자 이준호는 '그럼 오늘은 집에 데려다주기만 해요. 손잡기는 다음에.'라고 말한다. _10화

우영우의 데이트는 손잡기부터 시작하는데 자폐증의 특성상 타인과의 스킨십이 어렵다. 그래서 좋아하면서도 손을 오래 잡지 못한다. 그러자 이준호는 손잡기는 다음에 하자고 기다려 줄 자세를 보인다.

저와 하는 사랑은 어렵습니다. 그래도 하실 겁니까?

"장애가 있으면 좋아하는 마음만으로는 충분하지 않은 것 같습니다. 내가 사랑이라 해도 다른 사람이 아니라 하면 아닌 게 되니까요."
"다른 사람이 아니라고 해도 내가 사랑이라면 사랑이예요."
"저와 하는 사랑은 어렵습니다. 그래도 하실 겁니까?"
"네." _10화

우영우는 자신과의 사랑을 사랑으로 봐주지 않는 현실에 부딪혀 갈등하지만 이준호는 다른 사람이 뭐라고 해도 자신이 사랑이라고 하면 사랑이라며 우영우에게 확신을 준다. 서로의 마음을 확인한 두 사람은 키스를 하는데, 우영우가 입맞춤을 하다 말고 '키스할 때 이렇게 이빨이 부딪칩니까?'라고 묻고 이준호는 '입을 조금만 더 벌려 주시면 좋을 것 같아요. 그리고 눈도 좀 더 감아 주시면 좋을 것 같고.'라고 자상하게 알려 주어 시청

자들에게 새로운 재미를 주었다.

집으로 돌아가는 길에 우영우는 '신일수 씨 사건 때 저를 안아 줘서 감사하다.'고 했고, 이어 '자폐인은'이라고 설명하려고 하자 이준호는 말을 끊으며 '자폐인의 감각 과부하 상태일 때 몸에 압력을 가하면 불안함이 완화된다며, 프랑스에는 이를 위한 포옹 의자가 있다.'고 하자, 우영우는 그런 의자가 있다는 것에 놀라워하면서 구입해야겠다고 하자
"내가 돼 줄게요. 변호사님을 위한 전용 포옹 의자..." _11화

우영우를 사랑하는 이준호는 자폐성장애에 대해 많은 공부를 한다. 그래야 우영우를 위해 자신이 무엇을 해야 하는지 알 수 있기 때문이다. 그래서 우영우가 불안한 상태가 되었을 때 꼭 안아 주는 우영우의 전용 포옹 의자가 되어 주겠다고 한다.

"이준호 씨, 우리는 사귀지 않는 게 좋겠습니다."
"갑자기 왜 그런 말을 하세요? 정명석 변호사님이 아프셔서 그래요? 설마 돌고래를 못 봐서 실망해서 그런 거… 아니죠? 돌고래는 우리 눈앞에 안 보이는 것뿐이지 바닷속에는 있어요. 보는 것이 전부는 아니에요." _14화

우영우가 사귀지 말자고 선언하자 이준호는 이유를 몰라서 나름대로 그 이유를 찾아본다. 우영우는 '보는 것이 전부는 아니다…'는 이준호의 말에 갑자기 사건에 관심이 꽂혀서 준호의 감정을 이해하지 못하고 정명석 변호사에게 달려가자 이준호도 '사귀지 말자는 말 내뱉어 놓고 이렇게 가 버리는 게 어딨냐?'며 화를 낸다.

우영우의 집 앞에 찾아온 이준호가 갑자기 헤어지자고 한 이유가 뭐냐고 묻는다.
"내가 이준호 씨를 행복하게 만들어 줄 수 있는 사람인지 모르겠습니다. 이

준호 씨가 보살필 사람인 것만 같아요."

"변호사님, 저는요. 같이 있기만 해도 행복해요. 제가 행복해지려면 변호사
님이 같이 있어야 한다구요."

"하지만 저와 함께 있을 때 외로운 적 없었습니까? 내 안은 나 자신으로 가
득 차 있어서 가까이 있는 사람을 외롭게 만듭니다. 저는 이준호 씨를 좋아
하지만 이준호 씨를 외롭지 않게 만들 자신이 없습니다." _15화

이준호는 누나의 말을 우영우가 들었다는 사실을 알고 자기는 같이 있기
만 해도 행복하다고 자신의 마음을 전하지만 우영우는 자신은 자폐의 특
성 때문에 가까이 있는 사람을 외롭게 만든다며 헤어져야 하는 진짜 이유
를 말한다.

고양이를 향한 짝사랑 같아요-우리 헤어지지 말아요 ·······················
"변호사님을 향한 제 마음은 고양이를 향한 짝사랑 같아요. 고양이는 가끔
씩 집사를 외롭게 만들지만 그만큼이나 자주 행복하게 만들어요. 변호사님
이랑 점심 먹으면서 고래 이야기 들을 때, 변호사님이 짠 이상한 데이트 목록
을 하나씩 수행할 때, 변호사님과 57초 이내로 손을 잡고, 이빨을 부딪치며
키스할 때, 좋은 생각이 떠올라서 반짝거리는 눈을 볼 때, 불안해하는 변호
사님을 꼭 끌어안아 진정시킬 수 있을 때, 난 행복해요. 그러니까 우리 헤어
지지 말아요." _16화
"고양이를 향한 짝사랑이라는 말은 부적절합니다. 고양이도 집사를 사랑
하니까요. 그러니까 우리 헤어지지 말아요." _16화

두 사람의 사랑이 다시 이어지는 장면이다. 고양이는 사람을 외롭게 만들
어도 행복하게 해 줄 때가 더 많다면서 자신이 짝사랑을 하고 있다고 하자
우영우는 자신도 사랑하고 있다고 고백한다.

4. 〈우영우〉가 끼친 영향

1) 변화의 힘

2013년 KBS 2TV에서 방송된 드라마 〈굿닥터〉는 2017년 미국 ABC에

서 리메이크하여 〈The Good Doctor〉로 방영이 되었는데 시즌 5까지 꾸준히 인기를 얻어 현재 시즌 6을 준비 중이라고 한다. 미국 온라인신문 인디 와이어는 〈The Good Doctor〉의 성공 요인으로 '온수 목욕 효과'를 들었다. 미국 시청자의 기분을 좋게 만드는 따스한 드라마라는 것이다.[9]

〈굿닥터〉는 일본, 터키에서 리메이크하여 시청률 1위를 기록하였고, 현재는 중국을 비롯하여 이탈리아, 인도, 중동 지역 국가 등 10개 나라에서 리메이크가 추진되고 있다고 하는데 〈이상한 변호사 우영우〉도 〈굿닥터〉 못지않게 K-드라마 열풍을 일으킬 것으로 기대된다고 이코노미 인사이트에서 보도하였다.[10]

미국 바이든 대통령은 한 TV 인터뷰에서 '미국은 영화는 최고인데 드라마는 한국에서 배워야 한다.'고 하면서 질 바이든 여사가 좋아해서 〈우영우〉를 몇 번 같이 보았고, 드라마를 본 후 주인공 우영우의 주식인 김밥을 질 바이든 여사와 같이 먹었다는 등 드라마 〈우영우〉에 대한 언급을 많이 하였다(큐니버스, 2022).[11]

이렇듯 좋은 드라마 한 편이 전 세계 사람들에게 행복감을 주면서 대한민국을 세계에 알리는 역할을 한다. 그런데 그보다 더 중요한 역할은 장애인 특히 자폐인에 대한 관심이 높아졌다는 것이다. 여성신문의 권묘정 기자는 '우영우의 존재를 가능하게 한 것은 우영우의 장애를 있는 그대로 받아들인 동료들이다.'고 분석하였다. 우리가 장애인을 대하는 태도는 극중 권민우 변호사처럼 우영우를 배려해 주지 않지만 함께 일하며 권민우도 공생의 가치를 깨닫고 우영우를 동료로 인정하게 된 것처럼, 현실의 우리 역시 장애인에게 관심을 갖는다면 우리 주변의 우영우들을 동료로 맞이할 수 있다고 하였다.

이를 위해서는 드라마 속 인물들의 태도를 배울 필요가 있다. 가족, 학교, 직장, 주변 지인들까지 우영우를 둘러싼 인물들은 우영우의 장애에 대해 편견을 갖지 않고 우영우를 있는 그대로 받아들인다. 우영우는 '자폐인

---

9) "미국판 '굿닥터', 시즌 6 제작…'온수 목욕' 효과, 韓 휴머니즘 통했다", 조이뉴스24, 2022년 4월 1일
10) "영화·드라마, 리메이크리부트 열풍 왜?", 한겨레 이코노미 인사이트(Economy insight), 2022년 8월 13일
11) "미국 대통령 반응에 난리난 미국", 유튜브-큐니버스(kuniverse), 2022년 8월 18일

변호사'가 아닌 남들이 갖지 못한 능력을 가진 '이상한 변호사'로 인식되었다. 결국 드라마가 우리에게 남긴 것은 공생의 가치라고 강조하였다.[12]

한겨레21의 김효실 기자는 〈우영우〉처럼 우리 사회에 많은 질문을 던지며 '우영우 신드롬'을 만들어 낸 드라마도 없을 것이라고 평가하면서 드라마가 현실을 변화시키는 계기를 만드는 힘이 있다고 하였다.[13]

2) 공감이 현실로

자폐성장애인으로 박사 학위를 받고 대학에서 강의하며 문화비평가로 활동하고 있는 윤은호(2022)는 〈우영우〉에는 다른 작품들에 비해 자폐 특성을 더 잘 이해하려고 노력한 흔적이 보이지만 당사자 지향적인 관점을 찾아보기란 쉽지 않다고 지적하였다. 하지만 트위터에서 자폐에 대한 긍정적인 이야기가 이렇게 많이 돌아다니던 때도 없었다며 자폐를 긍정적인 관점으로 바라본 것은 높이 평가할 만하다고 하였다.[14]

문화평론가 김헌식(2022)은 장애인계에서 '현실에는 우영우는 없다.'며 결국 자폐성장애를 이용해서 성공한 드라마라는 혹독한 평가를 했고, 법조계에서는 자폐스펙트럼 변호사도 없을 뿐더러 드라마처럼 활동하기 힘들다고 지적하였는데 이것은 '문화예술 작품이나 콘텐츠에 관한 오해에서 비롯된 것'이라며 다음과 같이 평론하였다.

> 문화예술이나 콘텐츠는 실재하느냐는 중요하지 않다. 중요한 것은 시청자들이 공감하느냐이며, 현실에는 없는 이상적 실현을 표현하고 있는 점이 중요하다. 만약 세밀한 현실성에 더 중점을 둔다면 다큐멘터리 장르가 된다. 자폐스펙트럼을 갖고 있어서 대인 관계에서 어려움을 겪는 장애인이 어떻게 변호사 활동을 할 수 있겠느냐는 질문에 대한 답은 간단하다. 우리가 그것에 동의하는가이다. 만약 그런 변호사가 바람직하다고 한다면 그것을 위해 노력하는 방법을 현실에서 모색해야 한다. 물론 그 과정에서 실패의 확률도 있지만 구성원들이 동의하고 공감을 했다면 줄기차게 시도하는 이들이 나올

---

12) '〈이상한 변호사 우영우〉가 우리에게 남기고 간 것', 여성신문, 2022년 8월 21일

13) '우영우가 던진 질문들', 한겨레21, 2022년 8월 21일

14) 윤은호, 2022, '당신은 환상일까요, 판타지일까요, 이상한 우영우 님?', 『꿈꾸는 사람들』 33호, 꿈꾸는 마을, 22~25쪽

것이다. _『E美지』 25호[15]

〈우영우〉가 방영되는 동안 '현실판 우영우'라고 불리는 미국의 자폐인 변호사 해일리 모스(Haley Moss)는 우리나라 언론에서 주목을 받았는데 해리스 모스를 통해 우영우를 현실로 만드는 것은 그 사회 구성원의 동의라는 것이 확인되었다.

세상에는 장애인을 동등하게 생각하려는 조력자들이 있다. 하지만 그들도 무조건 조력자가 되지는 않는다. 자기 조직에 필요한 능력을 발휘하기 때문에 한 팀이 되는 것이다. 〈우영우〉는 영화 〈레인맨〉에서 보여 준 더스틴 호프만 같은 천재가 아니다. 우영우는 이상한, 즉 남들과 다른 발상을 한다. 다시 말해 창의적이다.

장애인을 바라보는 관점을 나타내는 장애 모델이 개인적 모델에서 사회적 모델로 발전하고 다시 문화적 모델이 등장하였는데 이 문화적 모델의 목표인 장애인의 잠재된 능력이 드러나면 창의적인 발상으로 새로운 능력을 발휘할 것이며,[16] 그리하여 장애인과 비장애인 사이의 관계가 긍정적으로 형성될 것이다.

5. 결어

〈우영우〉에 나온 대사들 가운데 장애인 당사자나 비장애인 시청자에게 긴 여운을 남긴 명대사들이 많다. 그 명대사들로 〈우영우〉를 요약하면 장애인을 바라보는 시선, 직업에 대한 태도, 사랑의 관점에서 중요한 메시지를 전해 주고 있다.

장애인에 대한 시선⋯⋯⋯⋯⋯⋯⋯⋯⋯⋯⋯⋯⋯⋯⋯⋯⋯⋯⋯⋯⋯⋯⋯⋯⋯⋯
이준호와 농구를 하던 권민우가 전화를 받으며 '우영우 변호사한테는 장애⋯ 핸디캡이 있어서. 그래서 제가 어쩔 수 없이 안고 가야 하는 부분이 생

---

15) 김헌식, '〈이상한 변호사 우영우〉가 이상하지 않은 이유', 『E美지』 25호, 한국장애예술인협회, 2022, 120~125쪽
16) 방귀희, 〈장애인예술론〉, 솟대, 2019, 20~24쪽

긴다.'고 말하는 것을 듣고, 격렬한 몸통 박치기로 권민우를 응징하자 페어
플레이 하자고 한다.
　"뭐? 페어플레이? 너나 하세요." _5화

　권민우는 우영우의 장애 때문에 어쩔 수 없이 자기가 감당해야 할 일이
있다고 너스레를 떨지만 이준호는 그것이 우영우의 기회를 빼앗는 것이라
서 정당하지 않다고 생각한다.

　"한순간만이라도 그냥 바보 같을 순 없어요? 동료를 위해서, 옳다고 믿는
일을 위해서… 처세며 정치며 잠깐 내려놓고 바보처럼 용감해질 순 없냐구
요." _15화

　최수연은 손해를 보지 않으려고 애쓰는 권민우에게 우영우를 위해 용감
해질 수는 없냐고 따진다. 결국 그녀의 진심이 우영우를 힘들게 했던 권민
우를 변화시킨다.

　직업에 대한 태도 ···
"미안해요. '그냥 보통 변호사'라는 말은 좀 실례인 거 같네요." _1화
"우영우 변호사는 그냥 보통 변호사가 아니니깐." _16화

　우영우를 처음 만났을 때 정명석 변호사가 한 '그냥 보통 변호사'라는 말
은 우영우의 장애를 의식해서 나온 것이지만, 정 변호사는 마지막 화에서
도 똑같이 '그냥 보통 변호사'라는 말을 한다. 하지만 그것은 장애와는 무
관한 뛰어난 변호사라는 뜻으로 바뀌어졌다.

　사랑의 관점 ···
"나는 변호사님이랑 같은 편 하고 싶어요." _4화
"변호사님을 위한 전용 포옹 의자가 돼 줄게요." _11화
"변호사님, 저는요. 같이 있기만 해도 행복해요." _15화

이준호가 보여 준 사랑에 대한 관점은 우영우와 같은 편이 되고 싶고, 우영우에게 심리적인 어려움이 나타날 때 전용 포옹 의자가 되어 주는데 그렇게 하는 것은 우영우와 함께 있는 것이 행복하기 때문이다. 사랑이란 바로 이준호처럼 상대에게 자신이 할 수 있는 것을 해 주며 행복을 느끼는 것이다.

친구들은 친구로서 우영우를 보호해 주었고, 직장에서는 동료로서 우영우와 한 팀이 되었고, 사랑하는 사람은 애인으로서 우영우를 지켜 주었으며, 부모는 부모니까 당연히 우영우를 보호해 주었다. 그리고 타인들도 우영우 편이 되어 주었기에 자폐성장애인 우영우는 정규직 변호사로서 안정된 직장 생활도 하고, 포옹 의자 같은 사람과 사랑도 하게 되었다.

〈우영우〉를 보면서 '나도 저런 친구가 되어야겠다. 나도 저런 직장 동료가 되어야겠다.' 더 나아가 '나도 저런 사랑을 하고 싶다.'는 생각이 들었다는 댓글이 말해 주듯이 〈우영우〉는 우리 사회에 장애인에 대한 판타지가 되었다. 윌리엄 모리스(William Morris, 1834~1896)는 19세기에 발표한 소설 〈미지에서 온 소식〉에서 자신이 바라는 미래의 현실을 말하며, 이런 세상이 곧 올 것이라는 희망으로 마무리를 한다. 윤은호(2022)는 여기서 환상과 판타지의 경계선이 정해진다고 하며 '자신이 가지고 있는 욕망을 그저 재생하고 반복함으로서 자기 충족적 현상을 바라는 것이 환상이라면, 그것을 넘어서 인생의 의미를 생각하고 변화를 바라면서 더 나은 방향으로 나아가는 것은 판타지다.'고 하여, 이 드라마가 변화를 일으키는 판타지 역할을 해야 한다고 제안하였다.[17)]

이런 변화를 확장시키기 위해서는 드라마 속에서 더 다양한 장애인 캐릭터가 등장할 수 있도록 장애인 캐릭터에 대한 활발한 담론과 창의적인 드라마 창작이 이루어져야 한다. 앞으로 드라마에서 어떤 장애인 캐릭터가 등장하느냐에 따라 장애인에 대한 인식개선에 획기적인 기여를 할 것이다.

17) 윤은호, '당신은 환상일까요, 판타지일까요, 이상한 우영우 님?', 『꿈꾸는 사람들』 33호, 꿈꾸는 마을, 2022, 22~25쪽

따라서 비판보다는 장애인 캐릭터가 대중적인 사랑을 받을 수 있는 사회적 환경을 형성해 나가는 것이 시급하다.

📖 참고문헌

기본자료
문지원, 〈이상한 변호사 우영우〉, 1화~16화(2022년 6월 29일–8월18일), ENA, 2022

단행본 및 논문
김헌식, '〈이상한 변호사 우영우〉가 이상하지 않은 이유', 『E美지』 25호, 한국장애예술인협회, 2022
문지원, 〈이상한 변호사 우영우 1, 2〉, 김영사, 2022
방귀희, 〈장애인예술론〉, 솟대, 2019
방귀희, 〈장애인문학론〉, 솟대, 2019
유동철, 〈인권 관점에서 보는 장애인 복지〉, 학지사, 2017
유영희·김수영, '한국TV의학드라마의 서사 분석: 〈굿닥터〉를 중심으로', 『지방자치연구』 19권, 전북대학교 지방
    자치연구소, 2016
윤은호, '당신은 환상일까요, 판타지일까요, 이상한 우영우 님?', 『꿈꾸는 사람들』 33호, (사)꿈꾸는 마을, 2022
허숙민·박진화·김문수, 'TV 드라마 속 장애인 이미지 분석: 장애이론 모델과 미디어 프레임 방식을 중심으로',
    『한국장애인 복지학』 19권, 한국장애인 복지학회, 2012

3. 신문기사 및 웹페이지
"미국판 〈굿닥터〉, 시즌 6 제작… '온수 목욕' 효과, 韓 휴머니즘 통했다", 조이뉴스24, 2022년 4월 1일
https://www.joynews24.com/view/1466357
"우영우가 던진 질문들", 한겨레21, 2022년 8월 21일
"영화·드라마, 리메이크·리부트 열풍 왜?", 한겨레 이코노미 인사이트(Economy insight), 2022년 8월 13일
https://www.hani.co.kr/arti/economy/economy_general/1054606.html
"미국 대통령 반응에 난리난 미국", 유튜브-큐니버스(kuniverse), 2022년 8월 18일
https://www.youtube.com/watch?v=XGAtiMRza28
'〈이상한 변호사 우영우〉가 우리에게 남기고 간 것', 여성신문, 2022년 8월 21일

The Importance of Roles of Surrounding Characters of a Disabled Person Shown in a Drama 〈Extraordinary Attorney Woo〉

Bang, Guihee

(Adjunct Professor at Graduate School of Social Welfare, Soongsil University)

〈Abstract〉

A drama 〈Extraordinary Attorney Woo〉 achieved a huge success after breaking the jinx in which a drama with a disabled main character could not be successful. Even though the main character, Woo Yeong-Woo is a talented person who graduated with top honors from law school, she is lacking in sociality and emotional expression because of her autism spectrum. Despite many difficulties she went through after entering a large law firm as a rookie attorney, she solves many cases in her own methods based on her strong belief.

This study explores the roles of surrounding characters of a disabled person for making the disabled person grow by using the lines of 〈Extraordinary Attorney Woo〉 as texts. When meeting with Woo Yeong-Woo for the first time, the senior attorney was conscious of Woo Yeong-Woo's disability, but supported her to be able to fully show her ability while the man who loved Woo Yeong-Woo protected her because he was just happy to be next to her.

Woo Yeong-Woo's friends and colleagues worked together with her as a team while her parents also protected her as her parents. As others were also on the same side with Woo Yeong-Woo, Woo Yeong-Woo with autism spectrum could enjoy her stable work life as an attorney and also win her love with the man just like a hugging chair.

The drama ⟨Extraordinary Attorney Woo⟩ had huge effects on improving the awareness of the disabled.

In order to expand this change, it would be necessary to develop creative characters and active discourse of disabled characters, so more various disabled characters could appear in dramas in the future.

Key Word: Autism Spectrum, Friendship, Comradeship, Love

'장애예술'과 '장애인예술' 용어 속 함의 탐색[1]

방귀희

(숭실사이버대학교 방송문예창작학과 겸임교수)

〈국문 초록〉

예술인은 예술 활동을 하는 사람인데 장애인이 하는 예술을 '장애예술' 또는 '장애인예술'로 혼재되어 사용하고 있다. '장애예술'과 '장애인예술' 사이에는 그동안 장애인계에서 경험하지 못한 큰 차이가 존재한다. 장애인이 하는 체육은 그 어떤 논란도 없이 '장애인체육'이라고 하면서 왜 예술에는 '장애예술'과 '장애인예술'이 논쟁을 하는 것일까?

문헌 연구에서 '장애인예술'은 장애인이 주체가 되기 때문에 장애인이 하는 예술이라는 한정적 개념으로 복지나 재활의 과정으로 고정하게 되는 결과를 초래하고, '장애예술'은 장애·비장애 구분 없이 모든 예술 활동으로의 확장성이 있어서 '장애예술'이 훨씬 발전적이라는 논리를 만들었지만, 아서 단토(Arthur Danto)가 제시한 본질의 원칙과 예술의 판단 기준에서 볼 때 이 이론은 극히 일부에만 해당된다.

그래서 본고에서는 '장애예술'과 '장애인예술'의 차이가 무엇인지 살펴보기 위해 장애와 장애인의 사용 용도와 예술의 본질에서 두 개념을 분석하고, 용어 정의에 따른 해석과 용어 형태에 따른 해석을 통해 '장애예술'과 '장애인예술' 용어 속 함의를 탐색하여 바람직한 이론용어를 제안하고자 한다.

주제어: 예술, 장애인, 장애예술인, 장애예술, 장애인예술

---

[1] 이 논문은 한국장애인개발원에서 2023년 발간한 『장애인 복지연구』 제14권 제1호에 게재된 내용이다.

I. 서론

헌법 제34조에 "모든 국민은 인간다운 생활을 할 권리를 가진다."고 하여 장애인이 인간다운 생활을 할 권리가 있음을 분명히 하였고, 「한국장애인인권헌장」에 "장애인은 문화, 예술, 체육 및 여가 활동에 참여할 권리를 가진다."고 하여 인간다운 생활에 예술과 체육이 포함되었듯이 장애인체육과 장애인예술은 중요한 장애인 활동 분야이다.

어떤 분야에서 일정한 개념을 나타내기 위해 사용하는 단어를 용어라고 하는데 모든 이론은 그 내용을 규정하기 위한 용어의 정의부터 시작된다. 그런데 장애인 문제는 학문적 기반이 확립되기 전에 장애인 당사자들이 자신의 문제를 해결하기 위해 사회를 향해 욕구를 분출시키면서 그 해결 방안을 찾았기 때문에 용어에 대한 명확한 규정을 마련하지 못하고 현상적인 관찰용어들이 먼저 형성되었다.

그래서 장애인을 지칭하는 용어도 불구자, 앉은뱅이, 맹인, 소경, 외눈박이, 벙어리, 농아, 바보, 천치 등으로 다양하게 불리워지다가 장애자, 장애우 등의 용어가 등장하였다. 그러다 1989년 「장애인복지법」으로 장애인을 정식 용어로 사용하게 되었다. 장애인이라는 용어 하나도 이렇게 오랜 시간을 거치면서 변화하며 이론용어로 자리를 잡았지만 장애인과 관련된 인식이나 행위 즉 '장애차별', '장애인식', '장애운동' 등은 현재 '장애인차별', '장애인인식', '장애인운동'과 함께 혼재되어 사용하고 있다. 그 이유는 이론용어를 만든 전문가가 사회과학 연구자이고, 인문과학 분야에서는 장애인 관련 연구가 거의 이루어지지 않고 있기 때문이다. 장애인 당사자들 역시 '장애차별'이든 '장애인차별'이든 내용 면에서는 큰 차이가 없기에 용어에 대한 문제점에 큰 관심을 두고 있지 않다.

그런데 '장애예술'과 '장애인예술' 사이에는 그동안 장애인계에서 경험하지 못한 큰 차이가 존재한다. '장애인예술'은 장애예술인이 예술 활동에 주체가 되는 것이고, '장애예술'은 장애를 주제로 장애·비장애인이 함께 협업을 하는 예술 활동으로 정의를 하고 있기 때문이다.

이렇듯 장애인이 하는 예술은 그 용어에 논란이 있지만, 장애인이 하는 체육은 자연스럽게 '장애인체육'이라는 용어를 사용하고 있다. 최승권[2015]은 "독특한 요구에 따라 체육 프로그램의 규칙 방법, 도구를 변형하는 개념을 포함한 특수체육이 1970년대 이후부터 '장애인체육'이라는 용어로 사용되었다."고 하였다. 장애가 있는 사람들의 체육 활동을 의미하는 보편적 용어로 '장애인체육'이 이론용어가 된 것이다.

왜 장애인이 하는 예술은 '장애인체육'처럼 '장애인예술'로 용어 정의가 이루어지지 않고 논쟁이 벌어지고 있는지 알아보기 위해 본고에서는 '장애예술'과 '장애인예술' 용어 속에 담긴 함의를 탐색해 보고, '장애예술'과 '장애인예술'에 대한 논쟁의 바람직한 방향을 모색해 보고자 한다.

이를 위해 전지영[2021]의 학술논문 '장애예술과 장애인예술의 개념 논의'를 중심으로 텍스트를 분석하는 문헌연구 방법을 택하였으며, 정의 관련 철학 논문과 용어 주제 문헌정보학 논문의 이론을 차용하여 '장애예술'과 '장애인예술'의 용어를 재해석하였다.

어쩌면 장애예술인들은 자신의 활동을 지칭하는 용어가 '장애예술'이건 '장애인예술'이건 그다지 중요하지 않을 수 있다. 대다수의 장애예술인들은 장애라는 수식어가 빠진 그냥 예술로 자신의 활동이 인정받기를 원하고 있다.

하지만 현실은 그렇게 이상적이지 못하다. 예술이야말로 장애가 전혀 장애가 되지 않는다고 말하지만 장애 때문에 예술 활동에 차별을 받고, 장애·비장애인의 예술 활동 협업에서 장애예술인이 타자화되면서 오히려 예술 활동에서 소외되거나 기회를 빼앗기게 되는 현실적 문제가 나타나고 있다. 이 문제를 해결하기 위해서는 장애인의 예술 활동에 대한 용어 정의부터 규정되어야 한다. 그래서 '장애예술'과 '장애인예술' 두 개 용어를 비교 분석하여 장애예술인의 예술 활동 발전에 필요한 이론용어를 제안하고자 한다.

II. 이론적 배경

1. 장애와 장애인

장애인이란 정의가 분명해진 것은 1989년 「심신장애자복지법」이 「장애인복지법」으로 개정되면서부터이다. 「심신장애자복지법」은 유엔이 정한 1981년 '세계장애인의 해'를 기점으로 제정된 우리나라 최초의 장애인 복지 관련 법률이다.

이 법률이 제정되기 전에는 지체장애인을 불구자, 지체부자유자, 앉은뱅이 등으로, 시각장애인은 맹인, 소경, 외눈박이 등으로, 청각장애인은 벙어리, 농아 등으로 지적장애인은 바보, 천치 등으로 다양하게 불리워지다가 법률에서 장애자라고 칭하자 차츰 그런 단어들이 사라지기 시작하였다.

하지만 장애인 당사자들은 장애자라는 단어에 반대 의견을 표출하였다. 하대의 의미가 있는 '놈 자(者)' 대신에 인권의 차원에서 '사람 인(人) 자'를 사용해야 한다는 장애인계의 요구에 따라 드디어 1989년 「장애인복지법」으로 새로운 용어가 탄생한 것이다.

그 사이에 한 인권단체에서 '장애우'라는 단어를 가열차게 주장하여 한동안 '장애우'가 장애인보다 더 많이 사용되기도 하였다. 그런데 '장애우'의 우는 '벗 우(友)'로 장애인을 나이에 상관없이 친구로 생각하게 하는 반인권적 단어라는 논란이 일어나서 이제는 '장애우'라는 단어를 사용하지 않는다.

이렇게 장애인이란 용어가 자리를 잡으면서 장애인 복지도 보편적인 용어가 되었고, 장애인 복지와 관련된 장애인시설, 장애인복지관, 장애인편의시설, 장애인차량 등 장애인이 이용하는 모든 것에는 장애인을 앞에 붙인 합성용어로 만들어졌다.

한편 1990년대 민주화 운동이 무르익으면서 장애인의 사회운동이 시작되었는데 그때 부르짖은 구호는 장애차별, 장애해방, 장애운동, 장애인권, 장애인식 등이다. 장애차별은 장애인이 당하는 차별을 의미하고, 이런 차별에서 벗어나는 것이 장애해방이며, 이 목적을 달성하기 위해 펼치는 사회 캠페인이 장애운동인데 이때는 장애인이 아닌 장애라는 단어를 쓴 것은 사람에게 덧씌워진 장애로 인한 사회현상을 뜻하는 것이기 때문이다(방귀희, 2019).

오혜경·김정애(2000)는 "장애차별은 개인적, 문화적, 사회적 차원에서 발생하며, 여러 차원의 복합적인 상호작용을 통해 장애인에 대한 억압이 실제적으로 현상화된다."고 하였고, 박옥순(2002)은 "경제, 사회, 문화적 권리 영역과 시민, 정치적 권리 영역에서 장애차별이 발생하고 있다."고 하여 장애인이 받고 있는 차별의 범주를 인권 차원에서 규정하였다. 이러한 장애차별을 금지시키기 위해 2007년에 제정된 법이 「장애인차별금지법」이다. 차별을 받는 사람이 장애인이기 때문에 법률에서는 장애인차별이라고 한 것이다.

김상호(1994: 유동철, 2017)는 "장애운동이란 장애인의 열악한 삶을 개선하려는 모든 활동을 말하며, 장애해방을 그 목적으로 한다."고 하여 장애운동, 장애해방이라는 용어를 사용하였다. 장애인권은 1998년에 국회에서 채택한 '장애인 인권 헌장' 이후는 장애인 인권으로 공식화되었지만 장애우권익문제연구소가 발간한 〈언론인을 위한 장애인권 길라잡이〉(2005)나 시각장애 변호사 김예원 소장이 운영하는 장애인권법센터(2017년 개소)는 장애인권이라고 하였듯이 아직도 장애인권이란 용어를 많이 사용한다.

그러나 유동철(2017)은 "인권은 인간의 존엄성으로 천부적인 권리로 규정"하고, 장애인에게 부여된 권리를 '장애인 인권'으로 표기하였다. 따라서 장애인 인권 확보를 위한 당사자의 저항운동 역시 '장애인 운동'으로 표기하였다.

장애인에 대한 인식을 논할 경우도 장애인식이라고 하고, 장애인을 받아들이는 수용 정도를 뜻할 때 장애인지감수성이라고 한다. 보건복지부 산하 기관인 한국장애인개발원에서 실시하는 '장애인식개선교육'은 장애인식으로 표시하고 있으며, 노동부 산하기관인 한국장애인고용공단에서 실시하는 '직장 내 장애인식개선교육'도 역시 장애인식으로 표기한다. 이 교육은 2018년부터 법정 4대 의무교육인 개인정보 보호교육, 직장 내 성희롱 예방교육, 산업안전 보건교육, 직장 내 장애인식개선교육에 포함되어

장애 인식이란 용어가 확산되고 있다. 국가인권위원회(2019)에서 수행한 연구 '장애 인식개선교육 모니터링 및 운영교재 개발연구-국가 및 지방자치단체를 중심으로'에서도 장애 인식으로 쓰면서 장애와 인식을 띄어쓰기하여 장애 인식에 대한 고민의 흔적이 보인다.

장애차별의 정도를 판단하는 기준이 되는 장애인지감수성을 줄여서 장애감수성이라고 하는데 그동안 장애감수성은 인권감수성(human rights sensitivity)에 가깝지만 젠더 문제를 다룰 때 사용하는 성인지 감수성과 비슷한 정서적 상태이다(Moon et al., 2002: 방귀희·권선진, 2019). 일반적으로 감수성(sensitivity)은 '특정 상황에 대하여 얼마나 느끼는가.' 하는 것이기에, 장애감수성은 '장애 또는 장애인을 얼마나 잘 이해하고 받아들이는가.'로 조작적 정의를 하여 장애인계 현장에서는 비장애인들이 갖고 있는 장애인에 대한 인식 수준을 말할 때 장애인지감수성(방귀희 외, 2019)이라고 하기 때문에 이 또한 장애인인지감수성이 맞다.

이렇듯 장애인과 관련된 용어에서 이론용어와 장애인계[2] 현장에서 사용하는 관찰용어가 서로 다르게 사용되고 있다는 것을 알 수 있다.

2. 예술의 본질

1) 예술이란

예술을 뜻하는 영어 Art라는 말이 생겨난 시기는 18세기에 들어서서 프랑스의 미학자 바뙤(A. C. Batteux)가 순수예술(Fine Arts) 개념을 수립한 후부터이다. 그전까지 예술은 테크네(Techne) 즉 기술로 명명했다.

플라톤(Platon)은 그의 저서 〈향연: Symposium〉에서 미(美)의 본질은 사랑(愛)이라고 했고, 사랑은 그리움과 그리움이 합쳐진 것이라고 했다. 그러나 플라톤은 미의 이념을 다른 모든 이념들보다 항상 우위에 놓았다. 따라서 철학적 미학이 가능하도록 결정적인 영향을 준 것은 역시 플라톤의 형이상학 세계관이다.

2) 장애인 복지나 인권 현장에서는 '장애계'라고 하지만 이 단어에서 계(界)는 사람들의 집단을 의미하기 때문에 본고에서는 '장애인계'로 표기한다.

그리고 하이데거의 예술론은 존재론에 기초하고 있다. 따라서 그의 예술론은 존재론적 예술론이다. "예술이 무엇인가 하는 것에 대한 성찰은 전적으로 존재에 대한 물음에서만 규정된다."고 하였다^(김채수, 2014).

예술인의 특별한 재능과 그 재능이 구현된 작품을 예술의 핵심이라고 보기에 예술인은 작품의 근원이고, 작품은 예술인의 근원으로 인식하여 예술인 자체가 예술이다. 예술인은 '스스로를 나타내는 것'으로서의 존재이며, 그것을 타인들에게 '드러내는 것', '보게 하는 것', '전달하는 것'이 예술 행위라고 해석할 수 있다.

아서 단토^(Arthur Danto)를 비롯한 현대 미학자들은 예술을 은유로 본다. 현대의 예술 Art는 미를 만들어 내려는 활동 즉, '감정의 의사소통^(감성적 느낌)'이라는 것이다. 예술인이 자신이 경험했던 감정^(느낌)을 내부에서 불러내어 동작^(행위), 색깔, 소리, 언어로 다른 사람에게 전하여 다른 사람들도 감동을 통해 자신과 같은 감정^(심미적 느낌)을 경험하도록 하는 활동이 예술 활동이라고 정의하였다^(Arthur Danto, 2008).

2) 인간과 예술

예술은 미학을 바탕으로 한 창조행위이고, 미학은 이러한 요소들이 서로 유기적으로 연결되어진 불가분의 관계에서 출발한다. 예술론은 인간의 情^(감성), 知^(이성), 義^(의지)의 기능을 美^(욕망), 眞^(logos), 善^(행동)의 가치로 바꾸는 것을 지향한다. 美, 眞, 善은 모두 유기적으로 통합되어 있기에 어느 것 하나가 결여되어도 진정한 가치 실현이 불가능하다. 그러나 이것들은 시간, 공간과 결합하여 가치를 실현하게 되는데 이것이 창조물 즉 예술품이 된다. 그래서 예술은 미적 작품을 형성시키는 인간의 창조 활동으로 예술은 인간을 인간답게 한다^(김광명, 2010).

김광명⁽²⁰¹⁰⁾은 "예술은 우리의 삶을 표현하되 현재 있는 그대로의 모습이 아니라 그것의 가능성을 형상화하고, 예술은 가능성을 현실의 시각으로 옮겨 삶을 밀도 있고 강렬하게 표현하는 것이어야 한다."고 하였듯이, 인간의 삶과 예술의 관계에 대한 깊은 사색이 필요하다.

3. 용어 정의

1) 장애예술인 정의

‘장애인예술’이나 ‘장애예술’이란 용어를 규정하려면 예술 활동을 하는 장애인을 어떻게 명명하는지 그 용어부터 살펴봐야 하는데 이 용어가 분명하게 정의된 것은 2020년에 제정된 「장애예술인 문화예술 활동 지원에 관한 법률(약칭: 장애예술인지원법)」 제3조(정의)이다.

1. 장애예술인이란 다음 각 목의 어느 하나에 해당하는 사람 중 「문화예술진흥법」 제2조 제1항 제1호에 따른 문화예술 활동을 업(業)으로 하는 사람으로서 대통령령으로 정하는 사람을 말한다.
가. 「장애인복지법」 제32조에 따라 장애인등록증을 발급받은 사람
나. 「국가유공자 등 예우 및 지원에 관한 법률」 제6조의4에 따른 상이등급 중 어느 하나에 해당한다는 판정을 받은 사람

장애예술인도 법률에서 정의가 규정되기 전까지는 아래와 같이 ‘장애문화예술인’으로 문화를 넣거나 ‘장애인예술 활동가’라고 하여 예술 경험이 있는 장애인을 지칭하기도 하였다.

장애문화예술인
- 「서울시 장애인 문화예술 활동 지원 조례」 제2조에서 ‘장애문화예술인’이란 「장애인복지법」 제32조에 따라 등록한 장애인으로 문화예술 활동을 하고 있는 사람을 말한다.
- 재)한국장애인복지진흥회(현, 한국장애인개발원)에서 2007년 실시한 〈장애문화예술인활동실태조사〉에서도 ‘장애문화예술인’으로 지칭하였다.

장애인예술 활동가
- 한국문화관광연구원에서 2018년 실시한 〈장애인문화예술활동실태조사 및 분석연구〉에서는 ‘장애인예술 활동가’라는 용어가 나오는데, 이것

은 "한 해 동안 기관/협회/단체에서 진행하는 문화예술 분야의 프로그램에서 창작 활동을 하여 발표, 전시, 공연을 한 경험이 있는 사람"이라고 하였다.

물론 '장애예술인'이란 용어를 사용한 경우도 많다. 〈한국장애예술인총람〉(한국장애인문화진흥회, 2009), 〈한국장애예술인백서〉(대통령실 문화특보, 2011), 우리나라 최초의 장애인예술 주제 박사 학위 논문 "장애예술인의 창작 활동 경험에 관한 연구"(방귀희, 2013), 〈장애인예술 장르별 지원방안 연구〉(한국문화관광연구원, 2014)[3], 〈장애인문화예술활동실태조사 및 분석연구〉(문화체육관광부, 2018)[4]에서 장애인으로 예술 활동을 하는 사람을 '장애예술인'으로 명명하였다.

2) 장애인예술 정의

1, 2차에 걸쳐 '장애평등계획'[5]을 세운 영국예술위원회에서 정의한 '장애인예술(Disability Arts)'은 "장애인에 의해서 생산된 예술 작품이고, 예술에 장애인의 참여를 지원해 주는 과정"이라고 정의하고 있다(방귀희, 2013).

우리나라에서는 전문가들이 'Disability Arts'를 '장애예술'로 번역하여 사용하기 시작하였는데 장애예술인 당사자 중심으로 장애인의 예술 활동을 '장애인예술'로 지칭해 오다가 박사 학위 논문(방귀희, 2013)에서 예술 활동을 하는 장애인을 '장애예술인'으로, 장애인의 예술 활동을 '장애인예

3) 장애예술인이란 예술 창작을 생활의 본질적인 부분으로 생각하며, 고용되었거나 어떤 협회에 관여하고 있는지의 여부와 관계없이 예술인으로 인정받고 있거나 인정받을 수 있는 경우로서, 신체적·정신적 장애를 가지고 예술 활동을 하고 있는 사람

4) 장애예술인은 아래 5가지 기준에 1가지 이상 해당하는 사람
① 본인을 예술인이라고 생각함
② 예술인경력정보시스템(예술 활동증명)에 등록되어 있음
③ (기관/협회/단체에서 진행하는 프로그램에 의한 활동을 제외하고) 지속적으로 예술 활동을 하고 있음
④ 장애인 및 예술 관련 협회, 전국적 단위의 행사에서 상을 수상한 경험이 있음
⑤ 장애인 및 예술 관련 협회, 전국적 단위의 행사에서 초청되어 예술 활동을 한 적이 있음

5) 영국예술위원회에서 운영한 제1차 장애평등계획(2007~2010)의 목표는 '장애인예술 네트워크 구축'이고, 제2차 장애평등계획(2010~2013)의 목표는 '장애예술인 명성 높이기'로 장애평등계획은 장애예술인에게 평등한 예술 활동 기회를 보장해 주는 것이 목적이다.

술'로 조작적 정의를 내렸다. 그리고 2014년 한국문화관광연구원에서 발표한 〈장애인예술 장르별 지원방안 연구〉에서도 장애인이 예술 작품을 창작하거나 표현하는 행위를 '장애인예술'로 정의한 바 있다.

III. 연구 방법 및 연구 결과

1. 연구 방법

1) 연구 대상

본 연구의 목적은 2020년에 제정된 「장애예술인지원법」에서 장애예술인과 함께 그들이 하는 예술 활동을 무엇으로 지칭하여야 하는지 용어를 규정하지 않아서 혼용되고 있는 '장애예술'과 '장애인예술'이란 용어 속의 함의를 탐색하여 가장 합리적인 용어를 제시하는 것이다.

「장애예술인지원법」이 제정되면서 장애예술인을 지원하는 정책이 마련되고 있기에 앞으로 장애예술인의 예술 활동에 대한 연구는 계속 이루어질 것으로 보이는데 그동안의 연구는 예술 전문가에 의해 이루어진 '장애예술'을 주장하는 것이었다. 그런데 장애예술인 당사자들은 '장애인예술'을 주장하며 장애예술인이 협업의 대상이 아닌 예술 활동의 주체가 되어야 한다고 목소리를 높이고 있다.

이렇듯 논쟁이 되고 있는 '장애예술'과 '장애인예술'을 연구 대상으로 하여 장애예술인의 예술 활동이 갖는 의미와 가치를 어떤 이론용어로 규정할 것인지 논의를 전개하고자 한다.

2) 분석 방법

2018년에 발표된 박신의 · 심규선 · 주명진의 〈포용적 예술(inclusive arts)을 통한 장애예술의 개념적 연구〉를 시작으로 전지영(2021)의 〈장애예술과 장애인예술의 개념 논의〉 그리고 조문순 · 이동석(2022)의 〈장애예술의 개념과 사회적 모델 예술로서의 고슬링 작품 분석〉에서 '장애예술' 개념에 대한 연구가 이어지고 있다.

　본 연구에서는 이들 논문을 중심으로 텍스트를 분석하는 문헌연구 방법을 택하였으며, 이를 해석하기 위해 정의 관련 철학 논문과 용어 주제 문헌 정보학 논문의 이론을 차용하여 용어의 정의와 형태에 따른 해석 틀로 '장애예술'과 '장애인예술' 차이를 비교 분석하였다.

2. 연구 결과

1) '장애예술'과 '장애인예술' 개념 비교

　박근화[2019]는 '장애예술(Disability Arts)'이란 "장애에 대한 삶의 경험을 탐구하고 소통하는 작품을 나타내는 특정 장르이며, 장애인이 창조한 모든 작품을 말하는 것은 아니다."라고 정의하였다. 방귀희[2013]는 'Disability Arts'를 '장애인예술'로 이해하여 장애인의 주체적 예술 활동을 강조하고 있는 반면, 박근화[2019]는 특정 장르로서의 '장애예술'을 부각시키고 있다.

　전지영[2021]은 "'장애예술'이 장애에 대한 철학적 사유와 성찰적 시선을 담은 예술로서의 장르적 특징을 갖는다고 하며, 단순히 장애인의 활동을 강조하는 '장애인예술'은 '장애예술'과는 다르다."고 주장하고 있다. 이 연구에 따르면 '장애예술'의 특징은 창작 주체의 측면에서는 장애인이, 내용적 측면에서 '장애에 대한 사유'가 특정화되었다.

　조문순 외[2022]는 "'장애예술'의 범주를 첫째, 장애인이 하는 예술로, 둘째, 손상에 대한 사회의 부적절한 반응 즉 억압, 배제, 차별을 드러내는 예술이어야 한다."고 보는 개념이다. 또 '장애를 가진 예술인(artists with a disability)'을 강조하기보다는 차별, 배제, 억압 등과 같은 장애화 과정을 드러내어야 함을 강조한다(Barnes and Mercer, 2001).

　박신의 외[2018]는 "'장애예술'을 포용적 예술(Inclusive arts)[6]로 표현하고 있는데, 이 개념에서는 미학의 확장 요소로 '장애' 자체를 새로운 언어로 보고, 장애인과 비장애인의 공동 작업은 쌍방향 교류를 목적"으로 한다고 하였다.

---

6) 포용적 예술은 영국에서 2006년 신노동당(New Labour)이 교육을 위한 '창의적 파트너십 정책'(Creative Partnerships Policy)을 제안한 것에서 비롯되었고, 창의적 파트너십은 사회적 배제와 연관된 문제를 드러내는 것을 목표로 한다(Hall and Thomson, 2007).

이렇게 '장애예술'을 포용적 예술이나 특정 장르^(장르적 특징) 또는 장애화 과정이라고 설명하고 있는데 '장애예술'과 '장애인예술' 개념에 대해 좀 더 적극적으로 연구한 전지영⁽²⁰²¹⁾은 '장애예술'과 '장애인예술' 정의 설명에 앞서 '장애예술인'에 대하여 이런 지적을 하였다.

> 장애예술인은 장애가 있는 예술인을 지칭하는데 여기서 예술인은 예술 분야에서 활동하는 직업적 전문가를 말하며, 예술을 전공하지 않은 일반 시민을 지칭하지 않는다. 장애예술인의 활동을 장애인예술이라고 규정한다면 이는 장애인임과 동시에 전문가로서 예술 활동을 의미하게 되는데 예술 전문가 활동과 비전문 예술 활동[7]의 구분이 되어 있지 않아서 혼란이 야기되고 있다.
> 비장애 전문가 그룹에 의해 운영되는 주류 예술계의 하부 구조로서의 장애인예술 배치를 보여 주고 있고, 기성 예술가의 도움 혹은 교육을 통해 꾸려진 낮은 수준의 작품 활동을 장애인예술 활동으로 이해하는 편견이 있는데, 이는 장애예술인을 전문가와 향수자 사이의 정체성 모호로 생긴 것이고, 현실에서는 장애예술인의 예술 활동을 장애 극복이라는 프레임으로 설정하였다.

또한 전지영⁽²⁰²¹⁾은 '장애인예술'에 대해 다음과 같은 우려를 하였다.

> 억압에 대한 인식이 결여된 채 장애인예술을 사고하게 되면 열등한 타자의 표현 방식^(표현 수준) 이상으로 나아가기 어렵다. 장애인이 하는 예술이라는 모호한 설정은 오히려 장애인에 대한 교묘한 억압 질서를 재생할 수 있다.

반면 '장애예술'은 장애극복이라는 차별 내재적 관점이 아니라 평등한 존재로서 사회적 해석을 지향하게 된다고 보았다. 그래서 전지영⁽²⁰²¹⁾은 장애예술 정책의 목적에 대한 의견도 내놓았다.

> 장애 관련 예술 정책의 목적도 단순히 장애인의 예술 활동 증진이 아니라

---

7) 장애인예술 활동 지원에 전문가의 작품 활동 지원만이 아니라 일반적인 장애예술인 접근권과 장애인 향수권 차원의 활동 지원을 모두 포괄하고 있다.

장애예술 자체의 존재 의미에 대한 확인과 성찰을 통한 사회적 진화로 설정해야 한다. 하나의 예술 영역으로 장애예술의 가치를 다양성, 창의성 차원에서 사고해야 하며, 기성예술 질서의 위계에 도전하는 차원으로 목적의식을 전향할 필요도 있다.

전지영(2021)은 "'장애예술'은 인간의 보편적 예술 개념으로 이해해야 한다. 인간이 하는 모든 예술은 기본적으로 '장애예술'이다."고 하여 예술과 '장애예술'을 동일시하였다. 또한 "'장애예술'이 원론적으로 인간의 보편적 예술이라면 역시 원론적으로 '장애예술'이라는 용어는 다시금 폐기를 지향할 수밖에 없으며, 장애예술 정책은 '장애예술'의 용어를 소멸시키는 것을 목적으로 하게 된다."고 하여 거시적인 담론을 제시하였지만 「장애예술인 지원법」 제정으로 이제 시작되고 있는 장애예술인 지원정책의 필요성에 의문을 갖게 하는 성급한 제안이라고 본다.

위에서 언급된 '장애예술'과 '장애인예술'의 개념을 비교해 보면 '장애예술'이 공동 작업을 통한 쌍방향 교류라면, 장애인이 주체가 되는 '장애인예술'은 쌍방향 교류가 이루어지지 않는다는 의미이고, 장애에 대한 삶의 경험을 탐구하는 것이 '장애예술'이고, 장애인이 창조한 모든 작품이 '장애예술'을 뜻하는 것은 아니라고 하여 '장애인예술'을 진정한 예술로 평가하지 않는다는 해석이 가능하다. 또한 '장애예술'은 억압, 배제, 차별을 드러내는 예술이고, '장애인예술'은 장애인의 창작 활동과 함께 문화 향유권을 가진 장애인의 참여를 포함시키는 포괄적 의미를 갖는다고 하였으며, 전지영(2021)은 '장애예술'을 예술과 동일시하여 '장애예술'이란 용어는 소멸이 목적이라고 하면서 '장애인예술'은 장애예술인에 대한 교묘한 억압 질서를 재생산하는 우려가 있다고 하였다.

이상 살펴본 '장애예술'과 '장애인예술'의 개념을 간단히 정리하면 〈표1〉과 같다.

	장애예술	장애인예술
박신의 외(2018)	포용적 예술로 장애인과 비장애인의 공동 작업을 통한 쌍방향 교류	'장애인예술'에 대한 언급은 없지만 장애인이 주체가 되는 예술은 쌍방향 교류가 이루어지지 않는다는 인식 내재
박근화 (2019)	장애에 대한 삶의 경험을 탐구하고 소통하는 작품을 나타내는 특정 장르	'장애예술'은 장애인이 창조한 모든 작품을 뜻하지 않는다는 것으로 '장애인예술' 모두를 예술로 평가하지 않는다는 해석이 가능
전지영 (2021)	장애에 대한 철학적 사유와 성찰적 시선을 담은 예술로서의 장르적 특징을 갖고 있으며, 예술과 '장애예술' 동일시함	장애인이 하는 예술이라는 설정은 장애인에 대한 교묘한 억압 질서를 재생산할 우려
조문순 외(2022)	장애인이 하는 예술로 손상에 대한 억압, 배제, 차별을 드러내는 예술	장애인이 창작 활동을 하는 것과 문화 향유권을 가진 장애인의 참여로 확대

〈표1〉 '장애예술'과 '장애인예술'의 개념 비교

2) 용어 정의에 따른 '장애예술'과 '장애인예술' 해석

용어를 정의할 때 구조적 학술용어사전, 용어의 네트워크 중심성, 용어의 구조적 공백(Structural Hole) 측면으로 분석하는데 첫째, 구조적 학술용어사전이란 용어 자체의 정의와 용어의 연관 관계에 대한 정의를 구조적으로 정의하는 프로세스를 통해 구축된 사전을 의미한다(권선영, 2013).

'장애인예술'은 장애인이란 사람을 지칭하는 명사와 예술이라는 분야를 지칭하는 명사가 합해진 합성명사로 사람인 장애인이 중심이지만, '장애예술'은 장애라는 현상을 의미하는 명사와 예술이 결합한 주제 중심의 용어로 '장애인예술'은 장애인이 주체가 되는 예술 활동을 뜻하는 반면 '장애예술'은 장애를 주제로 하는 예술을 의미한다. 따라서 '장애예술'이 장애와 비장애 예술인이 함께 작업에 참여함을 의미하는 것이란 해석은 비약이다.

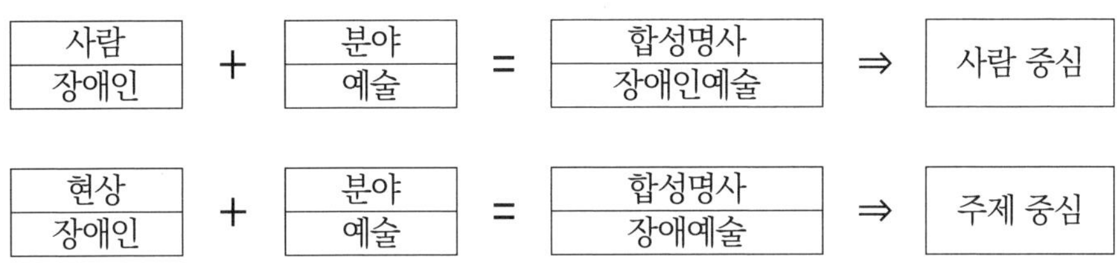

[그림1] 구조적 학술용어사전

둘째, 용어의 네트워크 중심성이란 용어와 용어 간의 관계를 연결해서 구성한 용어 네트워크상에서 용어가 네트워크의 중심에 위치하는 정도를 의미하는데 네트워크 중심성 측정을 할 때는 행위자가 대상이다. 용어의 네트워크 중심성이 높을수록 용어 네트워크상에서 다른 용어에 미치는 영향력이 높은 것으로 해석될 수 있다(권선영, 2013).

'장애인예술'은 장애인과 예술의 범주에서 행위자인 장애인의 영향력이 더 크고, '장애예술'은 주제인 장애가 예술에 포함되기에 예술이 더 영향력이 크다. 장애예술인 당사자들은 장애를 주제로 한 예술 활동에서 하나의 역할로 참여하기보다는 장애예술인이 주도적으로 예술 활동을 이끌어 가는 것을 원하고 있다.

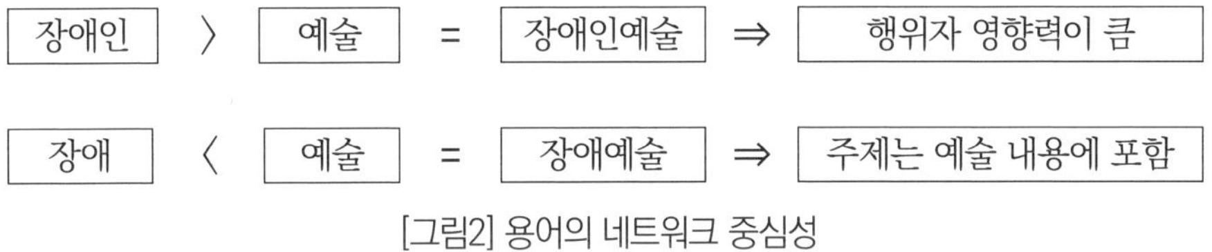

[그림2] 용어의 네트워크 중심성

셋째, 용어의 구조적 공백(Structural Hole)은 Burt(1992)의 이론으로 구조적 공백은 네트워크에서 서로 직접적으로 연결되지 않은 용어 사이에서 연결 고리 역할을 하는 위치를 의미한다.

'장애인예술'은 이미 장애인이 행위자이기 때문에 구조적 공백이 없다. 하지만 '장애예술'은 비장애예술인이 연결고리 역할을 해야 하기 때문에 구조적 공백이 존재한다. 이 경우 장애인에 대한 관심이 있고, 예술 활동을 하는 사람을 찾아야 한다는 어려움이 있다.

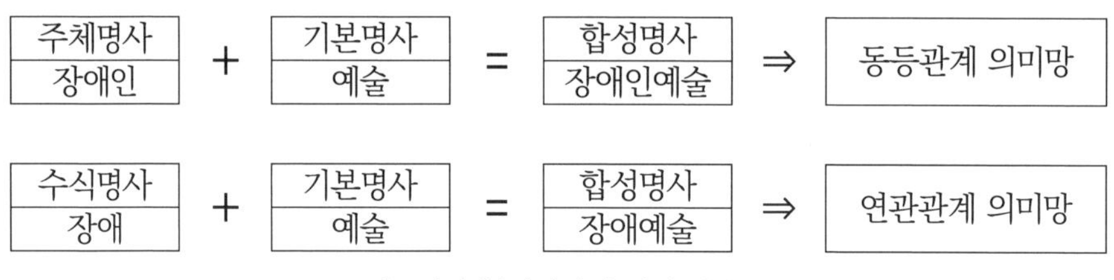

[그림3] 용어의 구조적 공백성

3) 용어의 형태에 따른 '장애예술'과 '장애인예술' 해석

김지영(1992: 권선영, 2013)은 "용어의 결합 현상은 언어에서 나타나는 보편적인 현상"이라고 하며, "합성명사의 의미 해석을 계층관계의 의미망, 동등관계의 의미망, 연관관계의 의미망"이 있다고 하였다. 또한 "합성명사에는 두 명사가 서로 대등한 관계로 나타나는 형태가 있고, 수식명사+기본명사 형태의 결합은 다양한 의미로 나타날 수 있다."고 하였다.

'장애인예술'은 명사끼리 결합된 합성명사로 장애인이라는 주체명사와 예술이라는 기본명사가 동등 관계의 의미망을 갖고 있다. 반면 '장애예술'은 수식명사와 기본명사가 결합된 합성명사로 연관관계 의미망으로 다양한 의미로 해석될 수 있다. 즉 장애가 예술을 수식하여 '장애예술'의 성격을 규정한다.

[그림4] 합성명사의 의미 해석

조개나(2012: 권선영, 2013)는 합성명사의 형태적, 의미적 특성을 "합성어의 기능은 주로 하위 범주화기능, 명명기능, 지시기능 등이 활발하게 사용된다."고 하였는데 장애인의 상위 범주는 사람이다. 그리고 장애예술인의 상위 범주는 예술인이다. 그래서 명명기능과 지시기능으로 '장애인예술'을 설명할 수 있다. 그런데 장애는 상위 범주가 아니라 반대 개념인 비장애로 명명되기 때문에 '장애예술'은 비장애예술의 반대 개념으로 인식이 된다. 하여

'장애예술'이 장애를 주제로 장애·비장애예술인들이 함께한다는 의미라는
이론은 불완전하다.

[그림5] 합성어 하위 범주화

강진식(1997: 권선영, 2013)은 "합성명사 구조는 이를 지배하는 어떤 일반적인
원리가 작용하고, 합성어의 직접성분 중에는 그 용어 형성에 핵심을 이루
고 있는 중심어(head)가 있게 마련이며, 이러한 중심어는 상위 범주와 관계
가 있다."고 하였으며, "합성어의 구성성분은 우측에 있는 성분이 중심어가
되는 중심어 우측규칙(righthandheadrule)이 작용한다."고 하였다.
'장애인예술'과 '장애예술'이란 합성명사에서 중심어는 우측규칙에 따라
예술이다. 두 단어 모두 예술이 중요한 것이다.

[그림6] 합성명사 중심어 우측규칙

용어의 형태적 분석을 통한 관계는 용어 간의 의미관계 형성을 위한 유
용한 방법이지만, 이와 같은 방법만으로는 용어의 구조적 위치를 파악하
거나 용어의 의미관계 확장에 적용하기에는 어려운 문제점이 있다. 이러한
문제점을 해결하기 위해 용어의 형태적 특성 이외에도 또 다른 핵심적인 이
론인 용어의 네트워크 분석이 활용된다(장정우, 2012: 권선영, 2013).
사회 네트워크 분석에서는 연결 정도가 높은 사람이 정보의 핵심적인 역할
을 하며 영향력이 있다고 여겨지는 것처럼 용어 네트워크에서도 연결 정도가
높은 용어가 존재하며 이는 다른 용어에 비해 영향력이 높다고 할 수 있다.

이론용어를 먼저 시작한 전문가의 사회 네트워크가 많아서 현재는 '장애예술'의 영향력이 더 크다. 하지만 장애예술인들의 활동이 활성화되면서 사회적 영향력이 확대된다면 '장애인예술'의 용어 네트워크 영향력이 '장애예술'보다 더 커질 수 있다.

장애예술	〉	장애인예술

[그림7] 용어 네트워크 영향력

Ⅳ. 결론 및 제언

1. 결론

'장애예술'과 '장애인예술'의 용어에 대한 논쟁이 벌어지는 것은 바람직한 현상이다. 왜냐하면 비장애예술인들이 관심을 갖고 있기 때문이다. 이런 관심이 장애예술인들의 활동에 도움이 되는 방향으로 용어가 정리되는 것은 지금 시점에서는 필요하다. 이러한 필요성을 바탕으로 용어에 담긴 함의를 분석하면 다음과 같이 요약할 수 있다.

첫째, 장애인체육과 같은 맥락에서 이해해야 한다.

1988년 우리 사회에 장애인선수[8]들이 전면에 드러났다. 1988년은 서울에서 88서울올림픽에 이어 88서울장애인올림픽이 개최되었기 때문이다. 장애인선수들은 그 용어 자체가 아주 자연스럽게 만들어졌고 장애인스포츠는 이미 국제기구에서 종목, 경기규정 등이 공식적으로 정해져 있어서 장애인선수들이 원하는 것은 아주 단순 명료했다. 장애인체육의 전담 부서를 보건복지부에서 체육을 관장하는 문화체육관광부로 옮겨 달라는 것이었다.

장애인선수들은 장애인체육이 복지 차원에서 시행되는 것을 거부하며 시

---

8) 체육 활동을 하는 장애인을 '장애체육인'이라고 하지 않고, 선수라는 직업군의 용어를 사용하여 '장애인선수'로 명명한 것은 장애인선수들이 일반 선수들과 같은 처우를 받고자 하기 때문이다.

위를 하였다. 드디어 2007년 장애인체육이 문화체육관광부로 이관되었고, 「국민체육진흥법」에 대한장애인체육회 설치 규정을 마련하여 장애인체육 전문 공공기관이 설립되었다. 2년 후인 2009년 이천장애인체육종합훈련원이 개원되어 훈련 공간도 확보되었다. 장애인선수들이 가장 환영한 것은 일반 선수들과 동일한 기준으로 체육 연금(경기력 향상 연구 연금)을 받을 수 있게 된 것이다. 이 모든 변화는 장애인체육이 복지의 범주(boundary)에서 벗어났기 때문에 가능하였다. 이러한 장애인체육의 발전 과정을 '장애인예술'도 밟고 있다. 복지가 아닌 예술 분야에서 일반 예술인들과 같은 처우를 받고자 하는 것이다.

둘째, 현실과 이상 사이의 괴리를 인정해야 한다.

박혜신(2010)에 따르면 "같은 공연을 감상하였어도 예술인이 장애인임을 알 때 더 감동을 받고 흥미롭게 본 것으로 나타났지만(73.3%), 예술인이 장애인임을 알 때 예술인의 전문성 평가 항목의 평균은 매우 낮게 나타났다."는 것은 장애예술인을 전문 예술인으로 인식하지 않기 때문이다.

이런 상황에서 '장애예술'을 일반 예술과 동일시하여 '장애예술'이란 단어가 소멸되어야 한다는 것은 언제 현실화될지 모르는 이상이다.

셋째, 예술의 본질로 접근해야 한다.

'장애인예술'은 장애인이 주체가 되는 예술이어서 한계가 있고, '장애예술'은 비장애인이 참여하여 협업이 가능하기 때문에 얼마든지 확장되어 발전할 수 있다는 전지영(2021)의 논리는 매우 부적절하다. 아서 단토(Arthur Danto)는 "어떤 실체의 본질을 잘못 짚는 것이 문제라고 하며, 본질을 판단하는 두 가지 방법 중 하나는 용어에 의해 지시되는 사물들의 부류를 가리키는 방식이고, 다른 하나는 그 용어가 함축하고 있는 속성들의 집합을 가리키는 방식"이라고 하였는데, 이 이론에 '장애예술'과 '장애인예술'을 대입시켜 해설해 보면 다음과 같다.

본질을 판단하는 하나의 방법인 '용어에 의해 지시되는 사물의 부류'에 따르면 '장애예술'은 장애예술인과 비장애예술인을 가리키고 있고, '장애인예술'은 장애예술인을 가리키고 있다. 따라서 「장애예술인지원법」에서는

'장애인예술'이 본질에 더 충실한 개념이다.

다른 하나는 '용어가 함축하고 있는 속성의 집합'인데 '장애예술'은 손상에 대한 사회의 부적절한 반응 즉 억압, 배제, 차별을 드러내는 예술이어야 한다고 보고 있고, '장애인예술'은 장애예술인이 하는 창작 장르인 문학, 미술(응용미술 포함), 음악, 무용, 연극, 영화, 연예(演藝), 국악, 사진, 건축, 어문(語文), 출판 및 만화의 집합을 말한다.

「장애예술인지원법」 제1조(목적) "이 법은 장애예술인의 문화예술 활동 지원에 필요한 사항을 정하여 장애예술인의 문화예술 활동을 촉진하고, 삶의 질 향상에 이바지하는 것을 목적으로 한다."로 규정하고 있듯이 「장애예술인지원법」은 장애예술인들이 하는 문화예술 활동을 촉진하는데 목적이 있다. 그렇다면 장애예술인이 하는 예술은 '장애예술'이 아니라 '장애인예술'이라는 것을 알 수 있다.

넷째, 장애예술인은 주체적 예술 활동을 원한다.

전지영(2021)은 "'장애예술'은 포용적 예술과 맞닿아 있다."고 하였고, 박신의 외(2018)는 "'장애예술'의 범주에 포용적 예술을 넣으면서 그 해석을 미학의 확장 요소로 장애 자체를 새로운 언어로 보고, 장애인과 비장애인의 공동 작업은 쌍방향 교류를 목적으로 하기에 관계 형성을 주요 기반으로 서로에 대한 개방성과 소통의 과정을 중요시한다."고 하였는데, 원래 예술은 창작자와 소비자의 관계 형성을 뜻한다. 예술은 관객이 없이는 성립되지 않는 속성이 있기 때문이다.

포용적 예술이 주류 예술계에서 장애예술인을 포함시키자는 개념으로 장애예술인에게 참여 기회를 확대시켜 주는 방식이라면 바람직하지만, 장애인과 비장애인이 공동예술 작업을 하여 관계를 형성하는 데는 몇 가지 문제점이 있다. 예술 활동 경험을 가진 사람들이 전체 참여자의 30%를 장애예술인으로 포함시켜서 장애인예술단체 요건9)을 갖춘 후 장애예술인을 위

---

9) 2023년 장애예술 활성화 지원사업 지원신청 안내 책자에 사업에 참여할 수 있는 장애예술단체의 정의는 장애예술의 가치 확산을 지향하고 이를 위한 사업을 기획·운영하는 단체이고, 장애예술단체 기준은 1. 장애인이 대표인 단체, 2. 단체 소속 구성원 중 장애인이 30% 이상인 단체, 3. 프로젝트 참여자(교육대상자, 관객 등 수혜자 불포함) 중 장애인이 30% 이상인 단체로 정하고 있다.

해 책정된 예산을 받고 있는데, 공모사업에 경험이 많은 전문가여서 제안서 쓰기에 경험이 부족한 장애예술인보다 사업계획서를 잘 작성하기에 선정 확률이 점점 높아지고 있기 때문이다.

전지영[2021]도 "현재 장애인문화예술 지원정책이나 사업에서 장애인이 예술적 주체로 생각되고 있지도 않고, 예술에 대한 장애인 주체의 자기 서사가 있지도 않으며, 오히려 기성 질서에 의해 조직되고 관리됨으로서 장애예술인은 타자화되고 있다."고 지적하였다.

전지영의 지적대로 열악한 상황 속에 있는 장애예술인은 포용적 예술이라는 넓은 세계에서 기성 예술에 의해 타자화되고 있고, 공모사업에 문화의 영역까지 포함시키다 보니 순수한 예술 정책이 아닌 복지 성격을 갖게 되었다. 이러한 문제점을 해결하지 않고 장애·비장애가 모두 포함되는 '장애예술'로 카테고리부터 확장시켜 놓는 것은 현실적으로 바람직하지 않다.

장애예술인은 자신이 포용의 대상이 아니라 자신들이 주체가 되는 예술 활동을 하면서 주류 예술계에 동등한 위치로 편입되기를 원한다.

2. 제언

전지영[2021]은 "'장애예술'은 억압과 차별을 넘어 평등한 인권을 지향하는 진보적 개념으로 다가온다. '장애예술'이 더 나은 세상을 지향하는 보편적 개념으로 이해된다면, 사회적 차별과 불편을 개선하고 결여된 존재로서 인간 본성에 대한 성찰과 궤를 같이한다고 볼 수 있다."고 하면서 '장애예술'이 평등한 인권을 지향한다고 주장하였다.

'장애예술'은 더 나은 세상을 지향하는 개념이라고 한 것은 예술을 매개로 장애인 인권 더 나아가 결여된 존재로서 인간 본성에 대한 성숙으로 해석될 수는 있지만, 장애예술인은 당장 하고 싶은 예술 활동이 장애로 인해 제약받지 않고 자유롭게 창작을 하면서 관객에게 제대로 인정받고 싶어 한다. 그래서 예술에 장애가 있다고 해석되는 '장애예술'이 듣기 불편하기에 장애예술인이 주체가 되는 예술을 의미하는 '장애인예술'이란 용어를 사용한다.

　그런데 '장애예술'이라고 하면서 '장애예술'의 한 장르인 '장애인연극'[10]은 왜 '장애연극'이라고 하지 않는 것일까? '장애인예술'로 정의하면 장르별로도 당연히 '장애인문학', '장애인미술', '장애인음악', '장애인무용', '장애인연극', '장애인영화' 등으로 자연스럽게 표기되지만 '장애예술'이라고 하면 '장애문학', '장애미술', '장애음악', '장애무용', '장애연극'으로 표기해야 하는데 이 얼마나 불편한 느낌인가.

　혹자는 용어가 뭐 그리 중요하냐며 용어 논쟁이 소모적이라고 생각할 수도 있지만, 용어는 본질을 규정하는 데 결정적인 역할을 하고, 사물이나 이론에 대한 정의가 분명해야 논란이 발생하지 않기 때문에 방치해 둘 수 없다.

　장애예술인 당사자들의 의견을 듣지 않고 전문가 입장에서 '장애인예술'의 한계를 짓고, '장애예술'이 맞다고 주장하는 것은 장애예술인의 활동에 또 다른 허들^(장애물)을 설치하는 것이라서 장애예술인 당사자이면서 장애인예술 이론가인 필자가 나서서 '장애인예술'과 '장애예술' 용어에 대한 해석을 남기는 것이니, 앞으로 이 논쟁에 대한 많은 논의가 활발히 펼쳐져서 장애예술인을 위한 합리적인 용어로 규정되기를 제안한다.

📗 참고문헌

국가인권위원회(2019), '장애인식개선교육 모니터링 및 운영교재 개발연구－국가 및 지방자치단체를 중심으로'
권선영(2013), "구조적 학술용어사전 데이터베이스 구축에 있어서 용어의 의미관계 형성에 영향을 미치는 요인에 관한 연구", 성균관대학교 박사 학위 논문
김광명(2010), 〈인간의 삶과 예술〉, 서울: 학연문화사
김채수(2014), 〈예술론－표현은 존재의 본질〉, 서울: 박이정
박근화(2019), '장애인문화예술활동실태조사 및 분석연구 결과 및 시사점', 장애인예술 활동여건 개선을 위한 토론회 자료집, 한국장애인문화예술원
박신의·심규선·주명진(2018), '포용적 예술(inclusive arts)을 통한 장애예술의 개념적 연구', 문화예술경영학연구, 11(2), 39~61
박옥순(2002), "장애인을 위한 인권 지수 개발", 중앙대학교 사회개발 대학원 석사 학위 논문
박혜신(2010), "장애인예술가에 대한 인식", 이화여자대학교 석사 학위 논문
방귀희(2013), "장애예술인의 창작 활동 경험에 관한 연구", 숭실대학교 박사 학위 논문
방귀희(2019), 〈장애인예술론〉, 서울: 솟대
방귀희(2019), 〈장애인문학론〉, 서울: 솟대
방귀희·권선진(2019), '장애인지감수성에 관한 탐색적 연구', 재활복지, 23(4), 28-16.

10) 경인일보(2022. 12. 11.)의 '권순대의 대사 한 줄로 읽는 연극'에서 이런 내용이 나온다. "연극 〈등장인물〉의 출연자들은 중증발달장애인이다. 출연자가 장애인이라서 공연을 더욱 특별하게 만들지는 않는다. 장애인연극이 전무한 것이 아니기 때문이다."

방귀희(2022), '2021년 장애예술인실태조사 결과 함의 분석', 한국장애학, 7(1), 135~160
아서 단토(2008), 김혜현, 〈평범한 것의 변용〉, 경기도: 한길사
오혜경·김정애(2000), 〈여성 장애인과 이중차별〉, 서울: 학지사
유동철(2017), 〈인권 관점에서 보는 장애인 복지〉, 서울: 학지사
이강일(2017), 〈포스트모더니즘을 통한 새로운 예술론 연구〉, 통일사상연구, 12, 51~80
이성태(2017), 〈인간관계론〉, 경기도: 양성원
이화신(2003), 'H. 마르쿠제의 페미니즘과 정체성의 정치-주체(subject)의 탐구와 새로운 감성을 중심으로', 중
        앙사론, 17, 169~201
전병태(2014), '장애인예술 장르별 지원 방안 연구', 한국문화관광연구원
전지영(2021), '장애예술과 장애인예술의 개념 논의-한국장애인문화예술원 활동을 중심으로', 한국예술연구,
        32, 195~215
조문순·이동석(2022), '장애예술의 개념과 사회적 모델 예술로서의 고슬링 작품 분석', 한국장애학, 7(2),
        109~128
최승권(2015), 〈특수체육론〉, 레인보우북스
한국장애인문화진흥회, 〈한국장애예술인총람〉, 2011

Barnes, 'C., & Mercer, G.(2001), The politics of disability and the struggle for change. In L. Barton(Ed.),
        Disability, Politics and the Struggle for Change(10–33), London and New York: Routledge.
Dewey, John(1958), Art as Experience, New York: Gapricorn Books, G. P. Putnam's,
Fox, A. '& MacPherson, H.(2015), Inclusive Arts Practice and Research: A Critica Manifesto, London
        and New York: Routledge.
Gosling 'Ju.(2006), What is Didsbility Arts?, http://www.together2012.org.uk/resources/what-is-
        disability-arts
Gosling, 'Ju.(2011), Abnormal: How Britain became body dysphoric and the key to a cure, London:
        Bettany Press.
Gui Hee 'Bang·Kyung Mee Kim(2015), Korean Disabled Artists'expriences creativity and the
        Environmental Barriers they Face, Disability and Society, 30(4). 543–555.

A Study on terms of 'Disability Art' and 'Disabled Art'

Bang, Guihee

(Adjunct Professor at Graduate School of Social Welfare, Soongsil University)

〈Abstract〉

Artists are the persons who do artistic activities, but art done by disabled persons has been mixed and used as disability art or disabled art. There is a big difference between disability art and disabled art, which has not been experienced by them in their world in the meantime. Physical education by disabled persons is called disability sport without any controversy. But why are disability art and disabled art debated ?

In literature review, disabled art brings about a result to be fixed as a process of welfare or rehabilitation as the limited concept of art by them because they become the main agent. And for disability art, the logic that is more developmental because of expandability as all the artistic activities without distinction of disability or non-disability was built. However, by standards of the principle of nature and artistic judgement presented Arthur Danto, the theory is applicable to very few of them.

Therefore, in order to examine what the differences between disability art and disabled arts are, this thesis tries to explore implications in disputes about the two concepts by analyzing them from a viewpoint of purposes and the artistic essence of disability and disabled persons, present interpretations according to the definition and form of the terms, and seek desirable directions of the controversy over disability art and disabled art that have recently been the topic by examining which concept is truly needed for disabled artists.

• Key Words: Art, Disabled Persons, Disabled Artists, Disability Art, Disabled Art

장애인문학의 역사와 가치
그리고 과제[1]

방귀희

(『솟대평론』 발행인)

〈국문 초록〉

우리나라의 장애인 복지는 「심신장애자복지법」이 제정된 1981년부터 공식적으로 시작되었지만 장애인 복지 초기라서 장애인의 생활에 필요한 지원 위주로 정책이 펼쳐졌다. 장애인이 문학을 한다는 것은 불필요한 사치였다.

이런 사회 환경 속에서 1990년 겨울, 문학 활동을 하는 장애인들이 한국장애인문인협회를 결성하고, 1991년 봄 국내 최초의 장애인문학지 『솟대문학』을 창간하고, 25년 동안 단 한 번의 결간 없이 100호를 발간하며 장애인문학이 문학의 한 장르로 자리매김하였다.

본고에서는 장애인문학의 탄생 배경과 실태를 살펴보고, 장애인문학의 역사를 소개하면서 장애인이 문학 활동을 하는데 어떤 어려움이 있는지를 밝히고자 한다. 또한 장애인문학만이 갖고 있는 문학적 미학을 통해 장애인문학의 가치를 탐색하고, 장애인문학 발전을 위해 필요한 제언으로 장애문인들의 창작 활동이 활성화될 수 있는 방안을 모색하고자 한다.

주제어: 장애인, 문학, 장애인문학

---

1) 이 글은 한국장애학회에서 2017년 발간한 『한국장애학』 VOL. 2에 게재된 내용에 '한국장애문인리뷰'(『솟대평론』 VOL. 9, 2021) 부분을 추가하여 수정하였다.

1. 시작하며

예술은 인간의 부족함을 보충해 주기 위한 도구인데 첫 번째로 사용하는 도구가 문학이다. 문학의 주제는 '어떻게 사랑하며 사는가'로 인간적인 사랑이 인간의 아픔을 보듬어 주며 함께 살아가게 만드는 기제가 된다.

문학은 궁극적으로 인간이 진정 사람답게 제대로 살아가도록 인간을 지키는 것이 목적이기 때문에 장애인문학은 장애인이 진정 사람답게 제대로 살아가도록 장애인을 지키기 위해 존재한다. 문학의 이런 속성으로 장애인문학이 탄생하였다.

우리나라의 장애인문학은 장애인 복지가 틀을 갖추기 시작한 1980년초부터 그 존재가 드러나지만 장애인 복지 초기라서 장애인의 생명권 보장을 위한 서비스 위주의 정책에 우선순위를 두었기에 장애인문학은 뒷순위로 밀릴 수밖에 없었다.

한국의 장애인문학은 1990년 말 장애문인에 의해 태동되었고 1991년 장애인문학지『솟대문학』을 창간하여 25년 동안 꾸준히 발간해 오면서 장애인문학이 문학의 한 장르로 형성되었다.『솟대문학』100호 발간은 국내 문단은 물론 해외에서도 그 가치를 인정하여 2016년 3월 미국 스탠퍼드대학교 도서관에 비치되어 한국장애인문학을 국제사회에 소개하게 되었다.

2025년『솟대문학』의 폐간은 문화계 블랙리스트라는 불행한 권력 횡포 때문이었지만 장애문인들은 이에 굴하지 않고 2017년 솟대문학의 가치를 드높이기 위하여『솟대평론』을 창간하였다. 방귀희(2017)는 창간사에 '장애인문학은 하류문학이 아니라 독특한 경험문학이라는 것을 알릴 것'이라고 하였듯이 서서히 장애인문학에 대한 담론이 형성될 것이다.

앞으로 장애인문학의 가치를 제대로 평가하며 장애인문학을 어떻게 발전시켜 나갈 것인지 그 방안을 연구하고 실천해 나가는 것이 한국장애인문학이 문학과 장애인계를 위해 해야 할 과업이다.

2. 장애인문학의 배경

1) 장애인문학 정의

지금도 장애인문학에 대한 용어의 문제는 논란이 되고 있다. 그 누구도 결론을 내리지 못하는 가운데 『솟대문학』에 실린 글을 통해 정리를 해 보는 수준으로 장애인문학을 정의하고자 한다.

시인 김홍열(1991)은 『솟대문학』 창간호에 발표한 '장애인문학의 위상과 발전방향'에서 장애인문학이라고 구분지어 말하는 것에 대해 주저하지 않을 수 없다고 전제하면서 여류 시인, 여류 소설가라고 불리우는 것이 못마땅하다는 여성 작가들의 주장에 동의하기 때문이라고 다음과 같이 장애인문학을 정의하였다.

> 장애인이 썼기 때문에 장애인문학이라고 이름 붙이는 것이 아니라 장애인이든 비장애인이든 모든 인간은 평등하다는 이념으로 장애인이 주체적으로 장애인의 삶을 문학을 통해 표출하고 있다면 여성문학과 같은 차원에서 논의될 수 있을 것이다. 장애인문학은 장애를 가진 문인들 사이에서 자생적으로 형성된 것이라는데 의미가 있다. 문학에 장애인이라는 구획을 그어 버린 것은 스스로에게 장애라는 올가미를 씌우는 것일 수도 있지만 그럼에도 불구하고 장애인문학을 표방한 것은 문학에 목말라하는 장애문인들이 창작 활동을 가로막는 장벽을 허물기 위하여 정체성을 드러낸 하나의 외침이었다.
>
> _『솟대문학』 VOL. 1, 1991

문학이야말로 장애에 대하여 자유로운데 문학도 제도권 안에 있는지라 충족시켜야 할 조건이 있고, 장애문인은 장애 때문에 그 조건을 충족시키지 못하여 제도권 안으로 진입하지 못하고 있다. 하지만 문학을 포기할 수 없는 장애문인들이 모여 장애인문학을 표방하며 탄생하였다.

제4회 솟대문학 신인상을 수상한 이현준은 '장애인문학은 장애문학이 아니다'에서 이렇게 주장하였다.

> 그렇다고 장애인문학이 장애인이 쓴 문학작품만을 의미한다고 한정지어서는 안 된다. 장애를 소재나 주제로 장애인이 등장하는 문학작품도 장애인문학으로 보아야 한다. 따라서 장애인문학은 아주 폭넓은 문학이다.
>
> _『솟대문학』VOL. 1, 1991

이현준(1991)은 '장애인문학은 장애문인이 하고 있는 문학 일반을 가리키고, 장애문학은 문학의 한 범주로서의 문학을 가리킨다.'고 하면서 '장애문학의 또 다른 의미는 주류 문학과는 동떨어진 문학, 결핍의 문학, 함량 미달의 문학이란 인식'이 있기 때문에 문학에 장애라는 수식어가 붙는 것을 매우 경계하였다.

장애인문학이라는 용어는 국어사전에도 문학 관련 사전에도, 그 어느 곳에도 실려 있지 않다. 한국 문학에 있어서 장애인문학은 아직은 사생아이다. 세계 그 어느 나라에서도 장애인문학을 정의해 놓지 않았지만 장애인예술에 대한 정의는 있다. 영국예술위원회에서 정의한 장애인예술(Disability Arts)은 장애인의 문화와 개성, 장애의 정치적 체험 등을 반영하여 장애인에 의해서 생산된 예술 작품이고, 예술에 장애인의 참여를 지원해 주는 과정이라고 정의하고 있다(방귀희, 2019).

이와 같은 장애인예술의 정의에 의하면 장애인문학은 장애인의 문화와 개성을 통해 장애인에 의해 생산된 문학작품이라고 할 수 있지만 문학은 미술이나 음악, 무용 등의 다른 예술 장르와는 달리 사상이나 이념을 주제로 창작을 하여 창작물을 문자로 내놓기 때문에 창작의 주체만으로 정의를 내리는 것은 합리적이지 않기에 장애인문학의 정의는 포괄적인 의미로 해석하는 것이 합리적일 것이다.

그런데 1991년 장애인문학지를 표방하면서 출발한 『솟대문학』에서는 장애인문학을 장애문인의 주체적인 문학 활동으로 정의내리며 장애인문학에 선명성을 부과하여 기존의 문학과 차별성을 두었다.

2) 장애인문학 실태

(1) 장애문인 등장

1980년대 신문 등 언론 매체를 통해 장애인이 책을 출간했다는 소식이 간간이 소개되었다. 장애가 심해서 정규 교육을 한 번도 받아 본 적이 없는 강동석이 장편소설을 썼다는 소식이 눈길을 끌었고, 고등학교 2학년 때 추락 사고로 전신마비장애를 갖게 된 김옥진이 1987년 〈산골 소녀 옥진이 시집〉을 출간한 것은 큰 화제가 됐었다. 그밖에도 뇌성마비 소설가 김재찬이 『문학정신』 장편소설 공모에 당선[1987], 지체장애인 강종필이 1990년 동아일보 신춘문예 희곡에 당선, 1991년 김래성 추리문학상 수상자 이승영이 근육병 장애인이라는 것이 알려지면서 장애인의 문학 활동의 가능성을 보여 주었으며, 2015년 세계일보에서 제정한 상금 1억 원의 세계문학상 대상 주인공이 목발을 사용하는 김근우였고, 2018년 조선일보 신춘문예 동화 당선자에 행글라이더 낙하사고로 하반신마비가 된 허용호가 이름을 올려 눈길을 끄는 등 장애문인의 문학 활동은 꾸준히 발전하고 있다.

(2) 장애인문학 문예지와 도서 발간

장애인문학이란 것이 본격적으로 수면 위로 드러난 것은 1991년 봄 장애인문학 전문지 『솟대문학』이 창간되면서부터이다. 『솟대문학』은 3회 추천제도로 장애문인들의 등용문이 되었고, 솟대문학 신인상에 이어 1996년부터 솟대문학상으로 승격하여 실력 있는 장애문인 1인을 선정하여 상을 주었다.

구상 시인이 2004년 세상을 떠나기 전에 기탁한 2억 원으로 상금 기금이 마련되어 2005년부터 구상솟대문학상으로 명칭을 변경하면서 더욱 권위 있는 문학상이 되었다.

장애인문학 발전은 장애인문학 도서의 양적 확대에서도 잘 나타난다. 1993년 『솟대문학』 통권 9호에 장애문인이 출간한 작품 분석 내용을 보면 『솟대문학』에서 수집한 장애인 도서가 130권이었는데, 2012년 「한국장애인문학도서총람」의 도서목록에는 927권이 기록되어 있고, 2015년 솟대문학에서 국립중앙도서관에 기증한 장애인 도서는 1,924권에 달해 장애문인의 작품 활동이 매우 활발해졌다는 것을 알 수 있다.

『솟대문학』은 경제적인 어려움으로 2015년 겨울 100호를 끝으로 폐간되었지만 2017년도 가을 장애인문학에 평론 역할을 강화시킨 『솟대평론』을 1년에 2회 발간하는 형태로 창간하여 장애인문학 신작과 장애인문학 주제 논문 그리고 『솟대문학』 수록 작품에 대한 평론 등의 다양한 콘텐츠로 장애인문학을 확장시켰다.

이런 분위기 속에서 2019년 장애인문학의 이론적 근거를 마련하기 위하여 장애인문학에 관심이 있던 국문학과와 문예창작학 전공 교수들이 모여 '장애와문학학회'를 창립하여 장애인문학 연구의 기반이 마련되었다.

(3) 데뷔와 문학상

장애문인은 출간을 통해 작가로 입문하기도 하지만 문학상을 통한 등단도 활발하다. 『솟대문학』 통권 100호에 의하면 『솟대문학』에서 제정한 3회 추천제와 구상솟대문학상으로 배출된 작가는 160여 명이고, 대한민국 장애인문학상은 400여 명, 신춘문예 13명, 기타 104명으로 장애문인의 집단이 형성되었다.

〈장애예술인수첩〉(2018)에 의하면 문학 분야의 공모를 통한 데뷔는 51%로 절반이 넘었고, 공모가 비장애인 문학 분야인 경우가 68%로 나타나 장애문인이 상당한 수준을 갖추고 있음을 알 수 있다.

장애인문학상은 1988년 서울장애인올림픽이 성공적으로 끝난 레거시(유산)로 1989년 한국장애인복지체육회(현 한국장애인개발원)가 출범하면서 당시 설립이사인 운보 김기창 화백이 법인 목적사업에 문화예술사업을 포함시켜 1991년 곰두리문학상·미술대전이 제정되었다. 1998년 명칭을 대한민국 장애인문학상·미술대전으로 변경하여 대한민국을 대표하는 문학상·미술대전으로 발전시켜 나갔지만 2015년 사업 종료를 결정하여 2016년부터 (사)한국장애인문화예술단체총연합회에서 문화체육관광부와 (재)한국장애인문화예술원 후원으로 이어져 가고 있다.

3. 장애문인 활동

1) 고인이 된 대표 장애문인

『솟대문학』과 『솟대평론』을 통해 발굴된 장애문인 가운데 1900년부터 2020년 이전까지 활동을 한 후 고인이 된 장애문인 10인[시]을 한국의 대표 장애문인으로 선정하였다. 서덕출과 구본웅 2명은 만나지 못했지만 故 구상 시인과 故 윤석중 동시 작가를 통해 두 인물에 대한 이야기를 들었으며, 나머지 문인은 직접 만나서 인생 이야기도 듣고 작품에 대한 작가의 소신을 접할 수 있었다. 대표 장애문인의 인구사회학적 특징은 아래 〈표1〉과 같다.

작가명	성별	생존 연대	장애 유형	장르	대표작	주요 주제
서덕출	남	1906~1940	지체	동시	봄 편지	해방
구본웅	남	1906~1953	지체	미술사	〈조선미술사〉	미술 역사
권오순	여	1918~1995	지체	동시	구슬비	자연
이선관	남	1942~2005	뇌병변	시	시집 〈지구촌에는 주인이 없다〉	환경
이가림	남	1943~2015	지체	시	잊혀질 권리	인생
서정슬	여	1946~2015	뇌병변	동시	장마뒤	자연
이호광	남	1950~2003	지체	수필	수필집 〈농담: 대통령을 웃긴 죄〉	세태 풍자
장영희	여	1952~2009	지체	수필	수필집 〈문학의 숲을 거닐다〉	문학 평론
이원규	남	1960~2016	지체	수필	수필집 〈굳은 손으로 쓰다〉	의지
김옥진	여	1961~2016	지체	시	시집 〈산골 소녀 옥진이 시집〉	희망

〈표1〉 대표 장애문인의 인구사회과학적 특징

(1) 간단한 생애사

① 동시로 조국을 노래한 서덕출(『솟대문학』, 통권 13호)

한용희의 〈한국동요음악사〉에 보면 '1920년대 동요의 개척기를 통해서 새로운 감각의 동요 가사를 지은 방정환, 유지영, 한정동, 윤석중, 이원수, 서덕출, 최순애 그 밖에 여러 분의 좋은 가사가 좋은 동요를 낳게 했다.'라는 기록이 나오는데 그 안에 서덕출(徐德出)이 거명된 것으로 그가 우리나라 동요계에 큰 자국을 남긴 인물임을 알 수 있다.

서덕출은 1906년 11월 24일 경상남도 울산읍 교동에서 유복한 가정의 장남으로 태어났는데 6세 때 마루에서 굴러떨어지는 바람에 가슴과 등이 튀어나오고, 왼쪽 다리를 절며 키가 작은 척추장애인이 되었다. 그는 학교에도 가지 못하고 어머니에게 한글을 깨쳤는데 『어린이』 잡지를 읽으며 동시에 관심을 갖게 되었고 틈틈이 동시를 지어 보았다. 그러다 동시를 『어린이』 잡지에 투고하였는데 1925년 『어린이』 4월호에 발표된 동시 '봄 편지'로 서덕출은 동시 작가의 길을 걷게 되었다.

특히 '반달'의 작가 윤극영이 '봄 편지'에 곡을 붙여 1927년 10월 10일 색동회에서 주최한 동요의 밤에 그 노래를 김영복(봉선화 작사가 김형준의 딸) 음성으로 소개하면서 전국으로 퍼지게 되었다.

서덕출은 1934년 가을에 결혼하여 남매를 두었는데 몸이 약한데다 신경통으로 누워서 생활하다가 1940년 35세를 일기로 짧은 생애를 마쳤다. 그의 작품집은 유고집으로 그의 대표작 동시 이름을 딴 〈봄 편지〉란 제목으로 1952년 자유문화사에서 출간되었다. 그의 동생 서수인이 서덕출이 남기고 간 공책에 연필로 꾹꾹 눌러 쓴 동시 70편 가운데 35편을 골라 엮은 것이다.

그의 등단작 '봄 편지'는 예술성을 가진 참신한 작품으로 동시문학의 자극제가 되었다는 평을 받았고, 민족해방의 혼이 담겨 있어 나라 잃은 백성의 상처를 어루만져 주었다.

서덕출이 한국 문단 최초의 장애문인이라는 사실도 장애인문학의 소중한 역사이다.

② 문예운동의 주역 구본웅(『솟대문학』, 창간호)

구본웅(具本雄)은 유년 시절 낙상 사고로 척추장애를 갖게 되었다. 그의 장애는 예술적 소질이 될 예민한 감수성을 만들어 주었다. 그는 한국판 노트

르담의 꼽추라고 자칭하며 자신을 예술로 산화시켰다. 그의 부친 구자혁은 자수성가한 인물로 구본웅은 그 신흥부자의 외아들이었다. 장애를 갖지 않았더라면 부친의 가업을 이어받았을 테지만 그는 아버지 재산을 예술활동에 사용하였다.

서해(西海) 구본웅은 1906년 음력 3월 7일 출생으로 서울 토박이다. 구본웅은 경신학교와 일본의 단천미술학교, 태평양미술학교, 동경미술학교 등에서 수학하였다. 경신학교 재학 중 내내 1등을 차지할 정도로 공부를 잘했는데 그는 졸업 후 조각작품 '자화상'으로 선전에 특선을 하였다.

구본웅은 소설가 이상의 그림 스승 노릇을 하였고, 『시와 소설』, 『청색지』 등을 발간하여 이상을 비롯해서 그가 속했던 '9인회'의 대변인 역할을 하였다. 그런데 그가 관심을 기울였던 것은 〈조선미술사〉의 집필이었다. 39세의 나이로 해방을 맞은 구본웅은 〈조선미술사〉의 완성을 서두름과 동시에 한국문화의 재건을 위한 기초 작업으로 미술 교과서 편찬 사업을 시작하였다.

하지만 6.25 한국전쟁이 그의 이런 의욕적인 움직임에 찬물을 끼얹었고, 피난살이가 그의 건강을 해쳐 1953년 2월 47세를 일기로 세상을 떠났다. 구본웅은 문인으로서보다는 화가로 더 많이 알려졌지만 문예지를 창간하여 발간하면서 순수문학을 발전시킨 문학에 대한 열정이 뜨거웠던 장애문인이다.

③ 구슬비로 오셨다가 이슬로 가신 권오순(『솟대문학』 통권 21호)

권오순은 1919년 황해도 해주에서 태어났다. 부친은 교육자였다. 다섯째 딸로 태어난 그녀는 3세 때 소아마비에 걸려 지체장애를 갖게 되었는데 그녀는 동네 아이들의 놀림감이 되기 싫어서 집에만 있었다. 소파 방정환 선생이 발간하는 『어린이』를 읽는 것이 유일한 즐거움이었다.

내성적인 성격인 그녀는 혼자서 글을 썼다. 그리고 자신이 쓴 동시가 제대로 쓰여진 것인지 알고 싶어 『어린이』 잡지사로 보낸 동시가 1933년 여름 『어린이』에 실린 '하늘과 바다'인데 그때 권오순의 나이 14세였다. '구슬비'가 발표된 것은 그녀의 나이 18세 때인 1937년 『가톨릭소년』이란 어린이 잡지였다.

권오순은 자유를 찾아 1948년 단신으로 월남하였다. 그해에 국민학교 3학년 국어 교과서에 '구슬비'가 실렸고, 이 동시에 작곡가 안병원이 곡을 붙여 예쁜 노래로 만들어져서 역시 국민학교 3학년 음악 교과서에 실렸다. 이렇게 해서 '구슬비'가 불리워졌고 지금까지도 애창되고 있는 것이다.

낯선 곳에서 혼자 산다는 것은 가시밭길이었다. 어머니 옆에서 배운 바느질로 생활비를 벌며 조용히 살고 있었지만 아동문학계에서 '구슬비' 작가를 기억하고 심심찮게 원고 청탁을 해 왔다.

1979년 가을 서울을 떠나 충북 제원군에 있는 천주교회 한 모퉁이에 있는 오두막집에서 시골 생활을 하다가 기력이 점점 떨어지자 1991년 수녀원에서 운영하는 무료 양로원으로 들어갔다. 앙상한 나뭇가지처럼 마른 몸으로 누워 있었지만 눈빛은 또렷또렷하여 더욱 가슴이 아팠다고 지인들은 권오순의 마지막 모습을 전해 주었다.

1995년 7월 11일 세상을 떠난 권오순은 한평생 외로움 속에 있었지만 순수한 영혼을 평생 간직한 '구슬비'를 위해 태어나 구슬비처럼 살다가 간 구슬비 작가로 우리와 영원히 함께할 것이다.

권오순이 남긴 작품집은 〈구슬비〉를 비롯하여 〈새벽숲 멧새소리〉, 〈꿈속의 오두막집〉, 〈무지개 꿈밭〉 등의 동시집이 있다.

④ 민족과 환경을 지킨 이선관(『솟대문학』 통권 50호)

이선관은 1942년 마산에서 태어나 마산에서 학창 시절을 보냈다. 마산 3.15 의거에 직접 참여하여 사회운동에 눈을 떴다. 그는 경남대학교 국어국문학과 3학년을 다니다가 중퇴하였다. 그는 뇌성마비로 보행도 불편하고 언어장애도 있었지만 백인문학회(百人文學會) 회원으로 활동하면서 정의로운 삶을 노래했던 마산의 시인이다.

시집 〈기형의 노래〉(1961)의 출간으로 활동을 시작하였고, 〈속(俗) 애국자〉(1971)로 주목을 받았다. 1972년에 『씨알의 소리』에 '헌법 제1조'와 '무제'를 발표하면서 화제의 중심에 섰다. 1975년에 시집 〈독수대〉를 발간하였고, 1983년에 〈보통 시민〉, 1985년에 〈살이 살과 닿는다는 것은〉, 1994년에 〈창동

허새비의 꿈〉, 1997년에는 〈지구촌에는 주인이 없다〉, 2000년에 〈오늘 우리는 그대 곁으로 간다〉, 2002년에 〈배추흰나비를 보았습니다〉, 2003년에 〈지금 우리들의 손에는〉, 2004년에 〈어머니〉를 출간하였다. 이런 창작활동을 하며 마산시 문화상(1987), 마창불교문화상(1993), 녹화문화상(1997), 통일문화 공로상(2000) 등을 수상하였다.

이선관 시인을 만나 막걸리 한잔을 기울인 사람들은 그의 장애는 보이지 않고 나라와 민족을 생각하는 민족시인이고, 국민의 미래를 걱정하여 환경 문제를 논하는 환경 시인이라고 생각한다. 그의 삶 자체가 시였기 때문에 그는 가장 시인다운 삶을 살다가 2005년 세상을 떠났다.

⑤ 우수에 찬 신사 이가림

시인 이가림(본명 이계진)은 만주 열하에서 1943년 출생했고, 본적은 전북 정읍이다. 성균관대학교 불문과와 동대학원을 졸업한 뒤, 프랑스 루앙대에서 문학박사 학위를 받았다. 1966년 동아일보 신춘문예 당선으로 등단했고, 인하대학교 불문과 교수로 재직하였다. 시집 〈빙하기〉, 〈유리창에 이마를 대고〉, 〈순간의 거울〉, 〈내 마음의 협궤 열차〉, 산문집 〈사랑, 삶의 다른 이름〉 등을 펴냈다. 그는 정지용문학상(1993), 편운문학상(1996), 한국펜클럽 번역문학상(2009) 등을 수상하며 작품성을 인정받았다.

시인에게 병마가 찾아온 것은 퇴직 후인 2011년이다. 한쪽 다리에서 마비가 시작되어 서서히 상체로 올라왔다. 루게릭병 진단을 받고 자택에서 투병하다가 마비가 위와 폐까지 진행되면서 요양병원으로 옮겼고 그곳에서 2015년 사망하였다. 시인은 투병 중에도 시를 쓰며 작품집을 준비하여 마침내 유고 시집 〈잊혀질 권리〉가 2018년에 출간되었다.

이가림은 교수이면서 시인이라서 최고의 엘리트 문인이었다. 20대 초반에 등단해 거의 한평생 시를 썼는데 병상에 누워서도 휴대폰 메모장 글을 쓸 정도로 시작(詩作)에 애정이 많았다고 전해진다. 그는 발병 후 외부와 단절된 생활을 하였기에 그의 불편한 모습을 본 사람이 거의 없다. 이가림이 인생 최악의 시절을 견딜 수 있었던 것은 바로 시였다. 그는 잊혀질 권리를 주장하고 있지만 우리는 시인이자 예술 평론가로 인간의 양심을 일깨워 준 이가림을 잊지 못할 것이다(『솟대평론』 3호, 2018).

⑥ 자연을 닮은 시인 서정슬

서정슬은 1946년 교육자 집안의 맏딸로 태어나 유복한 환경에서 성장할 수 있었으나 중증뇌성마비로 인해 휠체어를 사용하는 것은 물론이고 언어장애도 심해 사회활동을 하는데 제약이 많았다. 서정슬은 학교교육을 전혀 받지 못했지만 어머니께서 동생들 숙제를 설명해 주시는 것을 들으며 한글을 익혀 글을 쓰기 시작했다.

동생들이 학교에 가고 나면 동생들이 보는 어린이 잡지를 읽었는데 서정슬은 동시를 읽을 때가 가장 행복했다. 자신도 동시를 지어 보곤 하다가 어느 날 자신이 학교와 학년을 쓰지 못하는 이유를 밝히며 투고를 한 동시가 1962년 『새벗』 10월호에 실려 실력을 인정받았다.

아동문학계의 쟁쟁한 윤석중, 어효선, 박홍근, 한정동, 장수철 작가들이 한 번도 만난 적이 없는 그녀의 작품을 1960년대 여러 지면에서 가끔씩 칭찬해 주었다. 이런 칭찬에 용기를 얻은 그녀는 글쓰기에 온 힘을 쏟았고 이렇게 해서 한 편, 한 편 모아진 시들이 시 노트로 한 권, 두 권 쌓여졌다.

서정슬의 시노트를 그녀가 활동하던 가톨릭 공동체의 수녀님이 홍윤숙 시인에게 보여 준 것이 계기가 되어 1980년 〈어느 불행한 탄생의 노래〉라는 시집이 세상에 나오게 되었다. 그녀의 말에 의하면 34년 만에 받는 축복이었다.

서정슬의 시집을 본 아동문학가 윤석중 선생은 1982년 『새싹문학』 가을호에 동시 40여 편을 실었다. 그것이 계기가 되어 제10회 새싹문학상이 그녀에게로 돌아갔다. 그녀는 당당히 아동문학가 명단에 이름을 올렸고, 꾸준히 작품 활동을 계속하여 7권의 시집을 발간하며 아동문학가로 자리를 굳혔다. 서정슬 동시는 초등학교 2학년 국어 교과서에 동시 '눈 온 날', 초등학교 5학년 음악 교과서에 곡이 붙여진 동시 '오월에', 초등학교 6학년 국어 교과서에 동시 '장마 뒤', 중학교 2학년 음악 교과서에 곡이 붙여진 동시 '가을 편지'가 수록될 정도로 서정슬은 사회적으로 인정받은 작가이다.

2000년대에 들어서면서 건강이 나빠져서 작품 활동이 뜸해졌다. 그녀는 연필조차 손에 쥘 수가 없었는데 설상가상으로 든든한 버팀목이었던 어머니가 세상을 떠나 심신이 지칠대로 지친 그녀는 그 무렵 완전히 창작 활동을 멈추게 되었다.

경기도 광주에 있는 요양원에서 노년을 보내는 그녀에게 『솟대문학』에서 그녀의 대표작과 미발표작을 모아 동시집 〈나는 빗방울, 너는 꽃씨〉(도서출판 솟대, 2013)를 출간하였는데 그로부터 2년 후인 2015년 서정슬은 조용히 세상을 떠났다(『e美지』 통권 2호, 2016).

⑦ 세태를 풍자하며 사랑받던 이호광(『솟대문학』 통권 53호)

이호광은 1950년 대전에서 태어났다. 1978년 『시문학』에 '부활', '세상'이 추천되고, 1983년 『시조문학』에 '돌밭에서', '허무행초'가 추천을 받아 문단에 데뷔했다. 그 후 그는 대중들과 호흡하는 작품을 주로 발표했다. '밥', '요즘 세상', '못 견디는 일' 등 일상 속에서 재치와 깨달음을 발견하는 시들이 많다.

그는 시로 못다 전한 이야기들을 에세이로 쓰기 시작했는데 〈말빨〉, 〈농담: 대통령을 웃긴 죄〉 등을 발표하면서 정치 풍자를 하며 세상의 주목을 받았다. 그 후 세태풍자집 〈고스톱 공화국〉 시리즈가 공전의 히트를 치면서 인기 작가로 급부상하였다.

방송에 출연하여 입담을 보여 주면서 1990년대 가장 영향력 있는 작가였지만 그가 장애인이라는 것은 잘 모른다. 소아마비로 다리를 약간 저는 정도의 장애를 갖고 있었기 때문이다.

한국문인협회 경기도지부 이사, 한국시조시인협회 이사, 경기문학인협회 부회장 등을 역임했고, 동인지 『사계문학』 주간을 맡아 보기도 했다. 1991년 제3회 경기예술대상을 수상했고, 1999년 제2회 오늘의경기문학인상 본상을 수상하며 활발히 활동하던 이호광은 2003년 간암으로 별세했다.

⑧ 문학의 숲을 거니는 장영희

장영희는 1952년 서울대학교 영문학과 장왕록 교수의 차녀로 태어났다. 그녀는 1975년에 서강대학교 영문학과를 졸업하고, 1977년에 동 대학원에서 석사 학위를 취득했으며, 1985년에 「19세기 미국 작가들의 개념세계와 현실세계 사이의 자아여행(Journeys between Real and the Ideal)」이라는 논문으로 뉴욕 주립대학교에서 박사 학위를 받았다.

1985년부터 모교인 서강대학교 영어영문학과 교수로 재직하였으며, 코리아 타임즈와 중앙일보 등 주요 일간지에 칼럼을 기고하였고, 한국호손학회와 한국마크트웨인학회 등에서 이사로 활동하였다. 2006년 동아일보 '동아광장'의 집필진으로 참여하였고, 고등학교 영어 교과서를 집필하였다.

장영희가 유학을 간 것은 박사과정 입학이 어려웠기 때문이라고 후에 밝혔는데 이것으로 한국의 장애인차별이 얼마나 심각했는지 알 수 있다. 그래서인지 장영희 교수의 인권의식은 아주 강했다. 2001년 하버드대학교 방문교수로 있었을 때, 당시 거주했던 아파트의 엘리베이터가 고장이 나서 그녀는 3주 동안 목발을 짚고 7층까지 힘들게 계단을 오르내려야 했다. 그녀는 그 아파트를 관리하던 부동산 회사를 상대로 투쟁하여 사과와 함께 보상을 받아 냈다. 언론사 '보스턴 글로브'는 이 이야기를 머리기사로 소개했고, NBC TV와 지역 방송들도 앞다투어 소개하였다.

2001년에 유방암 선고를 받고 3번의 수술과 방사선 치료를 받으며 완치되었으나 2004년 척추에서 암이 발견되어 다시 투병하여 2006년에 회복되었다. 그러나 2008년에 간암으로 번져서 치료를 받았다가 2009년에 눈을 감았다. 이렇게 세 차례나 암이 발병하였으나 희망을 버리지 않았고, 투병 중에도 〈살아온 기적, 살아갈 기적〉을 펴낸 진정한 작가이다. 저서로 〈생일〉, 〈축복〉, 〈문학의 숲을 거닐다〉, 〈내 생애 단 한 번〉 등이 있다(방귀희, 〈장애인문학론〉, 2019, 솟대).

⑨ 7개의 학위를 가진 이원규

이원규는 1960년 충남 예산에서 태어나 고려대학교 국문학과와 영문학과를 졸업했다. 향학열이 남달랐던 그는 2004년 성균관대학교 대학원 국문학과에서 현대문학 전공으로 박사 학위를 받기까지 20여 년 동안 총 7개의 학위를 받았다.

그는 1985년부터 20년간을 서울 혜화동에 있는 동성고등학교에서 영어

교사로 재직하며 1993년 박재삼 시인 추천으로 문예지에 '매미', '강물이 어두워져' 등의 시를 발표하여 데뷔한 후 동인지 『내일의 시』 등에서 동인 활동을 했다.

1999년 이원규는 혀가 제대로 움직이지 않아 집 근처 이비인후과에서 치료를 받았지만 별다른 차도가 없어 종합병원으로 갔는데 그곳에서 루게릭병이라는 진단을 받았다. 그는 방황은 했지만 마음을 다잡고 학업에 열중하였다. 공부는 그에게 살아야 할 이유가 되어 주었다.

박사 학위 논문을 준비하며 2003년 초 병세가 악화되었지만 논문은 포기하지 않았다. 참고자료를 바닥에 펼쳐놓고 두 발로 책장을 넘기며 오른손 검지와 중지만으로 논문을 작성했다. 그러다 검지도 쓸 수 없게 돼 중지만으로 논문을 써내려 갔다.

그의 박사 논문 「한국시의 고향 의식 연구」는 정지용·오장환·백석 등 1930~40년대 시인들의 고향 의식을 주제로 하고 있다. 그는 발병 후 한국루게릭병연구소와 인터넷카페 루게릭병 네트워크 사이트를 운영하면서 루게릭병 환자들을 돕는 활동을 하였다. 자전적 에세이 〈굳은 손가락으로 쓰다〉(2009)를 발간하여 화제가 되었는데 언론에서는 그를 '국문학의 호킹 박사'라고 불렀다.

그의 이야기는 2009년도에 개봉된 김명민 주연의 영화 〈내 사랑 내 곁에〉의 모티브가 되어 루게릭병을 세상에 알리는데 큰 역할을 했다. 루게릭병이 점점 더 진행되어 숨조차 쉬기 어려워진 이원규는 2016년 조용히 세상을 떠났다(『솟대평론』 3호, 2018).

⑩ 산골 소녀로 살다 간 김옥진

김옥진은 1961년 전라북도 고창에서 태어났다. 여고 2학년 겨울방학을 앞둔 어느 날 동네 성곽에 올라가 친구들과 사진 촬영을 하다가 추락사고로 목뼈를 다쳐 전신마비장애를 갖게 되었는데, 깊은 산골이라 재활치료 한번 받지 못하고 엎드려 누워 생활하는 처참하고 지루한 시간 속에서 자신의 마음을 짧은 글로 표현하며 시를 쓰기 시작하였다.

그녀의 사연이 KBS라디오 방송에 소개되었는데 뇌졸중으로 장애를 갖게 된 랑승만 시인이 그 방송을 듣고 고창까지 찾아가 산골 소녀의 시노트를 시집 〈산골 소녀 옥진이 시집〉으로 출간(1987)할 수 있도록 도와주었고, 시집 발간 소식이 언론을 통해 세상에 알려지면서 100만 부가 팔렸다. 당시는 장애인이 글을 쓴다는 것이 화제가 되어 김옥진에게 많은 관심과 지지를 보내 준 덕분에 그녀는 산골에서 벗어나 서울 생활을 하게 되었다.

  김옥진은 1993년 『시문학』을 통해 시인으로 데뷔하고, 시집 〈산골 소녀 옥진이〉, 〈끝내 나를 버리시나이까〉, 〈이렇게 살면 이쁘게 보이나요〉, 〈용복마을의 겨울〉, 〈침묵 그리고 반란〉, 〈배추꽃과 배추흰나비〉, 〈애기똥풀과 보리깜부기〉, 〈풀씨 하나 세상에 나와〉, 〈무덤새〉, 수필집 〈깊은 곳으로 가는 길목〉, 〈진아의 방〉 등을 발간하며 왕성한 활동을 하였지만 2009년 이후는 활동이 거의 없었다. 원고 청탁 한번 없는 문학계에 깊은 좌절감을 느끼며 칩거 생활을 하다가 2015년 여름 방광암 진단을 받고 2016년 세상을 떠났다(『e美지』 창간호, 2016).

(2) 문학작품 분석

  본 연구에서는 1900년대 초기부터 2020년 이전까지 대중적인 인지도를 갖고 활동했던 장애문인으로 고인이 된 분들을 대상으로 하였기에 시대별로 어떤 환경 속에서 어떤 문제 의식을 갖고 활동하여 사회에 어떤 영향을 미쳤는지 살펴보면 문학 활동의 특징이 잘 드러난다.

시대	작가군	시대 환경	사회적 관점	개인적 관점	영향
일제강점기와 한국전쟁	서덕출, 구본웅, 권오순	국가 혼란	상애를 드러내지 않고 실력으로 인정	해방, 역사, 자연	교훈적
산업화 시기	이선관, 이가림, 서정슬, 이호광	경제성장	개인의 노력으로 문단 활동	환경, 사랑 자연, 세태	문학적 가치
현대화 시기	장영희, 이원규, 김옥진	민주화	장애인 복지	의지, 희망	장애인 인식개선

〈표2〉 시대별 문학 활동 특징

일제강점기와 한국전쟁이라는 국가 혼란기에 활동했던 서덕출, 구본웅, 권오순은 장애를 드러내지 않고 실력으로 인정을 받았다. 이 시기 작가는 해방이라는 큰 목표와 자연의 섭리를 노래하며 독자들에게 큰 교훈을 주었다.

전쟁의 폐허 속에서 다시 일어나기 위해 경제성장에 힘쓰던 산업화 시기에는 이선관, 이가림, 서정슬, 이호광이 활동을 했었는데 이때는 개인의 노력으로 문단 활동을 하며 대중과 소통하였고 작가들의 관심사는 환경, 사랑, 자연, 세태로 그들의 작품은 문학적 가치를 인정받았다.

산업화 시기를 지나면 민주화로 장애인 복지가 발전하던 시기이다. 이 시기에 장영희, 이원규, 김옥진이 활동하였는데, 개인적 관심은 장애를 받아들이며 살아가는 의지와 희망으로 이들의 활동은 장애인에 대한 인식개선에 큰 영향을 미쳤다.

연구 대상자 10명 가운데 시를 썼던 시인 7명의 작품을 소재와 주제를 중심으로 분류하면 자연, 사회, 인생으로 범주화되는데 각각 어떤 특징을 보이고 있는지 탐색해 보면 다음과 같다.

① 자연

시 특히 동시에서 가장 중요한 소재가 되는 것은 자연이다. 서덕출, 권오순, 서정슬 작품에 자연을 노래한 동시가 많은 것은 장르가 동시인 것도 있지만 어린 시절 장애 때문에 또래 친구들과 어울려 노는 대신 마당의 꽃밭에서 자연을 벗 삼아 소일을 했기 때문이다.

봄 편지/서덕출

연못가에 새로 핀/버들 잎을 따서요
우표 한 장 붙여서/강남으로 보내면
작년에 간 제비가/푸른 편지 보고요
대한 봄이 그리워/다시 찾아옵니다

서덕출의 대표작 '봄 편지'는 버들잎 편지는 비록 약하기 그지없지만 강남에 보내면 희망 가득한 푸른 편지를 보고 대한제국의 평화로웠던 시절이 그리워서 강남 갔던 제비가 다시 찾아온다고 하여 자연의 섭리를 거스를 수가 없기에 반드시 나라를 되찾을 수 있다는 독립의 강한 의지를 담고 있다. 그래서 '봄 편지'에 윤극영이 곡을 붙여 많은 사람들이 즐겨 불렀던 것이다.

눈꽃송이/서덕출

송이송이 눈꽃송이 하얀 꽃송이/하늘에서 내려오는 하얀 꽃송이
나무에도 들판에도 동구 밖에도/골고루 나부끼네 아름다워라

서덕출은 사후에 유고집을 냈으나 '봄 편지' 외에는 많이 알려지지 않았다. '눈꽃송이'라는 시를 감상해 보면 하늘에서 내리는 눈을 꽃망울에 비유하여 눈꽃송이라고 하였고, 1연에서는 동구 밖이 눈꽃송이로 2연에서는 자기 집 마당이 눈꽃송이로 뒤덮인 아름다운 모습을 노래하고 있다. 서덕출은 자연은 골고루 차별 없이 아름다움을 선물하고 있다고 하면서 자연의 평등관을 찬양한다. 이 역시 나라 잃은 민족이 겪었던 불평등을 꼬집고 있다고 볼 수 있다.

하늘과 바다/권오순

하늘에도 달이 뜨고/바다에도 달이 떴디
반달 같은 쪽배는/물 위에 둥둥
쪽배 같은 반달은/하늘에 둥둥

권오순의 등단작은 바로 '하늘과 바다'이다. 14세 때 소파 방정환 선생이 발행하던 어린이 잡지 『어린이』 1933년 여름호에 실렸던 동시인데 밤하늘에 뜬 달이 바다에 비춰져 물 위에도 달이 떴다며 반달은 쪽배로, 쪽배는 반달로 각각의 위치에서 둥둥 떠 있다고 하였다. 어린이 감성뿐만 아

니라 어른의 감성도 고개를 끄덕이게 한다. 소재는 자연이지만 사람들도 이렇게 서로 위치는 달라도 서로 같은 모습을 하고 살고 있다는 사실을 일깨워 준다.

구슬비/권오순

송알송알 싸리잎에 은구슬
조롱조롱 거미줄에 옥구슬
대롱대롱 풀잎마다 총총총
방긋웃는 꽃잎마다 솔솔솔

1937년 『가톨릭소년』에 발표한 '구슬비'는 비가 온 다음 싸리잎, 거미줄, 풀잎, 꽃잎에 맺힌 물방울 모습을 의태어와 의성어로 표현한 최고의 작품이다. 지금까지 동요로 널리 부르고 있지만 그 노랫말 시인이 장애문인이라는 사실은 필자도 『솟대문학』을 하면서 알았다.

장마 뒤/서정슬

엄마가 묵은 빨래/내다 말리듯
하늘이 구름 조각/말리고 있네
오랜만에 나온 햇볕이/너무 반가워

서정슬은 중증의 뇌성마비장애로 사회활동을 거의 하지 못했다. 하지만 서정슬의 작품을 아동문학 원로들이 칭찬을 아끼지 않았다. 서정슬이 누구인지도 모르면서 서정슬 작품만 보고 작품평을 했던 것이다. 교과서에 6편의 동시가 실렸다는 사실 하나로 서정슬의 실력은 입증이 된다.

'장마 뒤'에서 그녀는 긴 장마 때문에 빨래를 말리지 못했던 엄마가 해가 뜨면 서둘러서 마당에 맨 빨랫줄에 빨래를 가져다 널던 유년의 추억을 떠올리며 장마가 멈춘 후 쨍하고 해가 뜨자 파란 하늘이 장마에 떴던 회색 구름을 말리고 있다고 노래하였다.

바람/서정슬

바람이 그네를 타고 있어요/창가에 달아 놓은 파란 발에서
바람이 줄넘기를 하고 있어요/내 키도 닿지 않는 빨랫줄에서
바람이 물놀이를 하고 있어요/나뭇잎을 연못에다 동동 띄우고
바람이 숨바꼭질하고 있어요/꽃나무와 잎 사이로 뛰어다니며
바람도 나처럼 심심한가 봐/여기저기 장난치며 돌아다녀요

서정슬의 '바람'은 바람의 움직임을 그네, 줄넘기, 물놀이, 숨바꼭질에 비유를 했는데 이런 시심은 세밀한 관찰에서 나온 것이다. 바람이 심심해서 이리저리 장난을 치고 다닌다고 하면서 시인 자신도 외롭다고 고백하며 바람을 다독여 주고 있다.

② 사회

산업화 시기에 접어들면서 경제성장을 앞세워 인간을 노동의 도구로 생각하는 자본주의의 폐해가 나타났다. 그래서 인권 침해가 심각한 수준이었는데 이때 환경문제와 사회적 세태를 풍자하는 시들이 나타난다. 가장 대표적인 시인이 이선관이다.

만일 통일이 온다면 이렇게 왔으면 좋겠다/이선관

여보야/이불 같이 덮자/춥다
만일 통일이 온다면/따뜻한 솜이불처럼/왔으면 좋겠다

시인은 통일에 대한 소망을, 추우면 사랑하는 아내와 이불을 같이 덮듯이 만일 통일이 온다면 따뜻한 솜이불처럼 아무런 격의 없이 같이 누릴 수 있게 왔으면 좋겠다고 노래하였는데 오늘을 사는 우리도 통일이 그렇게 신뢰 속에서 편안하게 오기를 바라고 있다.

지구촌의 빛/이선관

산은 더 자라지 않고/강은 더 흘러가지 않네
밤하늘의 별들은 산성 구름에 가리어/빛을 잃어가고
밤하늘의 별들이 빛을 잃으면/별의 모습이 아니듯이
지구촌의 우리들도 빛을 차츰/잃어가고 있네

이선관의 '지구촌의 빛'은 환경문제를 다룬 시이다. 산업화로 도시 곳곳에 공장이 세워지자 폐수로 강이 멈추고, 쓰레기로 산이 멈추고, 매연으로 별들이 빛을 잃어 버리는 등 지구촌이 병들어 가고 있다고 하였는데 급격한 기후 변화와 미세먼지로 고통당하고 있는 오늘의 현실을 시인은 예견하고 있었던 것이다.

유언/이호광

죽거든/가슴을 열어 봐 다오
아직/타다 남은 불씨가 있거든 비벼끄고
백지 한 장 덮어 다오

죽거든/가슴을 열어 봐 다오
아직/마르지 않은 눈물이 있거든
손수건 한 장 덮어 다오

아들아/죽거든/가슴을 열어 봐 다오

이호광은 시로 등단을 하였고, 작가 자신도 시에 애정을 갖고 있었기에 시가 전문가들의 전유물이 되어 대중화되지 못하는 것을 안타까워하였다. '유언'이라는 시는 그저 읊조리듯이 편안하게 속삭이며 독자의 마음을 움직이게 한다.

인간이 이승에서 마지막으로 남기는 말이 유언인데, 죽은 후 가슴을 열어 봐서 타다 남은 불씨를 끄고 마르지 않은 눈물을 닦아 달라고 하는 것은 삶에 대한 회한이 남아 있음을 뜻한다. 누구나 가슴에 열정과 아픔으로 희망을 갖기도 하고 후회도 하며 살고 있다.

사랑이란 말 때문에/이호광

버릴 거/다 버렸습니다
사랑이란 말 때문에
바칠 거/다 바쳤습니다
사랑이란 말 때문에
마침내 우리는/너무나 많은 것을 잃었습니다
사랑이란 말 때문에

이호광은 사회문제를 사랑으로 포장하는 재주가 뛰어나다. 사랑이란 말 때문에 버릴 것 다 버리고, 바칠 것 다 바쳐서 너무나도 많은 것을 잃었다며 시인은 부강한 나라를 만들어야 한다는 애국심에 젊은 청춘들의 자유를 속박하고 노동을 착취한 산업화 시기의 희생을 꼬집고 있지만 사랑에 배신당한 사람의 허탈함처럼 보이기 때문에 시인은 필화를 피할 수 있었던 뛰어난 마술사이다.

③ 인생

잊혀질 권리/이가림

어린 날/물수제비뜨기의/가뭇없이 가라앉은/조약돌인 듯
후미진 마을의 오두막/홀로 조는/등잔불인 듯
캄캄한 밤/으악새 우거진 골에/떨어진/한 조각 운석인 듯
촉촉한 흙에/반쯤 묻힌/보리씨인 듯
나 그렇게/없어진 있음으로/조용히/지워지고 싶어

이가림은 투병 중에 시를 정말 열심히 썼다. 그가 진정으로 원했던 것은 잊혀질 권리인 듯하다. 이가림이 투병 중이라는 소식을 접한 사람마다 어

쩌다 그 지경이 되었느냐며 연민에 찬 관심을 보였는데 그는 그 관심이 죽기보다 더 아팠다.

그래서 조약돌인 듯, 등잔불인 듯, 운석인 듯, 보리씨인 듯 그렇게 미미한 존재로 지워지고 싶다고 잊혀질 권리를 주장하였다. 하지만 없어진 있음이라고 하여 존재 자체를 부인한 것이 아니니 우리는 그의 작품을 감상할 권리가 있다.

내 이름은 게(蟹)/이가림

한사코 바다에 가닿으려고/게거품을 물고/오늘과 싸우지만
허우적거릴수록 더 깊이/발목이 빠져들어 가는 뻘밭
그래도 먼 데서 들려오는 밀물 소리/신기루 같은 수평선이/보이는 한
이 오체투지의 길을/가야만 하는 것
비록 호시탐탐 노리는 어부들의 그물에/꼼짝없이 걸린다 해도
내 이름이 게(蟹)이므로/진흙 바닥에 엎드려 기어가는
이 낮은 포복의 일기를/쓰지 않을 수 없는 것
내 발이 남기는 자취는/알 수 없는 상형문자의 시가 결코 아니다
이건 하루의 투쟁 기록/한 치도 틀림없는/눈물겨운 보고서다

이가림은 장애를 갖게 된 자신의 모습을 진흙바닥에 엎드려 기어가는 게에 비유하였다. 그는 낮은 포복의 일기를 쓰는 것은 하루를 투쟁하듯이 산 기록을 남기고 싶은 작은 소망에서기에 자신의 시를 눈물겨운 보고서라고 하였다. 시인은 투병 중인 자기 모습을 숨기려는 의도는 없고, 하루하루 마비되어 가는 자신의 몸과 자신이 어떻게 투쟁하였는지를 남기고 싶어했다는 것을 알 수 있다.

이가림은 68세에 루게릭병이 발병하여 4년 동안 투병을 하다가 온몸과 내부 장기까지 마비되는 고통을 경험하고 세상을 떠났지만, 김옥진은 18세 한창 나이에 추락사고로 전신마비장애인이 된 후 엎드려 누운 자세로 37년 동안 장애와 함께 살며 처음에는 분노하다가 나중에는 수용하며 편

안한 마음으로 세상과 작별하였다.

1987년에 발간한 첫 시집 〈산골 소녀 옥진이 시집〉에 실린 '기도'라는 시는 인생을 달관한 듯한 비움과 용서 그리고 사랑을 약속하며, 바람조차 스스로 막지 못하는 육체이지만 선(善) 앞에서는 강해지는 자신이 되고 싶고 겸허하게 살고 싶다는 소망을 담은 작품이다.

기도/김옥진

소유가 아닌 빈 마음으로 사랑하게 하소서
받아서 채워지는 가슴보다/주어서 비워지는 가슴이게 하소서
지금까지 해 왔던 내 사랑에/티끌이 있었다면 용서하시고
앞으로 할 내 사랑은/맑게 흐르는 강물이게 하소서

위선보다 진실을 위해/나를 다듬어 나갈 수 있는 지혜를 주시고
바람에 떨구는 한 잎의 꽃잎일지라도/한없이 품어 안을
깊고 넓은 바다의 마음으로 살게 하소서
바람 앞에 스러지는 육체로 살지라도/선(善) 앞에 강해지는 내가 되게 하소서
크신 임이시여/그리 살게 하소서

철저한 고독으로 살지라도/사랑 앞에 깨어지고 낮아지는
항상 겸허하게 살게 하소서 크신 임이시여

책이 나온 지 20년 후 김옥진 시 '기도' 표절 사실을 한 독자에 의해 알게 되었다. 김옥진이 **표절**자인 변*인 시인에게 이메일로 표절 사실을 알리자 변 시인도 자신의 표절 사실을 이메일을 통해 시인했다. 2007년 1월 18일에 김옥진 시인에게 온 변*인 시인의 메일에 이런 내용이 있다.

-김옥진 님의 책을 직접 접하진 않았지만 언젠가 김옥진 님의 좋은 시를 접하여 외웠고 오랜 시간이 지나 제것화되어 착각을 한 듯합니다. 사과드립니다-

변*인 시인은 차후에는 좀 더 세심한 주의를 기울이겠다고 하면서 다음 출판 때는 이 시를 삭제하도록 하겠다는 약속까지 했다. 변*인 시인은 사회활동을 활발히 하는 여성 지도자로 사회적인 존경을 받고 있던 인물인데, 그런 사람이 장애인의 시를 표절한 것은 사회 지도층의 도덕불감증에서 나온 발상이다.

풍선/김옥진

바람 타고 둥둥/소풍을 간다
별이 된 내 동생/업어 주려고
달이 된 울 엄마/태워 주려고
구름다리 건너/하늘로 간다

김옥진은 암 선고를 받고 자신의 죽음을 예감하면서 풍선이라는 동시를 지었다. 죽음으로 풍선이 되어 바람을 타고 떠나는 소풍이라고 하였다. 구름다리를 건너 하늘로 가는 즐거운 소풍말이다. 하늘나라에 가면 장애의 옷을 훌훌 벗어던지고 별이 된 동생도 업어 주고, 달이 된 엄마도 바람에 태워 줄 것이라며 그리운 이들과 만나는 소풍이라고 하여 죽음을 의연하게 맞이하고 있다는 것을 알 수 있다.

2) 소설 분야 장애문인

장애문인 가운데 소설가가 수적으로 적은 상태이지만 장애인소설가가 문학에 미친 영향이 크기에 우리나라를 대표하는 장애인소설가 10인을 통해 그 특징을 분석하여 장애인소설가의 창작 활동에 영향을 주는 저해 요인을 탐색하였다.

장애인소설가 10인[시]은 신춘문예를 비롯한 각종 문학상 수상으로 등단한 소설가에 방송드라마 집필 작가까지 포함하여 10년 이상의 경력을 가진 장애인작가로 선정하였다. 장애인소설가 10인의 인구사회학적 특징은 〈표 3〉과 같다.

참여자＼특징	장르	성별	출생 년도	장애 유형	등단 유형	장애 원인
강종필	추리	남	1960	지체장애	신춘문예	소아마비
고정욱	아동문학	남	1960	지체장애	신춘문예	소아마비
김금철	소설	남	1954	지체장애	문학상	철도사고
김미선	소설	여	1955	지체장애	문학상	소아마비
김재찬	소설	남	1958	지체장애	문학상	뇌성마비
김환철	무협	남	1956	지체장애	신문연재	척수질환
우창수	희곡	남	1972	지체장애	방송집필	뇌성마비
이용석	소설	남	1967	지체장애	문학상	소아마비
이승영	추리	남	1963	지체장애	문학상	근육병
주영숙	소설	여	1949	지체장애	문학상	소아마비

〈표3〉 장애인소설가 10인의 인구사회학적 특징

남성 작가가 80%이다. 소설을 남성이 더 잘 쓰기 때문일까? 절대로 그렇지 않다. 여성 장애인은 남성 장애인에 비해 사회에서 뿐만 아니라 가정 내에서도 뭔가를 할 수 있는 여건이 안 될 정도로 많은 제약을 받고 있다는 반증이다.

보장구를 사용하지 않고 크게 표시나지 않게 걸을 수 있는 사람은 주영숙 한 명뿐이고 나머지 9명은 모두 중증장애인이다. 그 이유는 장애가 심해서 사회활동이 어려운 상태에서 자신의 정체성을 찾기 위해 선택한 것이 문학이기 때문이다. 그래서 문학은 그들의 마지막 생명 줄이다.

공교롭게도 장애인소설가 모두 지체장애인인 것은 지체장애인 수가 전체 장애인의 60%를 차지할 만큼 수적으로 많은 것도 이유가 되겠으나 그보다는 시각장애나 청각장애는 장애 특성상 방대한 작품을 구상하고 표현하는데 어려움이 있기 때문인 것으로 판단된다.

10인의 생애사를 문학적 측면에서 요약하여 한국 장애인소설가의 삶을 들여다보고자 한다.

① 강종필-황금의 잔을 들고

강종필은 소아마비로 휠체어를 사용하는 중증의 장애를 갖고 있고, 전라북도 무주라는 시골 환경은 그에게 정규 교육의 기회를 주지 못하여 독학으로 공부를 하였다. 그가 공부하는 방식은 독서였다. 독서는 그를 문학으로 인도하였다. 그리하여 강종필은 27세에 1990년 동아일보 신춘문예 희곡 부문에 '황금의 잔'이 당선되어 그의 문학성을 인정받았고, 1993년에는 〈도시의 유혹〉으로 제9회 한국추리문학 신예상을 수상하여 추리문학계의 주목을 받게 된다.

그의 저서 〈길이 시작되자 여행은 끝나다〉, 〈안개는 도시에 머물고〉, 〈삼각의 종점〉, 〈바그다드의 불꽃〉, 〈제4의 선택〉, 〈도시의 유혹〉, 〈황금골무 상·하〉 등은 추리문학으로 많은 독자를 갖고 있다.

그를 세상 밖으로 나오게 한 신춘문예 작품 희곡 '황금의 잔'은 1990년 샘터 파랑새 극장에서 공연되는 등 작가로서의 입지를 굳히는 듯하였지만 치열한 문학생태계에서 버티지 못해 1996년 무협에 도전하였으나 새로운 분야를 개척하는데 어려움이 있어 크게 빛을 보지 못하였다. 현재는 건강이 좋지 않아서 작품 활동을 못하고 있다.

② 고정욱-어린이들의 대통령

고정욱은 소아마비로 1급 지체장애 판정을 받았다. 의사가 되기 위해 의대에 입학하려고 하였으나 장애 때문에 입학 거부를 당해 국어국문학과로 진로를 바꾸었다. 성균관대학교 국어국문학과에서 학사, 석사 그리고 박사 학위를 취득한 후 그는 교수가 되기 위해 대학에 문을 두드렸다. 그러나 장애가 여전히 그의 발목을 잡았다.

큰 좌절감에 빠져 있을 때 그를 구원해 준 것은 문학이었다. 1992년 문화일보 신춘문예에 실험소설 '선험'이 당선되어 문단에 데뷔한 후 〈원균 그리고 원균〉 등의 역사 소설을 썼다.

친구들이 '너희 아빠는 장애인이잖아.'라는 말을 듣고 고개를 떨구고 집으로 들어온 아들을 보며 장애인에 대한 인식을 바꿔 주기 위하여 장애를 소재로 한 동화 〈아주 특별한 우리 형〉을 1999년에 발표하였는데 그 작품이 화제가 되면서 장애인동화에 대한 관심이 늘어났다. 그 후 〈안내견 탄실이〉, 〈가방 들어 주는 아이〉 등이 베스트셀러가 되었다. 고정욱은, 장애인작가는 경쟁력이 없다는 사회적 통념을 깨고 인기 작가로 당당한 성공을 이끌어 냈다.

출판 계약이 밀려들어 그는 어느덧 다작 작가가 되었다. 그는 500권의 단행본을 발표하겠다는 목표로 지금도 열심히 집필을 하고 있다.

③ 김금철-여자가 없는 나라에 사는 남자

1973년 철도 공무원으로 철야근무 중 전기기관차에 부딪히는 사고로 김금철은 열아홉의 나이에 목뼈 골절로 전신마비장애를 입었다. 당시 정년퇴직을 앞두고 있던 분소장은 무사고 정년퇴직을 위해 사고 보고를 미뤘고 나중에는 관련 부처의 책임 떠넘기기로 다투는 통에 그는 산업재해로 인정받지 못했다. 게다가 공무상 요양신청도 받아들여지지 않아서 본인 의사와 상관없이 직권면직 처분을 받았다.

남은 생을 누운 상태로 살아가야 한다는 것을 알게 된 그는 외부와의 접촉을 거부하고 혼자 방 안에 틀어박혀 극심한 공포와 신경쇠약에 빠져들었다. 여러 차례의 극한 시도를 하기도 했지만 소설책을 읽으며 평정을 되찾게 된 그는 그 후 닥치는 대로 소설을 읽었다. 10년쯤 되었을 무렵 김금철은 배 위에 타자기를 올려놓고 소설을 쓰기 시작하였다.

전기사무소에 근무했던 경험을 소재로 쓴 작품 '선로사고'로 1989년 동양문학상 신인상을 받았고, 1991년 동양문학상 본상을 받아 소설가로 등단한 후 〈허기와 성〉, 〈그대, 소망하는 것이라면〉, 〈키 작은 미국인〉, 〈여자가 없는 나라〉 등의 단행본을 발간하였지만 책이 대중에게 많이 알려지지는 않았다.

④ 김미선-그녀가 사는 세상

김미선은 경남 밀양에서 태어났다. 소아마비로 목발을 사용하는 그녀는 아이들의 아픔을 쓸어 주고 보듬어 주는 국어 교사가 되는 것이 꿈이었고, 글을 쓰는 작가가 되고 싶어 국어국문학을 전공하고 교사가 되기 위한 준비를 열심히 하였다.

그런데 교사 임용고사에서 우수한 성적으로 합격하고도 교육공무원 신체검사에서 탈락되었다. 거제도에 있는 남자고등학교에서 일 년 남짓 기간제 교사 시절을 보낸 것으로 만족하며 서울에 있는 장애인 이용시설인 정립회관에서 상담교사로 근무하였다.

1994년에 『동서문학』 소설 부문 신인상으로 등단을 한 그녀는 한동안 작품에 열중하다가 닫힌 존재로서의 한계를 절감하고 장애인 운동에 뛰어들어 인권운동을 하였다.

이후 소박한 개인으로 돌아와 동네 공부방에서 글쓰기 자원봉사 교사를 하며, 작품 활동에 매진하였다. 작품으로는 『창작과 비평』에 발표된 '눈이 내리네' 외 중·단편 다수가 있고 단행본 〈그녀가 사는 세상〉, 〈눈이 내리네〉, 〈버스 드라이버〉가 있다.

그녀의 작품으로 장애인소설을 평론하는 논문이 두 편 발표되는 등 평론계에서 김미선을 주목하고 있다.

⑤ 김재찬-비틀거리며 채워지는 작품

김재찬은 충남 공주가 고향인 소설가이다. 1987년 월간 『문학정신』 창간 기념 장편소설공모에 '비어 있는 오후'가 당선된 김재찬이 뇌성마비장애로 온몸을 비틀며 어눌한 발음으로 수상 소감을 밝히는 모습은 그 당시로서는 충격이었다. 1994년 한국일보 신춘문예에 단편소설 '사막의 꿈'이 당선되어 소설가로 입지를 굳혔다. 주요 작품으로 〈비어 있는 오후〉, 〈지붕 위의 호수〉, 〈처용(處容)의 암호〉, 〈몽환(夢幻)의 하루〉, 〈붉은 섬〉, 〈벽화 속으로 가다〉, 〈바람이 있는 풍경〉, 〈지난 삶에의 추억은 묻지 마라〉 등이 있으며, 〈마침내, 다 이루었다〉, 〈남자는 어떻게 사랑을 하는가〉, 〈황홀한 모독〉 등 다수 장편소설이 전자책으로 출간되어 디지털 공간에서도 독자와 함께하고 있다. 그는 1997년 심훈문학상을 수상하였다.

⑥ 김환철-이야기산업의 신화를 쓰다

김환철은 초등학교 2학년 때 척수염으로 수술을 받은 후 하반신마비장애를 갖게 되었다. 두 다리로 뛰어다니던 아이가 갑자기 꼼짝도 할 수 없게 되자 만화책에 빠져 살았고 청년기에는 무협지에 탐닉하며 작가의 꿈을 키웠다. 그는 필명 금강(金剛)으로 1981년 무협소설 〈금검경혼: 金劍驚魂〉으로 입문한 후, 1983년 당시 금기시되던 중국 황궁을 배경으로 한 〈절대지존: 絶代至尊〉을 발표하여 공전의 히트를 쳤다.

일련의 풍운(風雲) 시리즈를 발표하면서 무협의 추리화를 선도하여 1987년에는 한국 창작무협사상 최초의 서점용 역사 무협소설 〈발해의 혼: 渤海의 魂〉을 출간하였는데 무협 최고의 판매부수를 기록하였다.

1996년 경향신문에 '위대한 후예', 1999년 일간스포츠 '대풍운연의' 연재로 무협을 대중화하는데 기여하였다. 2002년 소설 연재 사이트 'GO!武林(무림)'을 개설하였고, 2006년 '문피아'로 개명한 후 2012년 주식회사 문피아를 설립하여 현재 국내 최대의 문학사이트로 자리 잡았다.

2006년 한국대중문학작가협회를 창립하여 2015년 사단법인을 받아 문단의 새로운 파워를 갖게 되었으며, 2010년 한국콘텐츠진흥원 부설 스토리창작센터 초대 운영위원장, 2010년 한국콘텐츠진흥원 부설 스토리창작센터 전임교수로 대중작가를 양성하였다.

1981년 이후 수백 권의 작품을 발표하였는데 2016년 본격무협 소설 〈소림사〉를 완결하여 정통무협의 대가로 자리를 굳혔을 뿐 아니라 사업가로 성공하며 이야기산업의 신화를 썼다.

⑦ 우창수-전동 휠체어의 장자

4남매 중 막내로 태어난 그는 신생아 황달로 뇌성마비장애를 갖게 되었다. 네 살이 되어서야 간신히 앉을 수 있게 되었지만 그의 어머니는 아들 교육에 최선을 다했다. 등하교는 엄마 등에 업혀서 했고, 수업 시간에도 엄마의 손길이 필요했다. 어려서부터 시와 작문에 남다른 소질이 있었던 우창수는 자신이 작품을 쓸 때마다 학급 게시판에 붙여 주시던 선생님 덕분에 자신감이 생겼다.

그는 대학에서 철학을 전공하였다. 대학은 그에게 새로운 세계를 열어 주었다. 영화 동아리 활동을 하며 대학 축제 때 올려지는 연극은 거의 그의 손에서 희곡이 완성되었다. 그는 영화 시나리오에 관심이 많았지만 영화는 감독과 제작자에 의해 시나리오가 결정되고 불규칙한 작업이어서 방송드라마에 도전하였다.

그는 『숏대문학』에서 시와 희곡 2개 부문에서 추천완료를 받을 정도로 창작에 몰두하여 1996년에 제6회 숏대문학상 신인상을 수상하였다. KBS 라디오의 'KBS 무대'를 주무대로 다수의 방송드라마를 발표하였으며, MBC드라마넷 드라마 '별순검 시즌 3' 제7화 〈사단칠정〉에 참여하였다.

우창수는 소설에도 도전하여 단편소설 〈장자전: 莊子專〉, 〈대곤대붕: 大鯤大鵬〉, 〈쥐약〉, 〈전동 휠체어의 장자〉, 〈방울 소리〉 등이 있다.

⑧ 이용석-표절을 용서해 준 착한 글쟁이

이용석은 지체장애로 외부 활동이 많지 않았다. 그는 혼자 있는 시간은 주로 책을 읽었는데 20대 초반부터 독학으로 소설 공부를 하여, 20대 후반인 1995년 중편소설 '잠 없는 꿈'이 『작가세계』 신인작가상 최종심에 올랐고, 1997년 단편소설 '살아 있는 偶像(우상)'이 경향신문 신춘문예 예선을 통과하였다. 이후, 1998년 중앙일보 신춘문예에 이소정이란 필명으로 응모하여 '바리데기꽃'이 최종심에서 논의되었다. '탁월한 표현력과 깊이 있는 관찰로 높이 살 수 있는 작품이었지만, 소설의 주제나 기법이 너무 전통적이라는' 이유로 낙선되었다.

그러나 같은 작품으로 1998년 대한민국장애인문학상 소설 부문에 당선되었으며, 이듬해인 1999년 비로소 『월간문학』 신인상에 '지붕 위로 오른 닭'이 당선되어 문단에 등단하였다.

등단 이후에도 『숏대문학』 등을 통해 단편소설 '살아 있는 偶像(우상)', '혼걸이굿', 중편소설 '잠 없는 꿈' 등 다수 작품을 발표하였다.

⑨ 이승영-추리소설에서 존재를 찾다

이승영은 강원도 화천에서 출생하였는데 근육이 점점 마비되는 진행성 질병인 근육병으로 정규 교육을 받지 못하고 책을 통해 혼자서 공부를 하였다. 그는 추리소설을 흥미롭게 읽으며 습작을 하였는데 그의 나이 28세이던 1991년 장편추리소설 〈미스코리아 살인 사건〉이 제2회 김내성 추리문학상에 당선되는 결실을 맺었다. 이 소설은 한국미스터리클럽 선정 제1회 추리문학 독자상을 그에게 안겨 주었다.

그 후 추리소설 〈코리언시리즈 살인 사건〉, 〈죽음을 부르는 펜 끝〉, 〈낙원의 쿠데타〉, 〈위험한 내일〉, 아동추리창작집 〈명탐정 비밀수첩〉, 〈포켓몬스터 스티커 사건〉 등의 작품을 발표하였다.

〈98올해의 추리소설〉 중 이승영 작품 '몰래카메라', 올해의 추리소설(2007) 〈안개 속의 살인〉 중 이승영 작품 '인간의 덫', 〈한국추리소설걸작선 2〉(2012) 중 이승영 작품 '살인의 가치', 2015 올해의 추리소설 〈1973년 여름, 베를린의 안개〉 중 이승영 작품 '어떤 살인 사건'이 포함되는 등 추리소설계에서 존재감 있는 작가로 활동하였다.

⑩ 주영숙-사설시조 소설의 개척자

주영숙은 거제도에서 태어나 소아마비로 오른쪽 다리가 가느다란데다 발뒤꿈치가 바닥에 닿지 않아 발끝으로만 걷는다. 그녀는 수줍음이 많은 문학소녀였다. 1968년 고등학교를 졸업하고 무작정 섬을 탈출하여 서울행 열차에 몸을 실었다. 서울 변두리에서 시작한 타향살이는 고달팠다. 우선 먹고 자는 문제를 해결하기 위해 편물 가게에 취직을 했다. 뜨개질은 물론 청소까지 도맡아 해야 했다. 다행히 손재주가 있어서 편물, 자수, 그림 등 그녀의 손은 마술을 부리듯이 모든 일을 척척 해냈다. 그녀는 서울행 열차에서 운명적으로 만난 남자와 결혼을 하였는데 남편의 직업이 표구사여서 결혼 후에는 주로 그림을 그렸다. 그리고 틈틈이 시를 쓰고, 하고 싶은 이야기는 소설로 썼다.

자신의 작품을 평가받고 상금도 받을 수 있는 문학상 공모에 응모해서 상도 받고, 책도 출간했지만 제대로 공부하고 싶은 문학적 갈증으로 1999년 경기대학교 문창과에 입학을 하여 30년 늦깎이 만학도의 길을 걷게 되었다. 이후 중앙대학교 예술대학원에서 석사과정을 마치고 2009년 경기대학교에서 박사 학위를 받았다.

장편소설로 〈내일은 죽을 수 없는 女子〉, 〈날개 없는 영혼〉, 〈작은 巨人의 딸〉, 〈女子는 몇 번 사랑하는가 上, 下〉, 〈나쁜 그림〉 등이 있으며 2012

년에 〈작품으로 읽는 연암 박지원/소설편〉, 〈눈물은 배우는 게 아니다〉(연암 박지원 시, 산문편)를 발표하였고, 2022년 〈완역 한글판 목민심서〉 12권을 탈고하였다.

　주영숙은 사설시조 소설의 개척자로 다재다능한 재능을 유감없이 보여주고 있다.

　이상 살펴본 10인의 장애인소설가 가운데 작품 활동으로 경제생활이 되는 작가는 고정욱, 김환철 단 2명에 불과하다. 활동을 중단했다고 볼 수 있는 작가도 6명이나 된다. 장애인소설가의 가장 큰 문제는 바로 이 경제활동인데 앞으로 개선될 것이란 기대를 할 수 없는 것은 10인의 평균 연령이 63세(2026년 현재)로 노화 현상이 심각하기 때문이다. 작가 연령층이 높다는 것은 이 분야가 경제활동을 담보해 주지 못해 젊은 층에게 희망을 주지 못하여 신진 작가들이 유입되지 않고 있다는 뜻이기에 장애인문학의 미래가 걱정이 된다.

　학력은 학사가 2명, 박사가 2명으로 40%가 작가로서의 준비를 충실히 하였고, 그 장르도 순수소설 외에 추리, 무협, 희곡, 아동문학 등 다양성을 보이고 있어서 활동 영역이 모두 열려 있다는 것은 긍정적인 특성이다.

4. 장애인문학 활동의 어려움

　여성문학은 여성 이야기를 적극적으로 다루었지만 장애인문학은 장애인의 삶을 소재로 하지 않는 경향이 있다. 왜 장애인작가들은 장애인 이야기를 쓰지 않는 것일까? 그것은 장애인 이야기가 독자들에게 외면당하기 때문이다. 작가가 창작 활동을 하는 이유는 좋은 작품으로 평가받고, 독자들의 사랑을 받고 싶어서인데 장애인 이야기를 쓰면 독자들은 재미없다 하고, 평론가들은 장애인작가는 소재가 빈약하다고 평하기에 작가 스스로 장애인 이야기를 기피하고 있는 것이다.

　그리고 작가가 아무리 열심히 집필을 해도 출판사에서 책으로 만들어 주어야 세상 밖으로 나올 수 있기 때문에 작가가 소신을 갖고 장애인 문제를 다룬 작품을 쓸 수 없다. 장애인의 문학작품이 어렵게 책으로 출간이 된다 해도 대부분 소자본 출판사여서 마케팅 실패로 책이 독자에게 다가가지 못하고 폐기 처분되곤 한다.

거대 출판사가 자본을 앞세워 이름 있는 작가의 기획된 작품을 책으로 제작하여 조직적으로 홍보 및 판촉을 실시하여 문학 시장을 석권하고 있는 것은 다 알려진 사실인데 이런 문학 권력 속에서 장애인문학은 경쟁력을 잃고 소외되고 있는 것이 현실이다.

「장애예술인의 창작 활동 경험에 관한 연구」(방귀희, 2013)에서 장애예술인의 창작 활동에 영향을 미치는 저해 요인을 제시하였는데 크게 개인적 요소와 사회적 요소로 나누어진다.

개인적 요소는 신체적 장애가 창작을 하는데 제한 조건이 된다는 것이다. 소설은 다양한 경험을 요구하고 많은 정보가 필요한데 장애가 경험과 정보 수집에 어려움을 주기 때문이다. 그리고 경제적 문제를 해결하지 못해 생활이 불안정한 것도 창작 활동에 저해 요인이 되는데 이 경제문제는 개인적 요소라기보다 장애문인의 경제활동을 어렵게 만든 사회적 요소로도 포함이 된다.

사회적 요소로 장애문인들은 작품 발표 기회가 부족하다는 것을 가장 먼저 꼽았으며 장애문인들은 장애인에 대한 부정적 시각으로 작가로서 인정을 받지 못하고 있다고 하였다. 사람들은 장애문인에 대하여 무관심하거나 아예 일반 작가와 별도 취급을 하고 있다며 사회적인 낮은 평가를 어려움이라고 하였다. 이밖에 장애문인의 창작 활동을 지원해 주는 서비스도 부재하고, 집필 작업을 할 수 있는 공간이 없어서 집필에 몰두할 수 없는 것 또한 저해 요인이 되고 있다고 지적하였다.

이러한 환경 속에서 장애문인은 주류 문단에 편입하지 못하고 문학 유랑자로 떠돌아 다니고 있는 신세이다.

장애인문학이 처한 가장 심각한 상황은 작품을 도용당하고 있는 표절 문제이다. 앞서 언급한 김옥진 시 '기도'가 표절된 것 이외에도 뇌병변장애인 김준엽 시인의 '내 인생에 황혼이 들면'이 1995년 『좋은생각』 9월호에 정*철 시인의 '내 인생에 가을이 오면'으로 실렸고, 온라인 포털사이트에서 윤동주 또는 작가미상의 '내 인생에 가을이 오면'으로 독자들을 만나고 있었다는 것을 2014년 김준엽의 활동지원사가 인터넷을 검색하다가 발견하여 『솟대문학』에 억울한 사정을 알려 왔다.

이 시가 외부로 유출된 것은 1995년 시집을 내기 위해 100편의 시를 출판사로 보냈는데 그 가운데 '내 인생에 황혼이 들면'이 있었던 것이다. 그런데 출판사가 재정난으로 출간을 하지 못하게 되어 출판사와 연락이 끊겨서 작품을 돌려받지 못했다고 한다. 원고를 출판사에 준 것이 1995년 봄이고, 표절이 된 것은 1995년 9월이고 보면 작가를 찾으려고 했다면 얼마든지 연락이 닿았을 텐데 장애인시설에서 사는 중증의 뇌성마비장애인이라고 하니 무시해 버린 듯하다.

그리고 2002년 한국작가교수회가 주최한 제1회 전국고교생 소설백일장 공모전 최우수상 수상작 '바리데기꽃'이 2004년에 이용석의 작품을 도용한 것으로 판명되어 수상이 취소되었다. 그런데 수상자인 여고생은 그 백일장 수상 경력으로 이미 대학에 입학한 상태였다. 이용석이 여고생의 미래를 생각하여 입학 취소를 원치 않아서 그 사건은 조용히 묻혀 버렸다.

제1회 전국고교생 소설백일장공모전 수상작품집을 본 독자의 제보로 도용 사실이 알려졌는데 표절이 아니라 도용이라고 하는 것은 제목은 물론 오자까지도 똑같았으니 도둑을 맞은 것이다. 이용석의 단편소설 '바리데기꽃'은 1998년 대한민국장애인문학상 대상 작품으로 그 여고생은 장애인 작품은 문단에서 관심이 없고 독자도 거의 없기 때문에 통째로 갖다 써도 발각이 나지 않을 것으로 생각했을 것이다.

이렇게 장애문인들의 작품이 표절되고 있는 것은 작품이 좋은데 대중에게 알려지지 않은 무명이기 때문이다. 그리고 표절이 드러났을 때 김준엽 시인처럼 사과도 받지 못하는 것은 원작품이 인쇄화되어야 표절로 증명이 되는데 장애문인들은 책을 발간하기 어렵기 때문에 표절을 증명할 방법조차 없다. 장애인문학은 표절의 위험에 무방비 상태로 노출되어 있다.

5. 장애인문학의 과제

이제 장애인문학의 탄생은 부인할 수 없는 사실이다. 하여 그 정체성을 살려서 어떻게 해서든지 발전시켜야 한다. 개성이 창조의 힘이 되는 문학에서 장애인문학이 새로운 아이콘이 될 것을 기대하며 장애인문학의 발전 방안을 연구하는 것이 학자들이 해야 할 일이다.

본 연구자는 장애인문학의 가능성을 의심치 않는다. 역사적으로 그 가능성은 입증이 되고 있다. 르네상스 최고의 걸작 〈실락원〉은 밀턴이 실명을 한 후에 쓴 것이었고, 낭만주의 시의 거장 바이런은 다리가 몹시 불편한 지체장애인이었다. 〈인간과 굴레〉라는 소설로 잘 알려진 모옴은 말을 더듬는 언어장애인이었다. 괴테도 말년에는 휠체어에 몸을 의지했고, 사르트르는 실명 후 철학과 문학의 경지를 터득했다고 고백하였다. 톨스토이는 간질병으로 잦은 발작에 신음했고, 병법을 지은 손자는 다리가 절단된 장애인이었으며, 기전체의 창시자 사마천도 궁형을 받아 장애인이 된 후 사기를 완성하였다. 우화의 전설 이솝은 척추장애인이었고 〈돈키호테〉의 작가 세르반테스는 왼쪽 팔 절단장애를 가지고 있었다.

이렇게 불후의 명작을 남겨 인류의 영원한 사랑을 받는 작가들이 장애인이었다는 사실을 간과해서는 안 된다. 무엇보다도 남성 작가들의 전유물이었던 노벨 문학상이 드디어 1909년 첫 여성 수상자를 탄생시켰는데 그 첫 여성 노벨 문학상의 주인공이 장애문인이었다는 사실은 오늘의 장애인문학에 시사하는 바가 크다. 그 역사적인 인물은 스웨덴의 셀마 라게를뢰프이다. 그녀는 지체장애로 학교에 가지 못하고 집에서 가정교사에 의해 교육을 받았다. 밖에 나가서 뛰어놀지 못하는 손녀를 위해 그녀의 할머니는 향토 이야기를 들려주었는데 그 이야기가 너무 재미있어서 작가의 꿈을 키웠다고 한다.

장애인문학은 블루 오션이다. 문학의 소재는 사람인데 이 세상에 있는 사람들은 모두 각자 다른 삶을 살고 있으니 세계 인구수만큼의 이야기가 있다. 그 무궁무진한 소재 가운데 장애인이 있다는 것을 지금까지는 스쳐 지나갔지만 앞으로는 매력적인 소재가 될 것이다. 독자들은 늘 새로운 이야기를 원하기 때문이다.

이렇듯 의미 있는 장애인문학 발전을 위하여 다음 네 가지 제언을 한다.

첫째, 장애인문학이 문학성이 낮다는 고정관념을 버려야 한다.

장애인문학은 문학의 다양성 가운데 하나일 뿐이라는 인식이 필요하다.

둘째, 장애문인 창작 활동을 지원하는 제도가 마련되어야 한다.

창작지원금제도, 장애문인 작품 출간과 판매를 위한 장애인문학 쿼터제도, 취재나 자료수집 등을 보조해 주는 전문활동지원인제도 등의 도입이 요구된다.

셋째, 문학은행을 설치하여야 한다.

장애문인이 작품을 완성해도 그 작품을 어떻게 해야 할지를 몰라 묵히고 있는 경우가 대부분이어서 작품을 맡기면 심사를 해서 드라마, 영화, 연극 등으로 활용할 수 있도록 중개 역할을 하고, 채택이 되면 원고료와 저작권료를 지급하는 문학창구를 설치하여야 한다.

예를 들어 영화를 제작하기 위한 시나리오 과정에서 시나리오 작가 한 명이 전체 작품을 완성하는 것이 아니라 메인 작가가 전체 구성을 하면 장면 장면의 콘텐츠를 문학은행에 맡긴 작은 에피소드를 사다가 사용하는 방식을 취하는 것이다. 현재도 시나리오 창작을 할 때 큰 틀의 프레임(frame)을 구성하고, 에피소드로 이야기를 만들어 가면서 맛깔나는 대사(dialog)를 담아 간다. 그 과정에 각각 다른 작가들이 참여하는 시스템이 점점 확산되고 있는데 공동작업의 경우 작품 저작권에 대한 논란이 우려되는 만큼 창작 과정에서는 문학은행을 통해 작은 작품을 구매하고 공헌도에 따라 저작권 비율을 분할하면 지식 재산권에 대한 공정성이 담보될 수 있다.

넷째, 장애문인의 문학교육 기회를 확대해야 한다.

장애문인의 욕구 가운데 교육의 욕구가 크다. 장애문인은 대부분 혼자서 문학 공부를 했기 때문에 전문적인 교육을 통한 기초 이론과 실기 교육이 이루어지면 작품에 대한 완성도가 높아질 것이다.

논문을 쓰면서 항상 제언을 한다. 연구자는 그것이 반드시 필요하다는 확신으로 제언을 하는 것이지만 현장 특히 제도권 내에서 그 제언이 실천되는 데는 무척 많은 시간과 노력이 요구된다. 제도로 실행이 되는 것은 1%도 되지 않기에 공염불이 될 것이라는 허무감 속에서도 연구자는 제언을 멈추지 않는다. 그 이유는 침묵하면 아무런 변화도 일어나지 않기 때문이다.

장애인문학 발전은 독자들 손에 달려 있다. 장애문인의 책이라고 낯설어하지 말고 일단 책을 펴서 읽어 보면 그 안에서 반드시 진주를 발견할 수 있을 것이다.

📖 참고문헌

김홍렬, '장애인문학의 위상과 발전 방향', 『솟대문학』 VOL. 1, 1991
방귀희, '장애인문학의 현실과 발전 방향', 『솟대문학』 VOL. 9, 1993
방귀희, "장애예술인의 창작 활동 경험에 관한 연구", 2013년 숭실대학교 일반대학원 박사 학위 논문
방귀희, 〈장애인문학론〉, 도서출판 솟대, 2019
방귀희, 〈장애인예술론〉, 도서출판 솟대, 2019
방귀희, '장애인문학의 특성과 과제', 『솟대평론』 VOL. 2, 2018
방귀희, '가장 잔인한 병, 루게릭병 문인들', 『솟대평론』 VOL. 3, 2018
방귀희, '산골 소녀로 살다 간 김옥진', 『e美지』 VOL. 1, 2016
방귀희, '자연을 닮은 시인 서정슬', 『e美지』, VOL. 2, 2016
방귀희, '송알송알 권오순, 구슬비로 오셨다가 이슬로 가신 님', 『솟대문학』 VOL. 21, 1996
방귀희, '한국 문단 최초의 장애문인 서덕출', 『솟대문학』 VOL. 13, 1994
방귀희, '최초의 장애문인, 구본웅의 문학과 삶', 『솟대문학』 VOL. 1, 1991
서정슬, '구슬비로 오셨다가 이슬로 가신 님', 『솟대문학』 VOL. 21, 1996
솟대문학 편집부, '한국 장애인 문학작품의 소개와 분류', 『솟대문학』 VOL. 9, 1993
솟대문학 편집부, 2015, '역대 구상솟대문학상 수상자 및 추천 완료자, 등단작가', 『솟대문학』 VOL. 100, 2015
이현준, '장애인문학은 장애문학이 아니다', 『솟대문학』 VOL. 1, 1991
(사)한국장애예술인협회, 「한국장애인문학도서총람」, 2012

The History, Value, and Tasks of Literature of The Disabled

Bang Guihee

(『Sotdae Review』 Editor)

〈Abstract〉

The welfare for the disabled in Korea officially started in 1981, when Welfare of Disabled Persons Act was established, but at that time, the policy was performed mainly with support for their life because it was the beginning of the welfare. Literature of the disabled was unnecessary luxury.

In this circumstance, the disabled who performed literature activities formed Korea association of literature of the disabled in the winter of 1990, and they published 『Sotdae Literature』, which was the first literary magazine of the disabled, in the spring of 1991. The magazine has been issued for 25 years without exception until 100th issue, establishing literature of the disabled as a literature genre.

This study is intended to research the birth background and the current situation of the literature of the disabled, to introduce the history of the literature of the disabled, and to comprehend what difficulties the disabled experience when they do literature activity in Korea. In addition, through the literature aesthetics that only the literature of the disabled has, the study pursues to make people sympathize with the value of the literature of the disabled and seeks for methods for disabled writers to play a role in our society with creative activity as a suggestion needed for the development of the literature of the disabled.

• Key Words: The Disabled, Literature, Literature of The Disabled

3부

한 편의 詩로 말한다

'데드라인(Deadline)'의 해학[1]

-김묘재의 시 '데드라인'

라스코AI로 생성한 이미지 ⓒ방귀희

---

1) 이 글은 한국장애예술인협회 방귀희 회장이 에이블뉴스(2024. 7. 23.)에 기고한 내용이다.

　2024년 제34회 구상솟대문학상 수상자 김묘재 시인은 본명이 윤정희이다. 필명으로 심사를 보았기 때문에 언어의 섬세함이 여자 같기도 하고, 파격적인 단어 사용이 남자가 아닐까 하는 추측도 있었다. 선정 후 약력을 보니 경력이 너무나 다양하여 다시 한 번 놀랐다.

　성균관대학교 의상학과 졸업 후 대학원에서 영문학 전공 그리고 심리학으로 석사 학위를 받았다. 한국장애인의상연구소 디자인실장으로 근무하며 다수의 장애인패션쇼를 기획하여 개최하였다. 더욱 엉뚱한 경력은 휠체어댄스스포츠 선수 활동을 했고, 현재도 장애인역도 부산 대표로 전국장애인체전에서 수차례 메달을 딴 역도선수라는 것이다.

　문학 경력으로 대한민국장애인문학상 2016년 동화, 2022년 수필 입선이 있다. 시를 쓰기 시작한 것은 최근인데 단숨에 구상솟대문학상을 거머쥔 실력자이다.

　'장애는 세상을 새롭게 그려 낼 수 있는 자산입니다. 다른 사람에게 내 마음이 닿을 수 있는 글이 되기까지 먼 길을 걸어갈 각오를 하고 있습니다.'

　단단한 각오에서 그녀가 얼마나 문학을 사랑하는지 알 수 있다.

데드라인(Deadline)

김묘재

고장난 나를 고쳐 주세요
수리수리 마하수리

손사래보다 먼저
설레발친 사고뭉치

엉킨 타래를 풀지 못해
굴러다니는 뭉태기를 엮지 못해

말로 쏜 화살, 글로 쓴 죄
돌고 돌아 택배 상자에 꽂힙니다
키요틴이 배달되었군요

어려서 부모님을 잃고요
언니와 계모에게 받은 구박[2]은
아무도 읽지 않을 클리셰

달콤한 무리, 무리들과
쌉쌀하게 사바 사바
신데렐라가 되고 싶었는데요

혼자서는
무리 무리 아무리
필사해도 피는 돌지 않습니다
사바 사바 분신 사바[3]

칼춤 추며 달려오는 망나니
아침 이슬로 사라지고 싶지 않아
깨진 유리구두를 꼭 쥐어 보지만
맨몸만 넘을 수 있는 선

마무리가 무리 무리
죽음도 연습이 필요해
수수리 사바하

　　수상작 '데드라인(Deadline)'은 마감시간을 뜻하는 용어로 시인은 인생의
절박한 순간들을 유쾌하게 풀어놓았다.

2) 1980, 90년대 어린 여자아이들 사이에 유행했던 노래.
3) 1980, 90년대 청소년들 사이에 유행했던 놀이의 일종. 초자연적인 존재를 불러 소원을 들어 달라는 의식.

세 살 때 소아마비로 지체장애(1급)가 생긴 것을 몸이 고장난 것에 은유하여 기적이 일어나기를 바라면서 주문을 외우지만 사고뭉치로 얽힌 실타래를 풀지 못한다. 말로, 글로 지은 죄가 많아서 시인한테 온 택배 상자 속에는 프랑스 혁명에 사용되던 키요틴 즉 사람의 목을 자동으로 자르는 사형 기계가 들어 있다.

이런 끔찍한 상황에서 어떻게든 벗어나려고 불쌍한 모드로 전환하는 뻔한 클리셰는 통하지 않는다. 칼춤을 추며 망나니가 다가온다. 데드라인이 카운트를 하고 있는 절박한 상황에서 이번에는 신데렐라를 꿈꾸지만 손에는 깨진 유리구두를 쥐고 있다. 신데렐라 꿈도 여지없이 박살난 것이다.

인생의 데드라인은 모든 것을 다 버리고 맨몸으로 건너야 한다. 시인은 죽음도 연습을 해야 후회 없이 떠날 수 있을 것이라며 다시 주문을 외운다.

김묘재 시인은 무겁고 무서운 주제인 죽음을 유머로 재미있게 설명한다. 키요틴, 망나니 칼춤 등 절체절명의 위기 속에서 계속 수리수리 마하수리를 중얼거리며 신데렐라가 되고 싶은 소망을 버리지 못하는 그녀는 유머를 잃지 않는 긍정적인 자세로 독자들에게 슬픔에 대처하는 방법을 전하고 있다. 시인은 확실히 하고 싶은 이야기가 엄청나게 많아서 앞으로 무궁무진한 시어(詩語)를 술술 뽑아낼 수 있는 언어의 마술사이다.

시 한 편이 사회적 힘이 되다[1)]
−설미희의 시 '친밀한 타인'

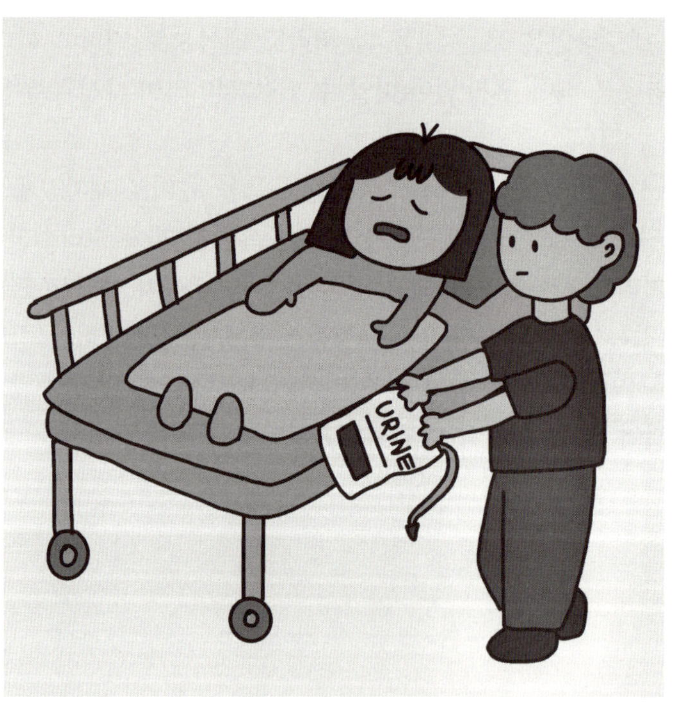

©연두

---

1) 이 글은 한국장애예술인협회 방귀희 회장이 에이블뉴스(2022. 8. 2.)에 기고한 내용이다.

친밀한 타인

설미희

눈을 떴다
온 우주에 손가락 하나
까닥할 수 없는
몸만 둥둥 떠 있다
유일하게 감각이 살아 있는
이 잔인한 귀도 눈을 뜬다

지금은
남의 손이 아니면
소변조차도 뽑아낼 수 없는 몸뚱아리

알람 소리에
감정 없는 기계적인 메마른 손길이
아랫도리에 관을 꽂는다

바우처 카드 720시간
늙은 여자가
친절하게 바코드를 찍는다

연명을 위해
얼마의 돈이 필요해서
소변 줄을 꽂아 주고 있을까

집 안 가득
소변 줄을 타고
아직 살아 있다는
존재의 냄새가 난다

이 시는 중증의 장애인과 활동지원사의 관계를 주제로 한 작품이다. 화자는 하루 24시간 돌봄이 필요하고 타인은 나이가 많은 경험이 풍부한 사람이다.

죽은 듯이 잠에 빠져 밤을 보내고 아침이 되면 눈을 뜬다. 화자는 눈을 뜬 순간 움직여지지 않은 몸이 인식되어 한없이 무력해진다. 눈과 함께 귀도 떠져서 세상 이야기들이 귓속으로 들어오는데 화자는 그런 일상에서 배제된 삶이기에 보고 듣는 일이 잔인한 고문이다.

화자는 이렇게 매일이 고통스러운데 마음에서 우러나온 것이 아닌 기계에 의존해서 일어난 활동지원사는 화자의 고통에는 관심이 없이 은밀한 곳을 함부로 드러내게 하여 소변 줄을 끼운다. 그리곤 바우처를 찍는다. 그것은 돈을 버는 행위이다. 그녀도 살기 위해 역겨운 소변 줄 꽂기를 하는 것이다. 화자는 소변 줄에서 새어 나온 지린내로 자신의 존재를 확인한다.

장애인과 활동지원사의 사이는 친밀한 관계이다. 목욕도 시키고, 화장실도 함께 들어간다. 가족이 아닌 남에게 몸을 보여 준다면 친밀한 사이임에 분명하지만 활동지원사는 그것이 직업인 타인이라는 것이다.

이 시는 2022년 구상솟대문학상 수상작으로 설미희 시인은 2009년 장애인콜택시를 소재로 한 단편소설로 대한민국장애인문학상 대상을 수상하여 필력을 인정받았다. 설미희 작가는 장애 때문에 장애인 소재 글을 쓰는 것을 거부하는 대신 오히려 장애에 대한 경험으로 이렇게 장애인의 현실을 독자들이 공감할 수 있는 시어(詩語)로 전달하고 있다.

구상솟대문학상 심사위원장을 맡은 안양대학교 국어국문학과 맹문재 교수는 '설미희 시인의 시 쓰기는 단순한 취미나 재능의 표현이 아니라 생을 영위하고자 하는 절박한 바람이면서 구체적인 행동이기에 폐부를 찌른다.'고 극찬하였다.

장애인예술에서 장애인문학이 가장 소외를 받고 있어서 안타깝다. 하지만 장애인문학이야말로 장애인 문제를 가장 잘 해결할 수 있는 힘이 있다. 활동지원사가 친밀한 타인이 된 것은 바로 바우처 찍기 때문이다. 장애인을 서비스 대상자로 생각하기보다는 바우처 찍기의 수단으로 여긴다. 노동에 대한 대가를 제3자가 주게 되면 이용자를 고용인으로 생각하지 않기에 장애인이 활동지원사에게 급여를 직접 주는 개인예산제가 필요한 것이다.

설미희의 시 '친밀한 타인'이 개인예산제의 작은 불씨가 되리라 믿는다.

일당 빼먹기의 패러독스[1]

−허상욱의 시 '일당 빼먹기'

포토패드 일러스트 ⓒ방귀희

---

1) 이 글은 한국장애예술인협회 방귀희 회장이 에이블뉴스(2023. 8. 8.)에 기고한 내용이다.

일당 빼먹기

허상욱

대전 유성 먹자골목 일당뼈다귀해장국집
장님들 마주 앉아
냠냠쩝쩝 뼛골 빼먹고 있다
극돌기 횡돌기 관절돌기 사이사이
은근슬쩍 숨은 속살을 찾아
날카로운 이빨 여린 혀 날름거린다

처음 맵고 뜨거운 그 덩어리의 손길은 엉거주춤 소극적이었을 것이다
이제는 남의 등살 주물러 먹고사는 시원한 손이기에

골 빼먹는다는 건 늘 신나고 재밌는 일

주머니 속에는 척주 기립근 대둔근 주물러 주고받은 안마 일당 십여 만 원
이 있고
유유상종 침묵이란 게 있기에
잠시 한때나마 이토록 끈끈한 식욕으로 다가온다

치명적 뼈와 골의 사이는 태초부터 있었던 것이기에
거기 깊숙이 박인 살들은 쉽사리 빠져나오지 않는다
일당이란 게 원래 다 그런 것이다

돼지 등뼈 수북한 뼈통엔 얼씬도 않는 공허한 눈길들
뿌옇게 서려 가는 김 너머
그들은 차곡차곡 쌓여 가고 있다

　시인에 대한 정보가 전혀 없어도 시인은 시각장애인이며 직업이 안마사라
는 것을 쉽게 알 수 있다. 그런데 이 시의 서사는 대전 유성 먹자골목에 자
리한 맛집인 '일당뼈다귀해장국집'에서 안마사 동료들과 함께 뼈다귀 해장

국을 먹는 모습이다. 처음에는 돼지 뼈 속에 단단히 박혀 있는 살을 빼먹는 장면이 재미있어서 입가에 엷은 미소가 번졌지만 시를 다 읽고 나자 시인의 마음이 느껴져 눈가가 시큰해졌다.

시각장애 안마사들은 일당을 받고 고객의 등살 뼈 속 깊숙이 박힌 피곤을 파내야 한다. 피곤을 파내는 사람이나 뼈 속에 피곤이 박힌 사람이나 고단한 인생이다. 하지만 고객은 시각장애 안마사를 보고 '어쩌다 앞이 보이지 않게 되었나' 싶은 연민이 생겼을 테고, 시각장애 안마사는 돌처럼 딴딴하게 굳은 등살을 주무르며 '힘든 일을 하는구나' 싶은 연민이 있었지만 서로 아무 말도 하지 않았다. 그래서 시인은 '유유상종 침묵'이라고 표현하였다.

하지만 식당 상호에 '일당'이 붙어 있듯이 서민들은 하루 일해서 버는 일당이 있기에 식욕을 채우고 있다. 이 일당이라도 꾸준히 있기를 바라고 있기에 그 식욕이 끈끈하다고 한 것이다. 시인은 자신과 고객 사이의 침묵 속에서 나눈 대화를 우리 사회를 향해 힘껏 던지는 패러독스(paradox)도 잊지 않았다. '골 빼먹는다는 건 늘 신나고 재밌는 일'이라고 한방 날린 것이다. 비열한 강자들이 약자들의 등골을 빼먹으며 자신의 욕망을 채우는 사회현상을 신랄하게 꼬집었다.

그런데 마지막 시구 '그들은 차곡차곡 쌓여 가고 있다'에서 그들은 살뿐만이 아니라 골까지 빠져 버린 돼지 등뼈이지만 그것은 포장이고, 시인은 우리 사회에 나쁜 강자들에게 사기당한 패배자들이 늘어 가고 있다는 것을 경고하고 있다.

보이스 피싱, 전세 사기, 주식 사기, 장애수당과 활동 지원 부정수급 등… 약자의 약함을 이용해서 등골을 빼먹는 악랄하고 비열한 강자에게 허상욱 시인의 2023구상솟대문학상 수상작 '일당 빼먹기'가 사기를 멈추는 경고장이 되기를 바란다.

아름다운 치매, 그래도 사랑하라[1]

−황성환의 시 '치매'

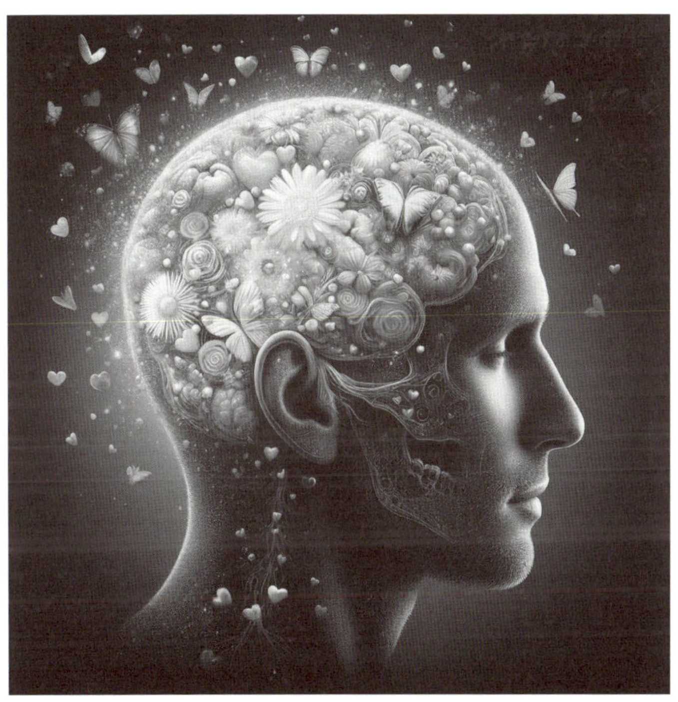

bing 이미지로 생성 ⓒ방귀희

---

1) 이 글은 한국장애예술인협회 방귀희 회장이 '시(詩)야 노올자 캠페인'으로 에이블뉴스(2024. 8. 5.)에 기고한
내용이다.

한국인들이 가장 걱정하는 질병이 치매라고 한다. 치매는 자기의 정체성을 잃어버리는 질병이기 때문이다. 자기가 누구인지도 모르고 가족이 낯설고, 그동안의 삶이 깡그리 지워진 채 괴물이 되어 버리는 것이 치매이기 때문이다.

그런데 황성환 시인의 시 '치매'를 읽으면서 치매의 미학에 혀를 내둘렀다. 무서운 단어 치매를 어찌 이토록 아름답게 치환시킬 수 있단 말인가!

치매

황성환

먹었다는 것을 잊고 또 먹는다
배부르다는 것을 잊고 또 먹는다
그러다 이내 토한다
토했다는 사실을 잊고 또 먹는다

헤어진 것을 잊고 또 그리워한다
만날 수 없다는 것을 잊고 또 그리워한다
그러다 이내 설움을 토한다
토했다는 사실을 잊고 또 그리워한다

이 시는 『솟대평론』 14호(2025년 상반기호)에 실린 작품이다. 황성환 시인의 모든 작품이 훌륭하지만 이 시는 독자들에게 아주 선명한 이미지를 남긴다. 1연과 2연이 병렬식이다. '먹었다는 것을 잊고 또 먹는다'는 시구는 치매의 가장 일반적인 현상이다. 그 구도를 그대로 가져와서 '헤어진 것을 잊고 또 그리워한다'라고 머리로는 이별을 받아들였지만 가슴은 여전히 사랑 중이라고 고백한다.

배부른 것을 잊고 또 먹다가 토해 내듯이 다시는 만날 수 없다는 사실을 잊고 또 그리워하다가 설움을 토해 낸다. 토해 낸 설움으로 사랑의 크기를 알 수 있다. 마치 치매 엄마가 토해 낸 양을 보고 '도대체 얼마나 드신 거야'라며 소리 지르는 딸의 목소리 크기처럼 서로 비례한다.

그런데 이 시는 마지막 시구에서 애잔한 여운을 남긴다. 토했다는 사실을 잊고 또 먹듯이 설움을 쏟아 냈다는 사실을 잊고 다시 그리워하니 말이다. 이별의 경험이 있는 독자라면 그리움 때문에 아팠던 날들이 고스란히 떠오를 것이다. 잊어야 하는데 잊혀지지 않는 그 고통이 얼마나 가슴을 쑤셔 놓았는지….

내가 만난 시인은 골형성부전증으로 장애가 심한 편이었다. 잘 생긴 얼굴과 세련된 매너로 매력을 발산하는 호감형이라서 이성에게 인기가 많았을 터라 이 시(詩) 역시 시인의 경험에서 나온 듯하다.

나는 요즘 청장년들 가운데 사랑의 가성비를 따지느라고 연애를 못한다는 글을 읽고 매우 슬펐다. 사람에 대한 사랑은 인간을 가장 인간답게 만든다. 하여 외친다. 젊은이여! 사랑을 하라.

저항의 꽃, 사월의 꽃[1)]

−김종선의 시 '사월의 꽃'

playground AI 생성 ⓒ방귀희

---

1) 이 글은 한국장애예술인협회 방귀희 회장이 '시(詩)야 노올자 캠페인'으로 에이블뉴스(2024. 8. 14.)에 기고한
내용이다.

　김종선 시인은 청장년 시기를 정말 힘들게 보냈다. 엄마가 돌아가시고 들어온 새엄마는 그야말로 학대의 화신이었다. 그 학대에서 벗어나는 방법은 집에 들어가지 않는 방법밖에 없었다.

　그때가 열 살이었다. 그는 거리에서 살며 차라리 소년원이 더 편하다는 생각을 할 정도였다. 그가 유일하게 좋아하는 것은 산에 올라가는 일이었다. 열다섯 살에 산에서 굴러 경한 장애가 생겼고, 스물두 살에 절벽에서 떨어져 전신마비장애를 갖게 되었다.

　아이러니컬하게도 그의 방황은 그때 멈췄다. 솔직히 그때까지 그는 한글을 잘 몰랐다. 육체적 자유를 잃고 나서야 머리를 채워 가기 시작했다. 그렇게 해서 그는 시(詩)라는 것을 쓰게 된 것이다.

사월의 꽃

김종선

피지 못하고 떠나간 꽃들이
사월을 가시로 절규하며
하얀 꽃으로
소복을 입은 네가
울타리를 넘어 들어올 때

이름도 없이
젊은이들이 떠나간 사월
불같은 혼들이 뒤를 돌아보다
차마 발길 옮기지 못하고
뻐꾸기 울대에 내려앉아 우는 정오

광교산 오르는 길에
늦은 걸음으로 걸어가는 봄비
가슴속으로 파고드는

사월의 봄비는
내 눈가에 이슬꽃으로 핀다

_『솟대평론』 12호(2023년 상반기호)

김종선 시인은 사월의 꽃을 장애인뿐만이 아니라 민주화 운동을 하다가 목숨을 잃은 이 땅의 젊은이들까지 모두 포함하고 있다.

하얀 장미꽃은 조국의 민주화를 위해 피지도 못하고 진 이 땅의 청년들을 상징한다. 그들은 가슴에 가시가 박힌 불같은 혼(魂)으로 이승의 울타리를 넘어가야 하는데 차마 발길을 옮기지 못하는 것을 보고 뻐꾸기가 울대에 앉아 울고 있다.

시인이 오르내리던 광교산에 봄비가 내리는데 사월의 봄비는 등반 사고로 장애를 갖게 된 시인의 장애를 의미한다. 하지만 시인은 사월의 꽃과 사월의 봄비를 이슬꽃으로 승화시켜서 평온한 마무리를 한다.

장애인 운동 역시 이름 모를 많은 장애인들의 희생으로 장애인차별이 사회문제로 떠올랐고, 그 문제를 해결하기 위한 법제도가 마련되었기 때문에 사월의 꽃을 저항의 꽃으로 활짝 피워 낸 것은 시인만이 할 수 있는 문학의 힘이다.

어떤 남자가 시를 쓰는 이유[1]

−노차돌의 시 '너에게 쓴 편지'

bing 이미지 생성 ⓒ방귀희

---

1) 이 글은 한국장애예술인협회 방귀희 회장이 '시(詩)야 놀올자 캠페인'으로 에이블뉴스(2024. 8. 26.)에 기고한 내용이다.

이렇게 묻는 사람들이 있었다. '장애인이 시를 쓰면 돈이 좀 생기나요?'라고 묻기에 나는 1초의 망설임도 없이 '아뇨'라고 대답했다.

"돈도 안 생기는 문학을 왜 그렇게 열심히 해요?"
"그것이 가장 잘 할 수 있는 일이니까요."

내가 장애문인들과 가깝게 지내면서 느낀 점은 문학 특히 시는 자기 마음의 표현, 전하지 못한 이야기 또는 세상을 향한 외침이라는 사실이다. 노차돌은 사랑을 고백하기 위해 시를 썼다. 그래서 그의 시는 오로지 그녀를 위한 것인데 노차돌의 시는 어느덧 우리 모두가 공감하는 작품이 되었다.

너에게 쓴 편지

노차돌

어떤 사람이 있어
너 하나만 갖고 싶어 하는 그 어떤 사람이 있어

어떤 사람이 있어
이 세상에 있는 모든 달콤한 맛을 준다고 해도
너의 입술맛을 더 갖고 싶어 하는 그 어떤 사람이 있어

사람들은 내가 널 얼마나 좋아하고
또 얼마나 사랑하는지 몰라
아마 너도 내가 얼마나 사랑하는지 모를 거야

소원이 있다면 내가 죽기 전에
네가 이 사실을 알았으면 좋겠어
넌 시를 보면 정신없이 웃고 안 믿겠지만
이 맘이 진심이고 또 진심이야

_『솟대문학』100호(2015년 겨울호)

　시인은 그녀가 시로 쓴 편지를 읽었을 때 호기심을 갖도록 자신을 숨기고 어떤 남자가 있는데 그 남자는 너 하나만 갖고 싶어 하고, 너와 입맞춤하고 싶어 한다고 일단 그 남자의 존재를 던져 놓는다.

　3연에서 그 어떤 남자가 자기라고 밝히면서 내가 너를 얼마나 사랑하는지 사람들도 모르고 너도 모른다며 자신의 사랑에 현실적인 벽이 있음을 털어놓는다. 이 어떤 남자의 소원은 자신이 죽기 전에 자신의 사랑을 그녀가 알아주는 것이라고 말해 그 어떤 남자가 얼마나 안타까운 짝사랑을 하고 있는지 알 수 있다.

　그 어떤 남자는 자신의 진심을 마지막 연에서 진지하게 고백한다. '사랑했어, 사랑하고 있어, 사랑할 거야, 영원히' 이 말은 흔한 사랑 고백이지만 그 어떤 남자는 처음하는, 그것도 혀로 키보드를 한 타 한 타 누르며 어렵게 한 사랑 고백이기에 더욱 애절하게 느껴진다. 그래서 독자들은 자기도 모르게 그 어떤 남자가 사랑을 꼭 이루기를 기도하게 된다.

　노차돌 시인은 강원도 산골에 묻혀 살고 있던 터라 장애인보조기구에 대한 정보 접근이 어려운 상태이다. 그래서 중증의 뇌성마비로 자기 의지와 상관없이 흔들리는 손과 발 대신 혀로 키보드를 누르며 글을 쓴다. 노차돌은 자신을 시인으로 만든 것은 사랑이라고 말할 정도로 낭만적인 사랑꾼이다.

당신의 아침은 안녕한가[1]

–이대우의 시 '아침은'

bing 이미지 생성 ⓒ방귀희

---

1) 이 글은 한국장애예술인협회 방귀희 회장이 '시(詩)야 노올자 캠페인'으로 에이블뉴스(2024. 9. 4.)에 기고한
내용이다.

　아침은 하루의 시작이다. 현대인들은 아침을 쫓기듯이 맞이하여 가장 정신없이 보내는 시간이다. 학교에 가건, 직장에 가건, 집에 있더라도 세수하고 아침 식사를 하고, 옷을 갈아입고, 핸드폰 메시지를 확인하는 등 하루를 시작하는 의식이 복잡하다.

　그런데 이대우 시인은 아침을 아주 경건하게 맞이한다. 사는 것이 다람쥐 쳇바퀴 돌 듯 늘 그렇게 똑같이 반복될지라도 아침은 희망으로 행복을 준다고 말한다. 자, 이대우 시인의 아침을 살펴보자.

아침은

이대우

사는 것이
어제와 똑같을지라도
설령 그렇게 될지라도

아침은
언제나 뽀얀 희망의 살결이다
이슬과 입맞춤하는
꽃들의 즐거움 배 아파하지 않는
멋진 바람의 시선이
간절한 기도인 듯 그 느낌도 곱다

매우 좋은 기분으로
세상을 바라보는 하늘을 향해
세수하는 새들의 날갯짓과 눈망울에
선(善)만 자라는 놀라운 은총이
푸르게 사는 법을 강의하고 있다

_『솟대문학』 100호(2015년 겨울호)

이대우 시인의 아침에는 많은 인물이 등장한다. 아침을 뽀얀 살결에 비유하여 이슬, 꽃, 바람을 등장시켜서 이슬과 입맞춤하는 꽃들의 즐거움 그리고 그 입맞춤을 질투하지 않는 여유로운 바람을 시각화한다. 바람의 시선이 간절한 기도인 듯 곱다고 하여 아침에 희망을 담았다.

그리고 새들의 날갯짓을 세수하는 것에 비유하면서 하늘을 향한 새의 눈망울에 선함이 가득하여 새의 지저귐이 희망을 갖고 푸르게 사는 법을 가르쳐 주고 있다고 하였다.

중증뇌성마비로 시설에서 살다가 자립 생활을 시작한 이대우 시인은 현재 다시 시설로 돌아갔다. 왼쪽 검지손가락 하나로 컴퓨터 키보드를 눌러 시만 쓸 수 있다면 그 어느 곳에서 아침을 맞이하든지 그의 아침에는 희망이 있다. 걱정이나 쫓김, 불안 등은 찾아볼 수 없다. 보잘것없이 보이겠지만 신선 같은 자신의 아침을 소개하며 시인은 많은 일로 분주한 독자들의 아침은 안녕한지 염려하고 있는 것이다.

그때 그리움이라 하지 그러셨습니까[1]

−한병진의 시 '물망초'

bing 이미지 생성 ⓒ방귀희

<hr>

1) 이 글은 한국장애예술인협회 방귀희 회장이 '시(詩)야 노올자 캠페인'으로 에이블뉴스(2024. 9. 25.)에 기고한 내용이다.

물망초의 꽃말은 '나를 잊지 마세요'이다. 중세 시대에 한 기사가 연인과 데이트를 하고 있었는데 강둑에 피어 있는 물망초 꽃을 본 여인이 꽃이 너무 예쁘다고 하자 그는 물망초를 꺾어서 여인에게 주려다가 그만 몸의 균형을 잃고 강물에 빠진다. 파도에 휩쓸려 가며 남자는 외쳤다. "나를 잊지 마시오!"

이런 유래 때문에 물망초는 사랑하는 사람을 잊지 못하는 영원한 사랑을 뜻하게 되었다. 과연 한병진 작가의 물망초 사랑은 어떤 사연을 갖고 있을까?

물망초

한병진

언제나 그 자리에 당신은 있었지요
부드러운 미소와 함께
귓가에 은근한 속삭임이
아직도 나를 감미롭게 합니다
떠나 있어도 늘 두 마음은 숲길을 거닐었고
함께 있어도 항상 그리움의 보금자리

그대는
언제나 나만의 비밀의 정원
보송한 당신의 마음 위에
한없이 미끄럼 타며
간질러 보고 싶었습니다
세상 사람들 이야기하는 그리움에 코웃음 치며
오직 나만이 당신과 영원하지 싶었습니다

가을이 펼쳐낸 파란 하늘에
하얀 보고픔이 더욱 선명해집니다

바람 일고 난 후에야 깨달았습니다
그땐 몰랐습니다
이리 떠나실 바에야
차라리 그때 그리움이라 하지 그러셨습니까
_『솟대문학』 100호(2015년 겨울호)

나는 이 시를 처음 받아 읽으며 가슴에 멍이 든 듯 아팠다. 이유도 알지 못한 채 한국문화예술위원회에서 좋은잡지 간행사업으로 1996년부터 받아 오던 제작비 지원이 끊긴다는 통보를 받고 『솟대문학』 100호로 폐간을 결정한 후 마지막 작별호를 준비하고 있었기 때문이다.

『솟대문학』이 소멸되면서 솟대시인들을 향해 '솟대문학을 잊지 말라'고 절규하는 내 마음 같았다. 1연에서 시인은 사랑하는 여인의 미소와 속삭임이 너무나 감미로워서 떨어져 있어도 함께 있는 듯하고, 함께 있어도 그립다고 하여 애타는 사랑을 표현하였다. 2연에서 그대는 나만의 비밀의 정원에서 오직 나만이 당신과 영원히 함께할 수 있을 것으로 믿었건만 3연에서 '바람 일고 난 후에야 깨달았습니다/그땐 몰랐습니다/이리 떠나실 바에야/차라리 그때 그리움이라 하지 그러셨습니까'라고 고백하여 시인의 사랑은 그리움이 된 사랑임을 알 수 있다.

독자에 따라 시인이 사랑한 대상은 달라질 수 있지만 나는 『솟대문학』이라고 믿고 있다. 우리나라 유일한 『솟대문학』은 우리 장애문인들에게 거닐고 싶은 숲길도 되고, 가장 편안한 보금자리도 되고, 자신만의 비밀의 정원이었으니 말이다. 그런 소중한 의지처가 당연히 영원할 줄 알았는데 어느날 이별을 통보받고 허탈했을 심정이 잘 드러난다.

그러나 이 시는 역시 사랑시이다. 중증의 뇌성마비장애가 있는 시인은 '차라리 그때 그리움이라 하지 그러셨습니까'라는 원망을 하여 더 큰 그리움을 남기고 있기 때문이다.

인생 황혼을 위한 대서사시[1]

−김준엽의 시 '내 인생에 황혼이 들면'

bing 이미지로 생성 ⓒ방귀희

1) 이 글은 한국장애예술인협회 방귀희 회장이 '시(詩)야 놀올자 캠페인'으로 에이블뉴스(2024. 10. 8.)에 기고한 내용이다.

릴케의 시 '소녀의 기도'를 비롯해서 동서양의 많은 문인들이 기도문 형식의 시를 발표하였지만 김준엽 시인의 시 '내 인생에 황혼이 들면'처럼 인생 전체를 돌아보며 자기 반성으로 서약(誓約)을 하는 대서사시는 찾아보기 어렵다.

이 시는 지역적, 시대적 그리고 남녀노소 구분 없이 인간이라면 누구나 새겨볼 만한 아름다운 반성문이다. 김 시인은 나이가 들어서 황혼기를 맞이했을 때 인생을 돌아보며 자기에게 무엇을 했느냐고 물어보고, 그때 대답이 궁색하지 않도록 앞으로 이렇게 살아야 하겠다는 결심을 하는 형식으로 시를 지었는데 총 7연이라서 하나씩 끊어서 살펴본다.

내 인생에 황혼이 들면

김준엽

내 인생에 황혼이 들면
나는 나에게 많은 날들을 지내 오면서
사람들을 사랑했느냐고 물어보겠지요
그러면 그때 가벼운 마음으로 사람들을 사랑했다고 말할 수 있도록
나는 지금 많은 이들을 사랑해야겠습니다

사람들을 사랑했느냐고 물어본다면 그렇다고 대답하기 어려울 수 있다. 가족들도 충분히 사랑하지 못했고, 더군다나 자기 주변의 사람들을 사랑하지 않은 경우가 더 많다. 그래서 시인은 지금 당장 많은 사람들을 사랑하겠다고 약속한다.

내 인생에 황혼이 들면
나는 나에게 많은 날들을 지내 오면서
열심히 살았느냐고 물어보겠지요

열심히 살았는지 생각해 보면 그렇게 하지 못했다는 생각이 든다. 공부든 일이든 운동이든 취미 활동이든 더 열심히 할 수 있었을 텐데 그 당시는 왜 그랬는지 의미가 없고, 나중에 해도 된다며 미루어 놓기 일쑤였다. 그래서 지금부터는 하루하루 최선을 다해 성실히 살겠다고 다짐한다.

내 인생에 황혼이 들면
나는 나에게 많은 날들을 지내 오면서
사람들에게 상처를 준 일이 없느냐고 물어보겠지요
그러면 그때 얼른 대답하기 위해
나는 지금 사람들에게 상처 주는 말과 행동을 하지 않아야겠습니다

그동안은 내가 받은 상처가 너무 커서 다른 사람에게 상처를 준 것을 생각하지 못했는데 이제부터는 타인에게 상처가 되는 말과 행동을 하지 않겠다고 반성한다.

내 인생에 황혼이 들면
나는 나에게 많은 날들을 지내 오면서
삶이 아름다웠느냐고 물어보겠지요
그러면 그때 기쁘게 대답하기 위해
지금 내 삶의 날들을 아름답게 가꾸어 가겠습니다

내 삶이 아름다웠냐고 물었을 때 기쁘게 대답할 수 있도록 기쁨이 되는 일들을 하기 위해 여행도 하고 남을 위해 봉사하는 일도 하며 좋은 사람들과 어울리면서 아름다운 추억을 만들겠다고 계획한다.

내 인생에 황혼이 들면
나는 나에게 많은 날들을 지내 오면서
가족들에게 부끄러움이 없느냐고 물어보겠지요

> 그러면 그때 반갑게 대답하기 위해
> 내 할 일을 다 하면서 가족을 사랑하고 부모님께 순종하겠습니다

시인의 장애로 가장 마음 아팠을 가족들에게 후회가 남지 않도록 가족들을 사랑하고 특히 부모님께 순종하겠다고 결심한다. 왜냐하면 가족은 운명 공동체여서 모든 고통을 함께 나누기 때문이다.

> 내 인생에 황혼이 들면
> 나는 나에게 많은 날들을 지내 오면서
> 이웃과 사회와 국가를 위해 무엇을 했느냐고 물어보겠지요
> 그러면 그때 힘주어 대답하기 위해
> 나는 지금 이웃에 관심을 가지고 선한 사회인으로 살아가겠습니다

시인은 가족을 넘어 사회와 국가를 위해 자신이 한 일이 무엇인가도 생각한다. 우리 사회가 장애인에게 너무 냉혹하고 국가가 장애인을 위해 해 준 것이 너무 없다고 불만스러워했지만 그래도 한 사회 구성원이고 국가의 국민이기에 이웃에게 좋은 영향력을 주는 선한 사회인이 되겠다고 맹세한다.

> 내 인생에 황혼이 들면
> 나는 내 마음의 밭에서
> 어떤 열매를 얼마만큼 맺었느냐고 물어보겠지요
> 그러면 그때 자랑스럽게 대답하기 위해
> 지금 내 마음에 좋은 생각의 씨를 뿌려 좋은 행동의 열매를 부지런히 키워야겠습니다

시인은 마지막 연에서 자기 인생의 결실을 측정해 본다. 비록 남들이 성공이라고 할 수 있는 성과는 올리지 못했다 하여도 시인은 좋은 생각의 씨를 뿌려 좋은 행동으로 열매를 맺을 수 있도록 열심히 자신의 생각과 행동을 성숙시키겠다고 서원(誓願)하였다.

이 시는 『솟대문학』 100호^(2015년 겨울호)에 실렸다. 김준엽 시인은 중증의 뇌성마비로 언어장애가 있어서 사람들과 소통하기 위해 글을 썼다고 한다. 사이버문단에 시를 발표하며 문학 활동을 했는데 1995년 한 출판사에서 시집을 발간해 준다고 하여 100여 편의 시를 보냈지만 출판사가 문을 닫는 바람에 작품을 돌려받지 못했다.

그런데 1995년 월간 『좋은생각』 9월호 권두시에 정*철 이름으로 '내 인생에 가을이 오면'으로 게재되었다. 표절된 것이다. 작가는 표절 사실을 2014년에 알고 『솟대문학』에 전해 왔는데 김준엽 작품으로 활자화된 증거가 없어서 바로잡지 못하였다.

그 후 이 시는 저자를 윤동주 또는 작가미상으로 지금도 사이버 세상에서 떠돌아다니고 있다. 이 시는 표절을 할 만큼 좋은 시이다. 앞으로 더욱 착하게 열심히 살겠다는 약속문으로 독자들에게 그야말로 선한 영향을 주고 있어서 가까이 두고 애송했으면 한다.

그 사람이 그립다[1]

–김영관의 시 '그 사람'

bing 이미지로 생성 ⓒ방귀희

[1] 이 글은 한국장애예술인협회 방귀희 회장이 '시(詩)야 노올자 캠페인'으로 에이블뉴스(2024. 10. 21.)에 기고한 내용이다.

군대 휴가 중 교통사고로 머리를 다쳐 뇌병변장애를 갖게 된 김영관은 장애인문화예술단체 보리수아래에서 제작한 음반 '시, 그대 노래로 피어나다', '꽃과 별과 시'에 작사가로 참가했으며, 아시아장애인공동시집(한국-베트남편)에 이름을 올리는 등 활발한 활동을 하면서 2020년 김영관 첫 시집 〈시에는 답이 없어 좋다〉를 출간했다.

김영관 시인은 열일곱 살에 TV에서 요리하는 셰프의 모습이 너무 멋있어서 요리사의 꿈을 갖고 대학 입학을 호텔조리학과로 할 정도로 자신의 꿈이 확고했지만 장애로 인해 그 꿈은 접어야 했다. 그러다 일상생활 속에서 접하는 익숙한 풍경과 소소한 일들이 자기에게 어떻게 다가오는지 순간의 감정을 놓치지 않고 글로 적으며 작가의 꿈을 키웠다.

그 사람

김영관

그리운 사람이 있습니다
곁에 두고 싶은 사람이 있습니다
손잡고 걷고 싶은 사람이 있습니다

웃는 모습
화난 모습
슬퍼하는 모습
모든 모습 하나하나
한없이 사랑스럽던 사람이 있습니다

생각해 보면
그 사람에 대해 아무것도 모르는 지금이
더 보고 싶고 같이 있고 싶은 그 사람이
지금 내 마음속에 있습니다

_『솟대평론』 14호(2024년 상반기호)

 이 시는 특별히 해석할 필요가 없다. 시인은 아주 솔직 담백하게 자신의 속내를 기술했기 때문이다. 1연에서 그 사람에 대한 자신의 마음을 드러낸다. 그립고, 곁에 두고 싶고, 손을 잡고 걷고 싶은 사람이라고 하였다. 2연에서도 그녀가 웃고 화내고 슬퍼하는 모든 모습이 사랑스럽다고 그녀를 조금 더 구체적으로 소개한다.

 그런데 마지막 3연에서 지금은 그 사람이 마음속에만 있고, 마음으로만 그리워한다고 털어놓는다. 마지막 시구에 '마음으로만'을 한번 더 강조하여 그 사람과의 사랑이 얼마나 애달픈지를 잘 말해 준다.

 이미 첫 시구 '그리운 사람이 있습니다'에서 시인의 사랑은 그리움 속에 갇혀 있다는 것을 암시해 주어 시 전체의 서정성을 끌어올려 놓고 마음으로만 그리워하는 현실의 아픔으로 툭 내려놓았다. 그래서 시인의 사랑은 여전히 출렁거린다.